GOEDGEKEURD

Dit boek is goedgekeurd door het ministerie van Binnenlandse Veiligheid. Het bevat niets opruiends of verraderlijks. Elk woord is onderzocht en geanalyseerd door een team van terrorisme-experts om te controleren of het hulp dan wel steun biedt aan De Vijand. In dit boek worden geen staatsgeheimen onthuld en er wordt geen geheime informatie publiek gemaakt die de Verenigde Staten of hun opperbevelhebber in verlegenheid kan brengen. Er zitten geen geheime berichten aan terroristen in het boek verborgen. Dit is een goed christelijk boek, geschreven door een vaderlandslievende Amerikaan die weet dat wij hem zullen vermorzelen, mocht hij ooit uit de pas gaan lopen. Als u dit boek hebt gekocht, eist Sectie 29A van de USA Patriot Act dat wij u ervan op de hoogte stellen dat uw naam nu is ingevoerd in een databestand van potentiële verdachten, mocht de noodzaak om daar concrete bewijzen voor aan te voeren zich ooit voordoen, iets waarvan wij zeker zijn dat het nooit zal gebeuren. Dat uw naam nu op deze lijst voorkomt, geeft u ook het recht om mee te dingen naar een van de grote loterijprijzen, waarbij elk van de gelukkige winnaars nieuwe formica keukenaanrechtbladen ontvangt met de complimenten van Kitchen Magic. Als u inderdaad een bonafide terrorist bent en dit exemplaar in een boekhandel hebt gekocht, of het hebt geleend uit een bibliotheek, in de hoop dat de informatie die besloten ligt in deze pagina's voor u van nut is, dan kunt u er zeker van zijn dat wij al weten wie u bent. Deze pagina, waar u nu met uw vingers aanzit, is gemaakt van uiterst geheim linnenpapier dat automatisch uw vingerafdrukken registreert en die doorseint naar onze centrale commandopost in Kissimmee in Florida. Doe geen poging om deze pagina uit het boek te scheuren – DAAR IS HET TE LAAT VOOR. Onderneem geen vluchtpoging, want we hebben je al te pakken, jij lelijke schurk... HALT! LAAT DAT BOEK VALLEN! HANDEN OMHOOG! JIJ HEBT HET RECHT OM ... VAL DOOD! JE HEBT HELEMAAL GEEN RECHTEN! JIJ BESTAAT NIET MEER! EN DAN TE BEDENKEN DAT JE ALLEEN MAAR TEVREDEN HAD HOEVEN ZIJN MET ONZE MANIER VAN LEVEN, DAN HAD JE JE EIGEN VLEKBESTENDIGE FORMICA KEUKENAANRECHT GEHAD!

– Tom Ridge, minister van Binnenlandse Zaken
– George W. Bush, opperbevelhebber van het vaderland

Van Michael Moore verscheen eerder bij De Arbeiderspers:

Stupid white men

Michael Moore

Klauwen af van mijn land!

Brandende vragen aan George van Arabië

Vertaald door Willy Hemelrijk & Susan Ridder

Uitgeverij De Arbeiderspers

Amsterdam · Antwerpen

voor Rachel Corrie*
   zal ik ooit net zo moedig zijn als zij
   zal ik toelaten dat haar dood vergeefs was

   voor Ardeth Platte, Carol Gilbert**
   zal ik gaan zitten in hun cel
   zij zouden in de mijne gaan zitten

   voor Anne Sparanese***
   één simpele daad, een stem werd gered
   zijn er een miljoen meer zoals zij
   om ons allemaal te redden

* Rachel Corrie, een drieëntwintigjarige Amerikaanse, werd op 15 maart 2003 dood-
gedrukt door een Israëlische bulldozer toen zij probeerde te voorkomen dat het
Israëlische leger een Palestijnse woning sloopte.

** Ardeth Platte en Carol Gilbert zijn twee rooms-katholieke nonnen van rond de zestig
jaar die in oktober 2002 een gat knipten in het hek rond een nucleaire basis en daar met
hun eigen bloed kruisen schilderden op de rakethangars. Ze werden in de zomer van
2003 veroordeeld tot maximaal drie jaar gevangenisstraf.

*** Anne Sparanese is de bibliothecaresse die de e-mailactie van bibliothecarissen startte
waardoor uiteindelijk Michael Moores Stupid white men toch in de boekwinkel verscheen,
hoewel uitgeverij Harper-Collins van plan was de hele oplage van 50.000 exemplaren te
vernietigen vanwege de kritiek die Moore in zijn boek op Bush uitte.

[Noten van de vertaler]

Inhoud

Voorwoord bij de Nederlandstalige editie

Gegroet, medeleden van de Coalitie van Gewilligen! Jullie maken deel uit van een elitemacht en jullie toewijding is niet onopgemerkt gebleven. Jullie kunnen er trots op zijn dat jullie aan ons invasiefeestje hebben meegedaan, terwijl de meeste andere landen van de wereld zich afzijdig hielden. Gefeliciteerd! Het mooie aan jullie Nederlanders is dat jullie je plaats kennen. Jullie weten dat jullie moeten doen wat je gezegd wordt als 's werelds enige grootmacht blaft. Wij blaffen, jullie doen het opzitten en pootjesgeven, dat is de regel. Meneer Bush heeft jullie genoeg steekpenningen gegeven om jullie ervan te overtuigen je bij ons aan te sluiten en de mensen van Irak te bombarderen en dus deden jullie dat ook. Jullie wisten dat die slechterik Saddam massavernietigingswapens had. GROTE wapens! O JA, hele enge! Hij... hij... hij kon zich onzichtbaar maken en had geheime boze krachten zoals eh... hij kon jullie in een nachtvlinder veranderen! En, en... hij kon ook vliegen! Ik heb hem op het Empire State Building zien neerstrijken en hij zag eruit alsof hij ons allemaal om zeep ging helpen!

Vreemd genoeg geloofden Jan Peter Balkenende en een handjevol anderen dit griezelige monsterverhaal. Ik wist niet dat normaal zo intelligente volwassen mannen zulke sukkels konden zijn. Of is dat niet zo? Misschien hebben Bush en zijn kompanen ze iets gegeven wat ze niet konden weigeren. Wat was het? Heeft Jan Peter soms slechte wiet gehad? Het lijkt erop dat hij en die andere mannen, die duidelijk tegen de wil van de meerderheid van hun volk in gingen, wat uit te leggen hebben. Is het onredelijk om ervan te dromen dat meneer Balkenende rond deze tijd volgend jaar het woord 'premier' niet meer voor zijn naam hoort?

Het helpt niet dat de regeringen in Londen, Den Haag en Canberra de pogingen van miljoenen Amerikanen om te voorkomen dat de regering-Bush nog meer paniek in de wereld zaait, ondermijnen. Gelukkig hebben in deze (en andere) landen de grootste vredesdemonstraties in hun geschiedenis plaatsgevonden.

Toen ik onlangs in het buitenland was, kwamen er mensen naar me toe die me bedankten voor het feit dat ik de enige 'weldenkende Amerikaan' zou zijn. Aan de ene kant is dat een mooi compliment, maar aan de andere kant is het ook griezelig–en fout. Niet heel Amerika is gek geworden, dat kan ik jullie verzekeren. Vergeet niet dat de meerderheid van de Amerikanen N I E T op George W. Bush heeft gestemd. Hij zit niet in het Witte Huis omdat de Amerikaanse burgers dat willen. Zoals ik verderop in dit boek uitleg, zijn 'de mensen' hier eigenlijk vrij progressief en liberaal. Het ontbreekt hun echter aan echte, toegewijde liberale leiders. Als daar eenmaal verandering in is gebracht (hopelijk gebeurt dat binnenkort), zal de situatie verbeteren. Ga er maar van uit dat ik niet alleen sta en dat ik deel uitmaak van een nieuwe Amerikaanse meerderheid. Tientallen miljoenen burgers geloven wat ik geloof en andersom. Je hoort alleen niet van ze, zeker niet via de pers, maar ze zijn er wel en hun boosheid borrelt onder het oppervlak. Ik ga daarom door met mijn werk en probeer hier en daar een gat te boren, zodat die boosheid een geiser van democratische daadkracht kan worden.

Het is te begrijpen dat het gedrag van de Verenigde Staten de rest van de wereld de stuipen op het lijf jaagt, het zou niet goed zijn als dat niet zo was, want die lui die hier aan de macht zijn, zijn niet goed snik. Je vraagt je alleen maar af wat schurken die een verkiezingsoverwinning stelen nog meer in hun schild voeren. Ik kan jullie wel vertellen dat niets hen tegenhoudt om alles op hun pad te vernietigen, vooral als er wat te verdienen valt. En of jullie nou bondgenoten zijn of niet, jullie zullen worden gestraft als jullie niet neerknielen wanneer wij langskomen op weg naar het volgende te vervangen regime (liefst in een land met lucratieve olievelden, natuurlijk).

Dit leidt natuurlijk tot hun–en onze–ondergang. Ik denk dat een kleine meerderheid van de Amerikanen instinctief wel begrijpt hoe gevaarlijk deze situatie is, maar ze zijn hopeloos de weg kwijt, wat gedeeltelijk komt door de hun opgedrongen onwetendheid. Die begint al op school, waar ze vrijwel niets over de rest van de wereld leren, en blijft later onveranderd, omdat de media alleen maar over het buitenland berichten als het iets met de Verenigde Staten te maken heeft. Het feit dat wij niks over jullie weten lijkt me wel het griezeligste aan ons. Er is hier bijna niemand die op een kaart kan aanwijzen waar Nederland ligt (92 procent van de Amerikaanse volwassenen tussen de 18 en 25 jaar kon Nederland niet vinden – al dat geslijm, meneer Balkenende, en we weten niet eens waar u vandaan komt!)

Mag zo'n onwetend volk de baas spelen in de wereld? Hoe is dat eigenlijk zo gekomen? Tweeënnegentig procent van ons heeft niet eens een paspoort! Maar een handjevol spreekt een andere taal dan Engels (en zelfs die taal beheersen we nauwelijks). George W. ziet nu pas voor het eerst wat van de rest van de wereld omdat hij wel moet, omdat dat (shit) nu eenmaal bij een presidentschap hoort.

Ik denk dat wij het voor het zeggen hebben omdat wij de grootste wapens hebben. Typisch dat dat altijd lijkt te werken. We hebben ook de Koude Oorlog vanzelf gewonnen. Dankzij meneer Gorbatsjov besloot de Sovjet-Unie zich gewoon over te geven nadat het land zichzelf de nek had omgedraaid met een systeem dat gewoon niet werkte. Stel je voor, een regimewisseling zonder dat er één schot is gelost! Hetzelfde gebeurde in Zuid-Afrika; niemand hoefde het te bombarderen om het te bevrijden! Er zijn het afgelopen decennium zo'n 24 landen bevrijd door een combinatie van druk van de rest van de wereld en – nog belangrijker – door het geweldloze verzet van de volkeren zelf, waardoor zij de macht in handen kregen.

Maar omdat we geen nieuws van verder dan Brooklyn of Malibu krijgen, hebben we niet gehoord hoe een echte regimewisseling plaatsvindt. Dus toen Irak in het nieuws kwam, was het vrij makkelijk om de Amerikanen zand in de ogen te strooien (favoriet bij mij was de link tussen 9/11/01 en Saddam Hoessein). De meeste Amerikanen geloofden het ogenblikkelijk.

Goed, het is te begrijpen, want we wisten niet beter. Ik weet zeker dat de meesten van jullie weten dat we een goedgelovig volk zijn. We zijn behoorlijk hartelijk, ruimhartig en hebben een vrij eenvoudige levenshouding. Als jullie zouden zeggen dat jullie onze hulp nodig hadden, zouden we die zeker geven en als jullie zouden zeggen dat ezels kunnen vliegen, dan zouden we dat ook geloven (zolang jullie het maar op televisie zeggen). Zo zijn wij en ik weet zeker dat jullie dat wel aardig aan ons vinden. Kom op, geef toe, daarom mogen jullie ons! En dan onze handen-uit-de-mouwen-instelling! Voor het middaguur hebben wij de volgende grote uitvinding op de plank staan! Gedrevenheid, ambitie, onze kan-gedaan-worden-houding! Ja, we hebben al zes jaar lang geen dag vakantie gehad, maar wat geeft dat? Wie heeft er nou slaap nodig? We moeten de wereld regeren!

Dit verklaart denk ik waarom wij ons gedragen hebben zoals we ons gedragen hebben, maar mijn vraag is: wat is jullie excuus? Jullie weten beter. Jullie lezen veel, jullie nieuwsberichten komen van verder dan de waterkering in Zeeland en de hoerenbuurt in Amsterdam, jullie reizen, jullie hechten belang aan het onderwijs en jullie hebben een ethiek die zegt 'we moeten voor de armen, zieken en minder bedeelden zorgen', en nog hebben jullie het allemaal erg naar jullie zin!

Dus wat is er aan de hand? Waarom willen jullie worden zoals wij? En waarom doen jullie aan onze geschifte 'coalities' mee om landen binnen te vallen waarvan we geen idee hebben wat we ermee moeten als we er eenmaal zijn? Jullie zijn Europeanen, dat is jullie hele verhaal! Jullie hebben een paar belangrijke lessen geleerd en die kennis zouden jullie moeten delen, niet de lessen herhalen. Jullie zeggen misschien: hé Mike, de meerderheid van de Nederlanders is het op dit punt oneens met Jan Peter, maar dan vraag ik jullie, en neem het me niet kwalijk: hoe is het in godsnaam mogelijk dat hij nog steeds op het Binnenhof naar de plee gaat? Laat deze mensen niet namens jullie optreden als ze niet doen wat jullie willen.

Maar hier is het goede nieuws: terwijl ik dit schrijf, blijkt uit een nieuw opinieonderzoek in de Verenigde Staten dat de meerderheid van de Amerikanen voor het eerst vindt dat Bush geen tweede keer president moet worden. Dit is geweldig nieuws gezien de steun die hij aanvankelijk had voor zijn oorlog, die nu een oorlog zonder einde is geworden. Zien jullie wel, er zit ook een positieve kant aan het feit dat de Amerikanen nergens lang aandacht voor hebben en graag direct behaagd worden! Irak was geen Grenada en nu hebben we het wel gezien! Wij willen televisieprogramma's met happy endings! Hé, waarom schieten ze nog steeds op ons? Ik wil naar huis, waaaaaaaaaaaaaa-aaaah!!!!

Maar we gaan niet naar huis, en jullie ook niet. Dank u wel, meneer Balkenende. Zonder u had Bush niet zo maar alléén Irak kunnen binnenvallen. Iedere bondgenoot die hij heeft, droeg eraan bij dat het erop leek dat de Amerikanen die smerige daad niet alleen begingen. Door mee te doen, gaf u Bush de dekmantel die hij nodig had. Het was door leiders zoals u dat deze oorlog gevoerd kon worden. Ik houd u meer verantwoordelijk voor deze puinhoop dan kleine Georgie. Georgie is namelijk een idioot, maar u, meneer, bent dat niet. U weet beter. U bent normaal toch een slimme vent. Wat is uw excuus om uw landgenoten in deze krankzinnige situatie te leiden? Dacht u nou echt dat dat zomaar kan? Uw mensen lezen, ze denken na, ze voeren discussies over politiek, ze weten waar Irak ligt! Dacht u dat u aan het hoofd van een natie van Amerikanen staat? Het lijkt er echt op dat u gek geworden bent. En wat hebben de Amerikanen u ervoor teruggegeven? In een zoveelste wanhopige poging om de Amerikaanse mensen ervan te overtuigen dat Bush en zijn vrolijke kornuiten internationale steun hadden en de Amerikanen niet alleen aan het hoofd van de invasie stonden, presenteerde een van onze commandanten een Nederlandse luitenant-kolonel aan de pers als lid van de coalitiemacht. Uw regering viel bijna uit elkaar! 'Maar, maar, maar... we hebben alleen maar toegezegd aan de coalitiemacht deel te nemen als we geen militaire rol zouden krijgen!' Luister, Jan Peter, door in te stemmen met deze onzinnige 'Coalitie van Gewilligen' gaf je Amerika het recht om Irak binnen te vallen. Door je handtekening te zetten, had je direct een militaire rol in deze oorlog. En je landgenoten weten dat. Je hebt dit kleine debacle overleefd, maar je dagen aan het hoofd van de regering zijn geteld.

Ik ben het afgelopen jaar, sinds de publicatie van *Stupid white men* en het uitbrengen van *Bowling for Columbine*, overstelpt met reacties uit de hele wereld op mijn werk. In 2002 werd *Bowling* op het International Documentary Film Festival (IDFA) in Amsterdam tot publieksfavoriet gekozen, een enorme eer voor mij. Er zijn wereldwijd meer dan vier miljoen exemplaren van het boek gedrukt (blijkbaar zijn er alleen van *Harry Potter* meer verkocht) en *Columbine* heeft het bezoekersrecord aller tijden voor documentaires gebroken. Ik ben hier zo dankbaar voor omdat het betekent dat ik nu zonder inmenging kan publiceren wat ik wil en de films kan maken die ik wil maken. Dat is een geschenk, en ik beschouw het zeker niet als iets vanzelfsprekends. Ik zie het als een teken dat het publiek minder rechts is geworden en de tijd rijp is voor de betere dingen die we graag zouden zien gebeuren. Vat moed door het feit dat de Amerikanen vorig jaar, toen Bush zogenaamd zo populair was (zoals de media ten onrechte berichtten), meer exemplaren van *Stupid white men*, een boek over George W. Bush, kochten en lazen dan van enig ander boek! Dus, de zaak is nog niet verloren! Heb vertrouwen, blijf hopen en stuur ons eens een krant met wat nieuws erin!

– Michael Moore
december 2003

1

Zeven vragen aan George van Arabië

Eerst leek het of een klein vliegtuig per ongeluk op de noordelijke toren van het World Trade Center was ingevlogen. Het was 8.46 uur in de ochtend van 11 september 2001 en terwijl dat nieuws zich over Amerika verspreidde, staakte niemand zijn bezigheden. Het was natuurlijk wel een raar voorval, maar de meeste mensen in het land gingen gewoon door met wat ze aan het doen waren: ze gingen naar hun werk of naar school, of ze kropen terug in bed.[1]

Zeventien minuten later kwam het bericht dat nu een tweede vliegtuig het World Trade Center had geraakt. Plotseling verschoof het collectieve denken van de natie in een grote ommezwaai naar één enkele gedachte: 'Het is geen ongeluk!'

Overal ging de televisie aan. We hadden nog nooit zoiets gezien. Je hersens werden nu geconfronteerd met een gebeurtenis waar ze nooit eerder ervaring mee hadden gehad. Ze gingen in zichzelf op zoek naar de betekenis van dit alles, en in het bijzonder naar wat het betekende voor je eigen persoonlijke overlevingskansen, of je nu keek vanaf het dak van je huis in het centrum van Manhattan of ergens in Kansas naar CNN.

Je was verdwaasd, je zat als verlamd voor de tv of de radio, en vervolgens belde je iedereen op die je kende, 290 miljoen Amerikanen die allemaal aan elkaar dezelfde vraag stelden: *Wat is er in godsnaam aan de hand????*

Dat was de eerste van de vele vragen die opkwamen in verband met het drama van 11 september. Welnu, ik heb het niet op complottheorieën, behalve dan als ze waar zijn of betrekking hebben op tandartsen. Ik ben ervan overtuigd dat alle tandartsen een keer bij elkaar zijn gekomen en besloten hebben dat het grote geld zit in wortelkanalen en een

---

1. In dit hoofdstuk komen veel ernstige vraagstukken, feiten en aanklachten aan de orde. Een groot aantal van de bronartikelen waarop ik mij baseer kun je op mijn website vinden, *www.michaelmoore.com*. Daar kun je ze integraal lezen.

volledige serie röntgenfoto's, elke keer dat je je laat behandelen. Geen enkel ander zoogdier in het dierenrijk hoeft zoiets door te maken.

Mijn vragen over 11 september gaan niet over hoe de terroristen langs ons defensiesysteem zijn gekomen, of hoe ze het voor elkaar hebben gekregen om in ons land te wonen en toch nooit ontdekt te worden, of hoe alle Bulgaren die in het WTC werkten een geheim bericht konden krijgen dat ze niet naar hun werk moesten komen die dag, of hoe de torens zo gemakkelijk in konden storten, terwijl het toch heette dat hun constructie bestand was tegen aardbevingen, vloedgolven en vrachtwagenbommen in de parkeergarage.

Dat waren allemaal vragen waar een speciale 11-septemberonderzoekscommissie antwoord op moest gaan geven. Maar de regering-Bush en de Republikeinen in het Congres verzetten zich zelfs al tegen de vorming van die commissie.[1] Met tegenzin gaven ze eindelijk toe – maar daarna probeerden ze uit alle macht de onderzoekers af te houden van hun taak door hun pogingen om bewijs te vergaren tegen te werken.[2]

Waarom wilden de mensen van Bush de waarheid niet achterhalen? Waar waren ze bang voor? Dat het Amerikaanse volk erachter zou komen dat zij het verknoeid hadden, dat ze hadden zitten slapen als het om het gevaar van terrorisme ging, dat zij strijdlustig de waarschuwingen van de vertrekkende Clinton-functionarissen in de wind hadden geslagen over Osama bin Laden[3], alleen maar omdat ze een hekel hadden aan Clinton (SEKS! SLECHT!)?

Het Amerikaanse volk is best vergevingsgezind. De mensen namen het Franklin Roosevelt niet kwalijk dat Pearl Harbor was gebombardeerd. Ze keerden zich niet af van John F. Kennedy vanwege het Varkensbaai-fiasco. En het kan ze nog steeds niets schelen dat Bill Clinton die zevenenveertig mensen op mysterieuze wijze heeft laten ombrengen. Waarom maakt George W. Bush dan geen schoon schip na die monumentale ondergang van de nationale veiligheid? Hij zou toch tenminste niet langer moeten verbieden dat de waarheid boven tafel komt?

---

1. Ken Guggenheim, 'Advocates for 9/11 commission blame White House after deal collapses', The Associated Press, 11 oktober 2001.
2. Joe Conason, 'Can Bush Handle Panel's Questions?', The New York Observer, 7 april 2003.
3. Michael Elliot et. al, 'They had a plan', Time Magazine, 12 augustus 2002.

Misschien komt dat doordat George & Co veel meer te verbergen hebben dan alleen maar de reden waarom ze die gevechtsvliegtuigen niet snel genoeg de lucht in kregen, die ochtend van 11 september. En misschien zijn wij, het volk, wel bang en willen we de waarheid niet achterhalen, want dan zouden we wel eens een weg in kunnen slaan die we helemaal niet in willen slaan, een heilloze weg, doordat we te veel te weten komen van de mensen die in dit land de baas zijn.

Hoewel ik zelf geen gebrek heb aan gezonde scepsis, een vereiste voor een burger in een democratie, deelde ik de mening die in de herfst van 2001 het uitgangspunt was van de meeste Amerikanen: Osama heeft het gedaan, en wie hem daarbij geholpen heeft, moeten we opsporen en voor de rechter slepen. Ik hoopte dat Bush daarmee bezig was.

En toen op een avond in november 2001 – ik lag in bed, half in slaap las ik het tijdschrift *The New Yorker* – kwam ik in een artikel van onderzoeksjournaliste Jane Mayer een alinea tegen die tot gevolg had dat ik rechtop in bed ging zitten en haar nog eens las, want ik kon niet geloven wat daar stond. Er stond: 'Meer dan twintig andere in Amerika woonachtige leden van de Bin Laden-familie – de meesten zijn hier voor hun studie aan universiteiten en scholen – waren naar verluidt in de Verenigde Staten op het moment van de aanslagen. *The New York Times* meldde dat zij snel bij elkaar werden geroepen door functionarissen van de Saoedische ambassade, want die vreesden dat zij het slachtoffer zouden worden van Amerikaanse wraakacties. Met instemming van de FBI, zo meldt een Saoedische functionaris, zijn de Bin Ladens per privé-jet van Los Angeles naar Orlando gevlogen, toen verder naar Washington, en uiteindelijk naar Boston. Toen de autoriteiten weer toestemming gaven voor intercontinentale vluchten, vloog de jet naar Europa. De Saoedische ambassadeur in Washington, prins Bandar bin Sultan, wist Amerikaanse functionarissen er blijkbaar gemakkelijk van te overtuigen dat er onder de leden van de uitgebreide Bin Laden-familie geen belangrijke getuigen zaten.'[1]

Wat? Hoe had ik dat bericht in het nieuws kunnen missen? Ik stond op en werkte me door de oude *New York Times*-kranten heen, en daarin

1. Jane Mayer, 'The House of Bin Laden: A family's, and a nation's, divided loyalties', *The New Yorker*, 12 november 2001.

vond ik de volgende kop: 'Bin Laden-familie ontvlucht de VS uit vrees voor represailles.' Het bericht begon aldus: 'In de eerste dagen na de terreuraanslagen op New York en Washington heeft Saoedi-Arabië er zorg voor gedragen dat 24 leden van Osama bin Ladens uitgebreide familie met spoed geëvacueerd werden uit de VS...'[1]

Dus met instemming van de FBI en hulp van de Saoedische regering – en hoewel vijftien van de negentien kapers een Saoedisch paspoort hadden – mochten de verwanten van de belangrijkste verdachte van die terreuraanslagen niet alleen gewoon het land verlaten, *nee, ze werden daarbij geholpen* door onze eigen autoriteiten! Volgens de London Times 'maakten Amerikaanse onderzoeksteams zich zorgen over het vertrek van zoveel Saoedi's. Ze waren bang dat daar personen tussen zaten die inlichtingen konden geven over de kapingen. FBI-agenten eisten controle van de paspoorten, ook van die van de leden van het koninklijk huis.'

Was dat alles wat de FBI kon doen? Paspoorten controleren, wat vragen stellen, bijvoorbeeld 'Hebt u zelf uw koffers gepakt?' en 'Hebt u uw koffers onder uw hoede gehad vanaf het moment dat u ze gepakt hebt?'. Vervolgens werden die belangrijke getuigen uitgezwaaid met 'goede reis' en een afscheidskus. Jane Mayer schreef in The New Yorker: 'Toen ik een hoge functionaris van de Amerikaanse inlichtingendienst vroeg of overwogen was om leden van de familie vast te houden, antwoordde hij: "Dat heet gijzelaars nemen. Zulke dingen doen wij niet."'

Meende hij dat? Ik was met stomheid geslagen. Had ik het goed gelezen? Waarom was daar verder geen aandacht aan besteed in de media? Wat was er nog meer gebeurd? Wat was er nog meer gaande zonder dat het ons werd verteld, of, als we het al te horen kregen, waarom luisterden we er dan niet naar? Wilde de rest van Amerika – en de rest van de wereld – dan de waarheid niet achterhalen?

Ik haalde een enorme blocnote te voorschijn en begon een lijst te maken van alle vragen waar ik niet uitkwam. Nu was ik nooit zo goed op school, dus bedacht ik dat ik voor de beantwoording en voor een analyse van wat dat allemaal te betekenen had, best de hulp kon ge-

1. Patrick E.Tyler, 'Fearing harm, bin Laden kin fled from US', The New York Times, 30 september 2001.

bruiken van, laten we zeggen, iemand die aan Harvard Business School was afgestudeerd.[1]

Nou, George W., wat zou je ervan zeggen om me daarbij te helpen? De meeste vragen hebben met jou persoonlijk te maken, en dus ben jij waarschijnlijk de aangewezen persoon om mij–en het land–te helpen bij het uitzoeken van alle feiten die ik boven water heb weten te krijgen.

Ik heb zeven vragen voor u, meneer Bush, en ik zou, als u zo vriendelijk wilt zijn, graag zien dat u er antwoord op geeft. Ik stel die vragen uit naam van die drieduizend mensen die op die septemberdag zijn omgekomen, en ik stel ze uit naam van het Amerikaanse volk. Ik weet dat u ons verdriet deelt, en ik wou maar dat u (of de kring rond u die misschien per ongeluk heeft bijgedragen aan deze tragedie) niet zo terughoudend was met de waarheid. We willen ons helemaal niet op u wreken. We willen alleen maar weten wat er gebeurd is, en wat er moet gebeuren om de moordenaars voor de rechter te krijgen, zodat we kunnen voorkomen dat er in de toekomst nog meer aanslagen op onze burgers worden gepleegd. Ik weet zeker dat u dat ook wilt, dus, alstublieft, help me met de zeven vragen hieronder...

Vraag 1: Is het waar dat de Bin Ladens in de afgelopen vijfentwintig jaar regelmatig zakelijke contacten hebben gehad met u en uw familie?

Meneer Bush, toen uw vader in 1977 tegen u zei dat het tijd voor u werd om een echte baan te nemen, richtte hij uw eerste oliemaatschappij voor u op, een bedrijf dat u de naam 'Arbusto' gaf (Spaans voor 'struik').[2] Een jaar later kreeg u financiering van een man die James A. Bath heette.[3] Dat was een oude strijdmakker van u, uit uw

1. In 1975 behaalde George zijn bul in de bedrijfskunde aan Harvard Business School, volgens zijn door het Witte Huis verspreide curriculum.
2. Mike Allen, 'For Bush, a slippery situation', The Washington Post, 23 juni 2000.
3. Thomas Petzinger Jr. et al., 'Family Ties: How oil firm linked to a son of Bush won Bahrain Drilling Pact–Harken Energy had a web of Mideast connections; in the background: BCCI–entrée at the White House', The Wall Street Journal, 6 december 1991.

dagen (dat wil zeggen de dagen waarop u niet onrechtmatig afwezig was[1]) bij de Texas Air National Guard.[2] Hij was ingehuurd door Salem bin Laden–Osama's broer–om het geld van de Bin Ladens te investeren in allerlei Texaanse ondernemingen. Ongeveer vijftigduizend dollar–oftewel de controle over 5 procent van Arbusto–was afkomstig van die meneer Bath.[3]

Handelde die uit naam van de Bin Ladens?

De meeste Amerikanen zouden wel eens verbaasd kunnen zijn als ze horen dat u en uw vader de Bin Ladens al zo'n tijd kennen. Hoe ver gaat die relatie nou precies, meneer Bush? Zijn jullie dikke vrienden, of alleen maar zo nu en dan zakenpartners? Salem bin Laden kwam in 1973 voor het eerst naar Texas, en later kocht hij er wat land, liet er een huis bouwen, en startte op het vliegveld van San Antonio met Bin Laden Aviation.[4]

De Bin Ladens zijn een van de rijkste families in Saoedi-Arabië. Hun gigantische bouwbedrijf heeft vrijwel het hele land gebouwd, van wegen en elektriciteitscentrales tot wolkenkrabbers en overheidsgebouwen. Ze hebben een deel van de landingsbanen gebouwd die Amerika heeft gebruikt in de Golfoorlog van uw pa, en ze hebben de heilige plaatsen in Mekka en Medina gerenoveerd.[5] Het zijn multimiljardairs, en ze gingen al snel in andere ondernemingen investeren, in allerlei landen, waaronder de Verenigde Staten. Ze doen veel zaken met Citigroup, General Electric, Merrill Lynch, Goldman Sachs en de Fremont Group–een dochteronderneming van energiegigant Bechtel. Volgens *The New Yorker* heeft de Bin Laden-familie ook een deel van Microsoft

1. Walter V. Robinson, 'Military Record: Questions Remain on Bush's Service as Guard Pilot', *The Boston Globe*, 31 oktober 2000; Ellen Gamerman, 'Bush's past catching up on road to White House', *The Baltimore Sun*, 4 november 2000.
2. Jonathan Beaty, 'A Mysterious Mover of Money and Planes', *Time Magazine*, 28 oktober 1991.
3. Jerry Urban, 'Feds investigate entrepreneur allegedly tied to Saudis', *Houston Chronicle*, 4 juni 1992; Mike Ward, 'Bin Laden relatives have ties to Texas', *Austin American-Statesman*, 9 november 2001.
4. Mike Ward, 'Bin Laden relatives have ties to Texas', *Austin American-Statesman*, 9 november 2001; Suzanne Hoholik & Travis E. Poling, 'Bin Laden brother ran business, was well-liked in Central Texas', *San Antonio Express-News*, 22 augustus 1998.
5. Susan Sevareid, 'Attacks hurt bin Laden conglomerate', The Associated Press, 7 oktober 2001; Richard Beeston, 'Outcast who brought shame on family', *The London Times*, 15 september 2001.

in bezit, en van luchtvaart- en defensiegigant Boeing.[1] De Bin Ladens hebben twee miljoen dollar geschonken aan uw alma mater, Harvard University, driehonderdduizend dollar aan Tufts University en nog eens tienduizenden dollars aan de Middle East Policy Council (Raad voor het Midden-Oostenbeleid), een denktank die wordt voorgezeten door een voormalige Amerikaanse ambassadeur in Saoedi-Arabië, Charles Freeman.[2] Behalve in Texas, bezit de familie ook onroerend goed in Florida en Massachusetts.[3] Het komt er kortom op neer dat ze een stevige vinger in onze pap hebben.

Helaas is Salem bin Laden, zoals u bekend is, in 1988 omgekomen bij een vliegtuigongeluk in Texas (en zijn vader, Mohammad, kwam in 1967 ook al om bij een vliegtuigongeluk).[4] Salems broers – daarvan zijn er wel vijftig, inclusief Osama – bleven de familiebedrijven en investeringen leiden.

Na zijn presidentschap werd uw vader een goed betaalde consultant voor een bedrijf met de naam Carlyle Group. Een van de investeerders in de Carlyle Group was zowaar de Bin Laden-familie. De Bin Ladens hebben ten minste twee miljoen dollar in de Carlyle Group gestoken.[5]

Tot 1994 gaf u leiding aan een bedrijf dat CaterAir heette; het was eigendom van de Carlyle Group. In het jaar dat u bij CaterAir wegging, waarna het bedrijf al snel failliet ging, werd u gouverneur, en u zorgde er direct voor dat de University of Texas – een overheidsinstelling – tien miljoen dollar investeerde in de Carlyle Group.[6] De Bin Laden-familie was ook al vanaf 1994 zijn zakken aan het vullen bij Carlyle.[7]

1. Jane Mayer, 'The House of bin Laden: A family's, and a nation's, divided loyalties', The New Yorker, 12 november 2001; Michael Moss, et al., 'Bin Laden family, with deep western ties, strives to re-establish a name', The New York Times, 28 oktober 2001.
2. 'The bin Laden business empire', St. Petersburg Times, 23 september 2001; Anne E. Kornblut & Aaron Zitner, 'Terror figure's family has benign ties in US', The Boston Globe, 26 augustus 1998; Marcella Bombardieri, 'In Cambridge, a bin Laden breaks family silence', The Boston Globe, 7 oktober 2001.
3. Michael Dobbs & John Ward Anderson, 'A Fugitive's Splintered Family Tree', The Washington Post, 30 september 2001.
4. Mitch Frank, 'A Wealthy Clan and Its Renegade', Time Magazine, 8 oktober 2001; '18 die in holiday weekend plane crashes', United Press International, 31 mei 1988.
5. Kurt Eichenwald, 'Bin Laden Family Liquidates Holdings with Carlyle Group', The New York Times, 26 oktober 2001.
6. Joe Conason, 'Notes on a native son', Harper's Magazine, 1 februari 2000.
7. Kurt Eichenwald, 'Bin Laden Family Liquidates Holdings with Carlyle Group', The New York Times, 26 oktober 2001.

De Carlyle Group is een van de grootste leveranciers van defensie-materiaal, ook al beweegt de groep zich daarnaast nog op talloze andere werkterreinen. Carlyle ontwikkelt zelf trouwens geen wapens. De groep koopt liever defensiebedrijven op die in moeilijkheden verkeren, zet die om in winstgevende ondernemingen en verkoopt ze vervolgens voor enorme bedragen.

De mensen die de leiding hebben bij de Carlyle Group, vormen een lange parade van voormalige hoge pieten; iedereen is erbij, van Ronald Reagans minister van Defensie Frank Carlucci, tot uw vaders minister van Buitenlandse Zaken James Baker, en de voormalige Britse eerste minister John Major.[1] Carlucci, de baas van Carlyle, blijkt toevalligerwijs ook in de raad van bestuur te zitten van de Middle East Policy Council, samen met een vertegenwoordiger van het Bin Laden-familiebedrijf.[2]

Na 11 september stonden er zowel in *The Washington Post* als in *The Wall Street Journal* stukken waarin dat merkwaardige toeval uit de doeken werd gedaan. Uw eerste reactie, meneer Bush, was er een van negeren. U hoopte, naar ik aanneem, dat dat verhaal vanzelf zou verdwijnen. Uw vader en zijn vriendjes bij Carlyle deden geen afstand van de Bin Laden-investeringen. Uw leger van propaganda-experts kwam in actie. Ze zeiden: we kunnen die Bin Ladens niet over één kam scheren met Osama. Ze hebben Osama verstoten! Ze hebben niks met hem te maken! Ze vinden het vreselijk en verwerpelijk wat hij heeft gedaan! Dit zijn de *goede* Bin Ladens.

En toen kwamen de video-opnames te voorschijn. Daarop zag je een aantal van die 'goede' Bin Ladens – onder wie Osama's moeder, een zuster en twee broers – met Osama tijdens de bruiloft van diens zoon, nog geen zeven maanden voor 11 september.[3] In *The New Yorker* stond het bericht dat de familie niet alleen de banden met Osama *niet* heeft verbroken, maar dat zij hem ook nog altijd financiert, net zoals zij dat al jaren doet. De CIA wist heel goed dat Osama bin Laden toegang

---

1. www.carlylegroup.com
2. Voor de raad van bestuur van de Middle East Policy Council: http://www.mepc.org/public%5Fasp/about/board.asp.
3. Al Jazeera; Washington Foreign Press Center Briefing met Richard Boucher, onderminister van Buitenlandse Zaken, 28 februari 2001; 'Bin Laden full of praise for attack on USS Cole at son's wedding', *Agence France Presse*, 1 maart 2001.

had tot de rijkdom van zijn familie (zijn aandeel wordt geschat op ten minste dertig miljoen dollar[1]), en de Bin Ladens zorgden, net als andere Saoedi's, voor een goede financiering van Osama en zijn groep, Al Qaeda.[2]

Meneer Bush, er gingen weken voorbij na de aanslagen op New York en het Pentagon, maar uw vader en zijn vrienden bij de Carlyle Group bleven onwankelbaar in hun steun aan het Bin Laden-rijk.

Uiteindelijk, bijna twee maanden na de aanvallen, toen steeds meer mensen zich begonnen af te vragen of het wel kon dat de familie Bush zo innig was met de Bin Ladens, werden uw vader en de Carlyle Group zo onder druk gezet dat ze de Bin Ladens hun miljoenen teruggaven en aan hen vroegen om zich als investeerders terug te trekken uit het bedrijf.[3]

Waarom ging daar zoveel tijd overheen?

Om het nog erger te maken bleek dat een van Bin Ladens broers – Shafiq – op 11 september 's morgens zelfs aanwezig was in Washington, D.C., bij een zakelijke conferentie van de Carlyle Group. De dag tevoren hadden uw vader en Shafiq tijdens dezelfde conferentie leuk gebabbeld met alle andere voormalige regeringsbobo's van Carlyle.[4]

Meneer Bush, wat is er aan de hand?

De media hebben het u niet moeilijk gemaakt, hoewel ze toch weten dat alles wat ik hier heb opgeschreven de waarheid is (en ik kan u melden dat ik het allemaal heb overgenomen van precies dezelfde mainstream nieuwsbronnen als waar zij voor schrijven). Het lijkt wel alsof zij niet willen, of dat zij bang zijn om u die eenvoudige vraag te stellen: WAT IS ER AAN DE HAND?

Voor het geval u niet inziet hoe vreemd de zwijgzaamheid van de media is ten aanzien van de Bush-Bin Laden-connectie, zal ik deze situatie eens vergelijken met de wijze waarop de pers en het Congres deze zelfde zaak aangepakt zouden hebben als het om Clinton gegaan

1. Borzou Daraghi, 'Financing Terror', *Money*, november 2001.
2. Jane Mayer, 'The House of bin Laden', *The New Yorker*, 12 november 2001.
3. Daniel Golden, et al., 'Bin Laden family is tied to US group', *The Wall Street Journal*, 27 september 2001; Michael Dobbs & John Ward Anderson, 'A Fugitive's Splintered Family Tree', *The Washington Post*, 30 september 2001; Kurt Eichenwald, 'Bin Laden family liquidates holdings with Carlyle Group', *The New York Times*, 26 oktober 2001.
4. Dan Briody, *The Iron Triangle: Inside the Secret World of The Carlyle Group*; Greg Schneider, 'Connections and then some', *The Washington Post*, 16 maart 2003.

was. Als na de terroristische aanslag op het gebouw van de federale overheid in Oklahoma City gebleken was dat president Bill Clinton en zijn familie zakelijke contacten hadden met Timothy McVeighs familie, wat denkt u dan dat uw Republikeinse Partij en de media daarvan gemaakt zouden hebben? Denkt u niet dat er ten minste een paar vragen zouden zijn gekomen, bijvoorbeeld: 'Hoe zit dat?' Wees eerlijk, u weet wat het antwoord is. Het zou niet bij een paar vragen gebleven zijn. Ze zouden Clinton levend gevild hebben en wat er over was van zijn karkas hadden ze in Guantanamo Bay gevangengezet.

Dus, hoe zit dat allemaal, meneer Bush? Wij hebben er recht op om dat te weten.

Vraag 2: Wat houdt die 'speciale relatie' in tussen de familie Bush en het Saoedische koninklijk huis?

Meneer Bush, de Bin Ladens zijn niet de enige Saoedi's met wie u en uw familie nauwe persoonlijke banden hebben. De voltallige koninklijke familie lijkt wel bij u in het krijt te staan – of is het net andersom?

Saoedi-Arabië is de belangrijkste olieleverancier van de Verenigde Staten. Het land heeft voorzover bekend de grootste olievoorraden ter wereld. Toen Saddam Hoessein in 1990 Koeweit binnenviel, waren het in feite de Saoedische buren die zich bedreigd voelden, en het was uw vader, George Bush I, die ze kwam redden. De Saoedi's zijn dat nooit vergeten, en volgens een artikel in The New Yorker van maart 2003 beschouwen bepaalde leden van de koninklijke familie uw familie als een deel van hun *eigen* talrijke familie. Haifa, de vrouw van prins Bandar, de Saoedische ambassadeur in de Verenigde Staten, zegt dat het net is alsof uw vader en moeder haar eigen vader en moeder zijn: 'Mocht ik een keer hulp nodig hebben, dan weet ik dat ik bij hen terecht kan.'[1] Robert Baer – tussen 1967 en 1997 als stafmedewerker in dienst bij het Directorate of Operations van de CIA – onthulde in zijn boek *Sleeping with the Devil* dat uw pa zelfs een speciale naam heeft voor de Saoedi-

1. Elsa Walsh, 'The Prince: How the Saudi Ambassador became Washington's indispensable operator', *The New Yorker*, 24 maart 2003.

sche prins – hij noemt hem 'Bandar Bush'.[1]

Die band werd, zoals u heel goed weet (maar nooit aan het Amerikaanse volk hebt willen onthullen) in de loop van een groot aantal jaren gesmeed. Door zijn werk voor de CIA en als vice-president en president kwam uw vader erachter dat Amerika voor het vuile werk altijd kon rekenen op Saoedi-Arabië. Toen Witte-Huisassistent Oliver North geld nodig had om wapens te kopen voor Iran, in het Iran-Contra-schandaal, waren het de Saoedi's die in het geheim dertig miljoen dollar op tafel legden.[2] Toen de CIA geld nodig had om de Italiaanse communistische partij in 1985 om zeep te helpen en de oppositie bij de verkiezingen te financieren, waren het uw goede vrienden de Saoedi's die probleemloos tien miljoen dollar op een Italiaanse bankrekening stortten.[3] Dat gebeurde allemaal terwijl pa vice-president was, en de Saoedische ambassadeur regelmatig bij hem kwam lunchen.[4]

Het is dan ook geen verrassing dat de Saoedische ambassadeur de enige diplomaat in Washington is die zijn eigen, persoonlijke beveiligingsunit heeft, met de complimenten van de Amerikaanse belastingbetalers. Robert Baer schrijft dat prins Bandar een miljoen dollar heeft geschonken aan de George Bush Presidential Library and Museum in Texas en nog eens een miljoen aan het alfabetiseringsprogramma van Barbara Bush.[5]

Ook al werd paps in 1992 door Clinton verslagen, de banden bleven even stevig. Uw vaders Carlyle Group deed goede zaken met de Saoedi's als het ging om wapenleveranties. De Saoedi's hebben in de jaren negentig meer dan 170 miljard dollar uitgegeven aan bewapening, en een groot deel van die omzet liep via de Carlyle Group.[6] Uw pa heeft de Saoedische hoogheden vaak ontmoet; hij is ten minste tweemaal naar het Arabisch schiereiland gereisd sinds hij geen president meer

1. Robert Baer, *Sleeping with the Devil*, Crown, 2003.
2. James Rupert, 'US-Saudi relations were built on oil, security – and secrecy', *The Washington Post*, 9 augustus 1990.
3. Robert G. Kaiser & David Ottaway, 'Oil for security fueled close ties', *The Washington Post*, 11 februari 2002.
4. Elsa Walsh, 'The Prince: How the Saudi Ambassador became Washington's indispensable operator', *The New Yorker*, 24 maart 2003.
5. Robert Baer, *Sleeping with the Devil*, Crown, 2003.
6. Tim Shorrock, 'Crony capitalism goes global', *The Nation*, 1 april 2002; Warren Richey, 'New snags in US-Saudi ties play to Bin Laden', *Christian Science Monitor*, 29 oktober 2001.

is en logeerde dan in de koninklijke paleizen van het Huis van Saoed, beide keren namens de Carlyle Group.[1] Prins Bandar investeert ook in de Carlyle Group,[2] en hij kwam in Kennebunkport op het feest voor uw moeders vijfenzeventigste verjaardag.[3] Al met al was het een vruchtbare samenwerking.

Tijdens de vreselijke stress in verband met die ondeugdelijke stemkaarten in Florida in het najaar van 2000, stond uw goede vriend prins Bandar klaar om uw familie te steunen. Hij is toen met uw vader op vakantie naar Engeland gegaan, om fazanten te jagen, zodat uw vader even niet meer aan al die chaos hoefde te denken. Ondertussen ging de advocaat van de koninklijke familie – uw advocaat, James Baker – naar Florida als aanvoerder in de stemkaartenstrijd. (Bakers kantoor zou later leden van het Saoedische koninklijk huis vertegenwoordigen in de processen die familieleden van 11-septemberslachtoffers tegen hen aan hadden gespannen.)[4]

Eerlijk gezegd, meneer Bush, zijn het niet alleen leden van uw familie die baat hebben bij de vrijgevigheid van de Saoedi's. Een groot deel van de Amerikaanse economie is er gekomen met Saoedisch geld. De Saoedi's hebben een miljard dollar geïnvesteerd in onze aandelenbeurs en nog eens een miljard op onze banken staan.[5] Als zij op een dag zouden besluiten om dat geld plotseling hier weg te halen, zouden de grote bedrijven in ons land en de financiële instellingen ineenstorten, waardoor een economische crisis zou ontstaan zoals we die nooit eerder hebben meegemaakt. Met die dreiging leven we elke dag, en dat is iets waar niemand ooit over wil praten. Gekoppeld aan het feit dat de anderhalf miljoen vaten olie[6] die wij *per dag* nodig hebben

1. Oliver Burkeman, 'The winners: The Ex-President's Club', The Guardian, 31 oktober 2001; Leslie Wayne, 'Elder Bush in big GOP cast toiling for top equity firm', The New York Times, 5 maart 2001.

2. Robert Kaiser, 'Enormous wealth spilled into American coffers', The Washington Post, 11 februari 2002.

3. David Sharp, 'Former President pulls off secret birthday bash', The Associated Press, 11 juni 2002.

4. Elsa Walsh, 'The Prince: How the Saudi Ambassador became Washington's indispensable operator', The New Yorker, 24 maart 2003; Michael Isikoff en Mark Hosenball, 'A legal counterattack', Newsweek, 16 april 2003.

5. Robert Baer, Sleeping with the Devil, Crown, 2003.

6. Department of Energy, Energy Information Administration, 'Table 4.10: United States – Oil Imports, 1991-2002 (Million Barrels per Day)'.

uit Saoedi-Arabië, ook zomaar door een koninklijke gril zouden kunnen verdwijnen, doet dat ons langzamerhand inzien dat niet alleen u, maar wij allemaal, afhankelijk zijn van het Huis van Saoed. George, is dat goed voor onze nationale veiligheid, de veiligheid van ons vaderland? Voor wie is dat goed? Voor u? Voor paps?

Niet voor ons.

En wat ik niet begrijp: waarom moesten u en uw vader nou zo nodig een front vormen met een land dat door de meeste mensenrechtenorganisaties beschouwd wordt als een van de vreselijkste en wreedste dictaturen ter wereld?

Amnesty International merkte in 2003 in haar rapport over Saoedi-Arabië op: 'Er waren aanhoudend ernstige schendingen van de mensenrechten, en die werden verhevigd door het overheidsbeleid ter "bestrijding van het terrorisme" als gevolg van de 11-septemberaanslagen in Amerika. De schendingen konden doorgang vinden met behulp van het strikt geheime strafrechtsysteem en het verbod op politieke partijen, vakbonden en onafhankelijke mensenrechtenorganisaties. Er werden honderden verdachte religieuze activisten en critici van het bewind gearresteerd, en de rechtspositie van de meeste mensen die al in voorgaande jaren waren opgesloten, bleef in nevelen gehuld. Vrouwen waren nog steeds het slachtoffer van ernstige discriminatie. Marteling en mishandeling bleven schering en inslag.'[1]

In het jaar 2000 werden er 125 mensen publiekelijk onthoofd, een groot aantal van hen in de stad Riyad op een plek die in de volksmond het 'Hakplein' wordt genoemd.[2]

Na een ontmoeting met de Saoedische kroonprins, in april 2002, vertelde u ons vrolijk dat jullie samen 'een sterke persoonlijke band hadden ontwikkeld' en dat jullie 'veel tijd met z'n tweeën' hadden doorgebracht.[3] Probeerde u ons daarmee gerust te stellen? Of was u gewoon trots op uw vriendschap met een stel heersers die in hun onderdrukking van de mensenrechten de Taliban naar de kroon steken? Waarom die dubbele moraal?

1. *Amnesty International Report 2003*, 'Saudi Arabia', www.amnesty.org.
2. 'Saudi beheaded for shooting compatriot to death', The Associated Press, 13 november 2001; Robert Baer, *Sleeping with the Devil*, Crown, 2003.
3. Elisabeth Bumiller, 'Saudi tells Bush US must temper backing of Israel', *The New York Times*, 26 april 2002.

Vraag 3: Wie heeft de Verenigde Staten op 11 september aangevallen – een nierpatiënt uit een grot in Afghanistan, of uw vrienden uit Saoedi-Arabië?

Het spijt me, meneer Bush, maar het klopt niet helemaal.

U liet ons allemaal opdreunen dat Osama bin Laden verantwoordelijk was voor de aanslagen op de Verenigde Staten op 11 september. Zelfs ik deed daaraan mee. Maar vervolgens kwamen mij vreemde verhalen ter ore over de nieren van Osama.

Naar nu blijkt zijn er al jaren berichten in omloop over Osama's gezondheidsproblemen. In 2000 meldde The Associated Press bijvoorbeeld: '...een westerse inlichtingenfunctionaris zei dat Osama lijdt aan nier- en leverkwalen. Bin Ladens nieren werken niet goed en "zijn lever gaat eraan" zei de functionaris [...] Hij zei dat de volgelingen van Bin Laden op zoek waren naar een nierdialyseapparaat voor hun kwijnende leider.'[1]

Na 11 september kwamen er steeds meer van zulke berichten. Ik zat een keer te kijken naar een politiek praatprogramma op televisie en een van de gasten – een Taliban-deskundige – zei: '...naar het schijnt is Osama bin Laden aan de dialyse in verband met zijn nierproblemen, dus hij moet altijd in de buurt van dialyseapparatuur blijven. Hij kan echt niet ver reizen.'[2]

Hoorde ik hem 'dialyse' zeggen? Het grootste monster in de wereld, de meest sinistere en kwaadaardige man op aarde – en die kan niet eens in een potje pissen zonder hulp? Ik weet niet wat u ervan vindt, maar als ik te horen krijg dat ik vreselijk bang moet zijn voor een slechterik, vooral als het gaat om de grootste slechterik, dan wil ik dat de lichaamsfuncties van die slechterik allemaal voor 110% werken! Ik wil dat hij sterk is, eng, en alom aanwezig – en dat hij in het bezit is van twee werkende nieren. Hoe kan ik al die veiligheidsmaatregelen steunen als de belangrijkste boosdoener ergens languit op een tafel

1. Kathy Gannon, 'Bin Laden reportedly ailing', The Associated Press, 25 maart 2000.
2. *Hardball with Chris Matthews*, MSNBC, 19 november 2001; interview met Michael Griffin, auteur van *Reaping the Whirlwind: The Taliban Movement in Afghanistan* (Pluto, mei 2001). Meer informatie over Osama's dialysegeschiedenis, zie John F. Burns, 'Pakistanis say bin Laden may be dead of disease', *The New York Times*, 19 januari 2002.

ligt, vastgekoppeld aan een niermachine?

Plotseling wist ik niet meer wie ik kon vertrouwen. Ik begon andere vragen te stellen. Hoe kon iemand die in een grot in Afghanistan vastgekoppeld zat aan een dialyseapparaat, de acties van negentien terroristen in Amerika twee jaar lang dirigeren en leiden, en dan de kaping van vier vliegtuigen zo tot in de puntjes beramen, en er daarna voor zorgen dat er daarvan drie uiteindelijk precies hun doel raken? Hoe heeft Osama dat voor elkaar gekregen? Ik bedoel maar, ik kan niet voorkomen dat deze computer vastloopt elke keer als ik het woord 'tandvleesontsteking' tik. Ik krijg geen signaal als ik vanuit Manhattan mobiel naar Queens probeer te bellen! En dan moeten wij geloven dat hij heel 11 september voor elkaar heeft gekregen vanuit zijn kleine grot vijftienduizend kilometer hier vandaan? En wat heeft hij dan gedaan toen wij de boel daar gingen platbombarderen? Rende hij van grot naar grot in Afghanistan met zijn slangen en nierdialyseapparaat achter zich aan? Of, tja, stond er misschien in één op de drie grotten in Afghanistan een nierdialyseapparaat. Ja, zo zit het natuurlijk! Echt een heel modern land, dat Afghanistan! Het heeft wel twintig kilometer treinrails. En heel veel nierdialyseapparaten blijkbaar.

Met dit alles wil ik helemaal niet zeggen dat Osama geen schurk is, of zelfs dat hij niets te maken heeft gehad met die aanvallen. Maar zouden dan misschien een paar journalisten niet eens enkele verstandige vragen kunnen stellen, bijvoorbeeld hoe hij dat nou echt allemaal voor elkaar heeft gekregen terwijl zijn huid groen begon uit te slaan en hij in een land woonde zonder telefoonwinkels, zonder Federal Express en zonder geldautomaten? Hoe regelde hij alles, hoe communiceerde hij, hoe gaf hij leiding aan een aanslag van die omvang? Met twee blikjes en een touwtje ertussen?

En toch zegt u dat wij dat moeten geloven. Enorme krantenkoppen de eerste dag, en nu, twee jaar later nog steeds: 'Terroristen vallen de VS aan'. *Terroristen*. Ik denk al een poos over dat woord na, dus mag ik je misschien iets vragen, George? Als vijftien van de negentien kapers Noord-Koreaans waren geweest, en ze hadden drieduizend mensen vermoord, denk je dat de kranten dan de volgende dag gekopt zouden hebben: 'NOORD-KOREA VALT VS AAN'?

Natuurlijk. Of als het vijftien Iraniërs waren geweest, of vijftien Libiërs, of vijftien Cubanen, dan denk ik toch dat de algemene tendens was geweest: 'IRAN (of LIBIË of CUBA) VALT VS AAN!'

En toch, als het over 11 september gaat, heb je dan ooit de volgende krantenkop gezien, ooit een nieuwslezer dit horen zeggen, of heeft een van je medewerkers zich ooit in de volgende termen uitgelaten: 'Saoedi-Arabië heeft de vs aangevallen'?

Natuurlijk niet. En dus moet – moet – de vraag gesteld worden: WAAROM NIET? Waarom, meneer Bush, hebt u, toen het Congres met een eigen onderzoek kwam naar 11 september, daar de achtentwintig pagina's uit weggecensureerd die betrekking hadden op de Saoedische rol in de aanslagen? Wat zit er achter uw klaarblijkelijke weigering om aandacht te besteden aan dat ene land dat de 'terroristen' lijkt te produceren die onze burgers hebben vermoord?

Ik wil de volgende mogelijkheid opwerpen: wat als 11 september helemaal geen 'terroristische' aanslag was, maar veeleer een *militaire aanval* op de Verenigde Staten? Wat als die negentien man goed getrainde soldaten waren, de elite van de elite, die onvoorwaardelijk de bevelen van hun commandant opvolgden? Ze hebben bijna twee jaar in dit land gewoond en zijn niet ontmaskerd – daar is een bepaalde discipline voor nodig, de discipline van een soldaat, niet het grillige gedrag van een verwilderde terrorist.

George, naar het schijnt ben jij vroeger ook piloot geweest – is het heel moeilijk om met een snelheid van meer dan achthonderd km per uur een gebouw van vijf verdiepingen te raken? Het Pentagon is maar vijf verdiepingen hoog. Als de piloten er, met die snelheid van achthonderd km per uur, maar een fractie naast gezeten hadden, dan waren ze in de rivier geëindigd. Je kunt niet zo goed leren vliegen in een jumbojet als je alleen maar traint met videospelletjes op een sukkelig vliegschooltje in Arizona. Zoiets leer je bij de luchtmacht. Iemands luchtmacht.

De Saoedische luchtmacht?

Wat nou als het helemaal geen krankzinnige terroristen waren, maar luchtmachtpiloten die zich aan hadden gemeld voor een zelfmoordactie? Wat nou als ze dit gedaan hebben op bevel van de Saoedische regering of een paar morrende leden van de Saoedische koninklijke familie? Het Saoedische koninklijk huis zit vol met zulke mensen, blijkt uit Robert Bauers boek; de koninklijke familie – en het land – is ongelofelijk in beroering. Er is veel onenigheid over wat de regering doet, en sinds de koning in 1995 door een hersenbloeding werd geveld, zijn zijn broers en talrijke zonen verwikkeld in een ernstige machtsstrijd. Er zijn er die alle banden met het Westen willen verbreken. Er zijn er die een veel fundamentalistischer koers willen varen.[1] Dat was tenslotte ook het doel dat Osama zich in eerste instantie stelde. Zijn eerste appeltje had hij niet met Amerika te schillen, maar met de wijze waarop Saoedi-Arabië geregeerd werd – door moslims die helemaal geen *echte* moslims waren. De koninklijke familie bestaat nu uit duizenden prinsen, en veel waarnemers geven aan dat er elk moment een burgeroorlog kan uitbreken in Saoedi-Arabië, of misschien wel een volksopstand. Als je maar genoeg van je eigen burgers onthoofdt, komt er een moment dat ze hun kop kwijtraken, razend worden en je eruit gooien. Dat is wat veel Saoedische burgers nog op hun lijstje hebben staan, tegenwoordig, en de koninklijke familie zet zich schrap.

In een artikel in het politieke tijdschrift *Foreign Affairs* werd in 1999 helder verklaard wat de reden daarvan was: 'Net als Pakistan ziet Saoedi-Arabië het liefst dat Bin Laden in Afghanistan blijft. Zijn arrestatie en berechting in de Verenigde Staten zouden wel eens bijzonder gênant kunnen uitpakken. Dan zouden immers de banden aan het licht kunnen komen die hij nog altijd heeft met sympathiserende leden van de heersende klasse en van de inlichtingendiensten in beide landen.'[2]

Dus waren het nou bepaalde groeperingen binnen de Saoedische koninklijke familie die de aanslagen op 11 september hebben gepleegd? Waren die piloten opgeleid door de Saoedi's? Eén ding weten we zeker: bijna alle kapers kwamen uit Saoedi-Arabië, en ze konden de vs blijkbaar legaal binnenkomen, deels dankzij de speciale regeling die ons ministerie van Buitenlandse Zaken heeft getroffen met de Saoedische regering, waardoor Saoedi's snel een visum kunnen krijgen zonder eerst door de standaardonderzoeksmolen te gaan.[3]

Meneer Bush, waarom worden de Saoedi's met zoveel egards behandeld? Natuurlijk hebben we hun olie nodig. En inderdaad kregen ze bij alle voorgaande presidenten net zo'n hartelijke ontvangst.

1. Robert Bauer, 'The fall of the House of Saud', *The Atlantic Monthly*, mei 2003.
2. Ahmed Rashid, 'The Taliban: Exporting Extremism', *Foreign Affairs*, november 1999.
3. Susan Schmidt & Bill Miller, 'Homeland Security Department to oversee visa program', *The Washington Post*, 6 augustus 2002.

Maar waarom hebt u de pogingen ondermijnd om diepgravender onderzoek te verrichten naar die Saoedische connectie? Waarom weigert u te zeggen 'Saoedi-Arabië heeft de Verenigde Staten aangevallen!'?

Meneer Bush, heeft dat misschien te maken met de hechte persoonlijke relatie die uw familie heeft met de Saoedische koninklijke familie? Ik zou graag denken dat dat niet kan. Maar wat is uw verklaring dan? Dat het gewoon een gek in een grot was (die toevallig ook nierdialysepatiënt is)? En waarom wilde u ons, toen u die gek niet kon vinden, doen geloven dat *Saddam Hoessein* iets met 11 september en met Al Qaeda van doen had, hoewel u toch van uw inlichtingendiensten te horen had gekregen dat die er *niets* mee te maken had?

Waarom bent u zo druk in de weer met het beschermen van de Saoedi's, terwijl u eigenlijk ons zou moeten beschermen?

Vraag 4: Waarom vond u het goed dat een particuliere Saoedische jet in de dagen na 11 september de VS rondvloog en leden van de Bin Laden-familie ophaalde, en die vervolgens het land uit bracht zonder behoorlijk onderzoek van de FBI?

Meneer Bush, dit is niks persoonlijks of zo, maar ik kwam die ochtend van de elfde september vast te zitten in Los Angeles. Ik moest er snel bij zijn om nog een huurauto te bemachtigen, en daarna heb ik bijna vijfduizend km gereden om weer thuis te komen – en dat alles omdat luchtverkeer verboden was in de dagen na de aanslag.

Maar leden van de Bin Laden-familie mochten wel in particuliere jets kriskras over Amerika vliegen bij hun voorbereidingen om het land te verlaten – kunt u mij dat uitleggen?

Particuliere jets, aangestuurd door de Saoedische regering, kregen – met uw goedkeuring – toestemming om door het Amerikaanse luchtruim te vliegen, vierentwintig leden van de Bin Laden-familie op te halen en die eerst naar een 'geheim verzamelpunt in Texas' te brengen. Daarna vlogen ze naar Washington, D.C., en toen door naar Boston. Uiteindelijk werden ze op 18 september allemaal samen overgevlogen naar Parijs, buiten het bereik van enige Amerikaanse functiona-ris. Ze zijn nooit echt ondervraagd; alleen FBI-agenten hebben een paar vragen gesteld, en er kwam een verzoek om van elk van hen de paspoorten voor vertrek te controleren.[1] Een FBI-agent met wie ik sprak, vertelde me dat de FBI 'razend' was geweest omdat de dienst geen toestemming kreeg om de Bin Ladens in het land te houden en een echt onderzoek uit te voeren – het soort onderzoek dat politieagen-ten graag uitvoeren als zij een moordenaar proberen op te sporen. Gewoonlijk praten agenten dan graag met de familieleden van de ver-dachte, om er zo achter te komen wat die weten, wie ze kennen, hoe ze van nut kunnen zijn bij het opsporen van de verdachte.

Geen van de standaardprocedures heeft plaatsgevonden.

Dat is verbijsterend. Daar had u nou meer dan twintig Bin Ladens op Amerikaans grondgebied, meneer Bush, en dan komt u met het halfzachte excuus dat u zich zorgen maakte over 'hun veiligheid'. Zou het misschien mogelijk zijn geweest dat althans een van die vieren-twintig Bin Ladens *iets* had geweten? Of hadden we misschien een van die mensen zover kunnen krijgen dat hij Osama hielp opsporen?

Nee, hoor. Niks daarvan. Dus terwijl duizenden reizigers gestrand waren en niet verder konden vliegen, kreeg je, als je kon bewijzen dat je een naast familielid was van de grootste massamoordenaar in de Amerikaanse geschiedenis, een gratis reisje naar Parijs aangeboden!

U hebt natuurlijk in het verleden zakengedaan met de Bin Ladens. En waarom zou u een paar oude vrienden van de familie niet eens een handje helpen? Maar laat ik de vergelijking met Clinton nog maar een keer maken. Stel dat Clinton zich in de uren na de bom in Oklahoma City plotseling zorgen was gaan maken over de 'veiligheid' van de familie McVeigh in Buffalo – en dat hij toen geregeld had dat zij koste-loos het land konden verlaten. Wat zouden u en de Republikeinen daarvan gezegd hebben? Dan zou plotseling een spermavlek op een blauwe jurk niet meer de belangrijkste reden voor een heksenjacht geweest zijn, hè?

1. Jane Mayer, 'The House of Bin Laden', *The New Yorker*, 12 november 2001; Patrick E. Tyler, 'Fearing harm, Bin Laden kin fled from US', *The New York Times*, 30 september 2001; Kevin Cullen, 'Bin Laden kin flown back to Saudi Arabia', *The Boston Globe*, 20 september 2001; Katty Kay, 'How FBI helped bin Laden family flee US', *The London Times*, 1 oktober 2001.

Hoe hebt u, met alles wat er gaande was in de dagen na 11 september, de tijd gehad om zelfs maar *na te denken* over de bescherming van mensen met de naam Bin Laden? Ik sta er versteld van dat u zo'n duizendpoot bent.

Alsof 'Bin Ladens Boven Amerika' ('Air Laden?') niet genoeg was, meldde *The Tampa Tribune* dat de autoriteiten ook tijd hadden vrijgemaakt om nog meer Saoedi's te helpen. Een andere Saoedische jet, ditmaal een particuliere Lear-jet (ter beschikking gesteld door een particuliere hangar waarvan defensieleverancier Raytheon de eigenaar is, bij toeval ook een belangrijke donateur van de Republikeinse Partij), kreeg naar het schijnt toestemming om op 13 september (in de periode van het algehele verbod op luchtverkeer) van Tampa naar Lexington in Kentucky te vliegen, alwaar wat leden van de Saoedische koninklijke familie werden afgezet, zodat die zich konden voegen bij andere leden van het Saoedische koningshuis, die in Kentucky paarden hadden bekeken. Er waren twee lijfwachten ingehuurd van footballteam de Tampa Bay Buccaneers om mee te vliegen, en die hebben aan de *Tribune* verteld dat de piloot op de terugweg naar Tampa tegen hen had gezegd dat hij straks ook nog naar Louisiana moest vliegen.[1]

Nou, meneer Bush, mocht dat allemaal wél?

Een bevreesde natie worstelde zich door die eerste dagen na 11 september heen. Maar boven ons, in het luchtruim, vlogen de Bin Ladens en de Saoedische hoogheden met gezwinde spoed naar huis.

Ik denk dat ons dat maar eens moet worden uitgelegd.

Vraag 5: Waarom verdedigt u de grondwettelijke rechten van potentiële terroristen?

Meneer Bush, in de dagen na 11 september ging de FBI na of er onder de 186 'verdachten' die de politie had opgepakt in de eerste vijf dagen na de aanslagen, ook mensen waren die in de maanden voorafgaand aan 11 september wapens hadden gekocht. De FBI maakte daarbij gebruik van de dossiers met antecedenteninformatie die in het kader

1. Kathy Steele, 'Phantom flight from Florida', *The Tampa Tribune*, 5 oktober 2001.

van de Brady Bill zijn aangelegd om te raadplegen als iemand een wapen koopt. Zo kwam direct aan het licht dat twee verdachten inderdaad wapens hadden aangeschaft.[1]

Toen uw minister van Justitie, John Ashcroft, daarvan hoorde, schortte hij het onderzoek onmiddellijk op. Hij zei tegen de FBI dat die dossiers met antecedenteninformatie niet gebruikt mochten worden voor zulk onderzoek; dat ze alleen geraadpleegd mochten worden op het moment dat iemand een wapen wilde kopen, en niet om informatie in te winnen over fatsoenlijke, gewapende burgers.[2]

En dus verbood Ashcroft de FBI verder na te gaan of de mensen die in hechtenis werden gehouden – omdat zij wellicht handlangers waren van de kapers – wapens hadden gekocht in de drie maanden voorafgaand aan die noodlottige dag. Waarom? Omdat uw regering, hoewel alle andere rechten van die verdachten met voeten werden getreden, vasthield aan het enige grondwettelijke recht dat u bereid was te beschermen: hun heilige grondrecht om wapens te dragen zonder dat de regering daar iets van mocht weten.

Meneer Bush, dat kunt u toch niet serieus menen! Is uw regering dan zo wapengek en in de greep van de National Rifle Association dat u, ook al hebt u nog nooit een seconde nagedacht over het beschermen van de rechten van de Arabische Amerikanen die u in de afgelopen twee jaar hebt laten arresteren, vasthouden en treiteren, als het gaat om hun WAPEN-rechten plotseling de grootste beschermheer bent van grond- en burgerrechten die het land ooit gekend heeft?

Beseft u wel dat als de meeste Amerikanen erachter komen dat u potentiële terroristen hebt beschermd door een legitiem politieonderzoek te dwarsbomen, dat zij u en Dick en John dan het Wilde Westen uitschieten met hun eigen rokende stemkaartrevolvers?

Ik neem niet aan dat iets van wat ik hier zeg nieuw voor u is, als we in aanmerking nemen wat meneer Ashcroft allemaal van plan was in de zomer van 2001. De minister van Justitie beschermde ons land toen niet tegen voorvallen als die ene die toen op het punt stond te gebeuren, maar hij was druk in de weer met pogingen om dat antecedentenonderzoek te ontmantelen. Hij zei dat de overheid geen databestand

---

1. Fox Butterfield, 'Justice Dept. bars use of gun checks in terror inquiry', The New York Times, 6 december 2001.
2. Ibid.

mocht bijhouden met informatie over wapenbezitters, en hij wilde een wetswijziging, zodat die dossiers maar vierentwintig uur bewaard zouden blijven![1]

De Senaat (en de mensen in het land) hoorden pas in december 2001 dat Ashcroft het onderzoek naar de wapendossiers van de terroristen had laten stoppen. Ashcroft gaf toen ten overstaan van de justitiële senaatscommissie niet alleen trots toe dat hij dat gedaan had, maar hij ging zelfs zover dat hij iedereen aanviel die vraagtekens durfde te zetten bij zijn handelwijze ter bescherming van de wapenrechten van die kapers. Hij zei tegen de commissie dat wie kritiek uitoefende op zijn antiterreurpraktijken 'de vijanden van Amerika in de kaart speelde. [...] Mijn boodschap aan iedereen die vredelievende mensen bang maakt met schrikbeelden van ''verloren vrijheid'', luidt: die tactiek is alleen maar in het voordeel van de terroristen.'

Maar wie was er nu eigenlijk die terroristen behulpzaam, meneer Bush? Een minister van Justitie die de FBI zijn werk niet laat doen? Een minister van Justitie die de politie geen diepgaand onderzoek laat verrichten naar de plannen van de terroristen, ook niet naar hun wapenaanschaf?

Tijdens diezelfde hoorzitting van de Senaat hield meneer Ashcroft iets omhoog waarvan hij zei dat het een Al Qaeda-trainingshandleiding was.

'In deze handleiding,' waarschuwde hij, 'krijgen Al Qaeda-terroristen uitgelegd hoe zij de Amerikaanse vrijheid als wapen tegen ons kunnen inzetten.'

Daarin had hij gelijk. Een van de vrijheden waar Al Qaeda blijkbaar gek op is, is onze vrijheid om wapens te bezitten.

In een ander pamflet van Al Qaeda, aangetroffen in terroristenschuilplaatsen in Afghanistan, wordt de loftrompet gestoken over de Verenigde Staten. Ashcroft ontgaat de prachtige ironie blijkbaar geheel.

In die Al Qaeda-trainingshandleiding staat het volgende: 'Er zijn landen op aarde, en dan met name de VS, waar het grote publiek met wapens kan leren omgaan. Probeer, indien mogelijk, lid te worden van een schietclub, en ga regelmatig naar de schietbaan. Er zijn in de VS

1. Cheryl W. Thompson, 'Senators challenge Ashcroft on Gun Issue', The Washington Post, 27 juli 2001.

allerlei wapencursussen voor het publiek, van eendagscursussen tot opleidingen van twee weken of meer.

Nuttige cursussen om te volgen zijn opleidingen tot scherpschutter, algemene schietcursussen en andere wapeninstructies. Pistoolinstructies zijn ook nuttig, maar pas als je hebt leren omgaan met een geweer.

In andere landen, bijvoorbeeld in een aantal staten in de VS en in Zuid-Afrika, is het volkomen legaal voor burgers om bepaalde typen wapens in bezit te hebben. Als je in zo'n land woont, schaf dan langs legale weg een automatisch wapen aan, bij voorkeur een AK-47 of iets soortgelijks, leer er goed mee omgaan, en ga naar de schietterreinen waar het is toegestaan om met dergelijke wapens te oefenen.

Houd je aan de wetten van het land waarin je verblijft, en vermijd handel in illegale wapens. Leer zoveel als je in die omstandigheden kunt leren en wacht met de rest tot je echt aan de jihad begint.'

Dus, meneer Bush, Al Qaeda is blijkbaar plannen aan het smeden om een van onze 'vrijheden' – het recht om wapens te dragen – tegen ons te gebruiken.

Ik vind het echt fantastisch zoals u honderden mensen hebt laten oppakken, hoe u ze gewoon zonder waarschuwing van de straat hebt geplukt, in de cel gesmeten, zonder mogelijkheid om contact op te nemen met advocaten of familieleden, en hoe u ze daarna voor het merendeel het land uit hebt gezet alleen maar op grond van problemen met hun verblijfsvergunning. U kunt hun grondwettelijk recht opschorten op bescherming tegen onwettige huiszoeking en beslaglegging, hun grondwettelijk recht op een openbare rechtszitting met een jury bestaande uit medeburgers en met het recht op juridische bijstand, hun grondwettelijk recht op vrijheid van meningsuiting, van vergadering, van een eigen mening, en hun recht op vrijheid van godsdienst. U denkt dat u het recht hebt om al die rechten aan uw laars te lappen, maar als het aankomt op het grondwettelijk recht om een AK-47 te bezitten – o nee! DAT recht mogen ze behouden – en u zult hun recht daarop verdedigen, zelfs als ze eerst een vliegtuig op een gebouw in laten vliegen en een heleboel mensen doodmaken.

Toen dit verhaal naar buiten kwam, werd u vanzelfsprekend bang dat het niet goed over zou komen op de mensen in het land (van wie de overgrote meerderheid *strengere* wapenwetten wil). Dus liet u een woordvoerster van Justitie opdraven die ons moest uitleggen dat dat besluit genomen was door 'hoge functionarissen van Justitie', nadat die 'de wet' grondig hadden bestudeerd. Een van die spindoctors was Viet Dinh – onderminister voor juridische zaken. En hoe rechtvaardigde Dinh het verbod op dat antecedentenonderzoek? Volgens *The New York Times*, 'oordeelde Dinh dat zulk onderzoek onrechtmatig was, aangezien het *de privacy zou schenden van die buitenlanders*' (mijn cursivering).

Ja, als het op wapens aankomt, dan zijn de rechten van buitenlanders eindelijk wat waard.

Maar in juli 2002 kwam de waarheid boven tafel en de General Accounting Office gaf de ware juridische mening vrij van het ministerie van Justitie, gedateerd 1 oktober 2001, een rapport dat uw minister van Justitie klaarblijkelijk had achtergehouden. Wat stond daarin? Er stond in dat de juridische adviseurs van het ministerie van Justitie hadden geoordeeld dat – let op! – het helemaal niet verkeerd was om gebruik te maken van de wapen-antecedentendossiers als je wilde nagaan of iemand die verdacht werd van terroristische activiteiten een wapen had gekocht. Hebt u dat gelezen, meneer Bush? Ik zal het even onderstrepen en in een groter lettertype zetten, zodat u het op uw gemak heel rustig kunt lezen:

Het is helemaal niet verkeerd om te kijken of iemand die verdacht wordt van terroristische activiteiten, een wapen heeft gekocht.

Helemaal niet verkeerd! Wat een schok! Zouden er naast u en John Ashcroft nog andere mensen zijn die denken dat het een misdrijf is om na te gaan of van terrorisme verdachte arrestanten wapen hebben ingeslagen? (De Rekenkamer meldde ook dat 97 procent van de illegaal gekochte wapens waarvan de aanschaf in eerste instantie was goedgekeurd, maar die later waren teruggehaald, als men doorkreeg dat er iets mis was gegaan, niet zou zijn opgespoord als die antecedentendossiers binnen vierentwintig uur waren vernietigd en niet pas na negentig dagen.)

Heeft uw regering het over 'het schrikbeeld van verloren vrijheid'?

Zeg dat maar eens tegen de mannen en vrouwen die de cel in zijn gegooid, niet omdat ze terroristen waren, maar omdat ze moslim waren.
En vertel eens waarom u denkt dat u het recht hebt om na te gaan wat
voor boeken een verdachte van terroristische activiteiten leest, maar
niet wat voor wapens hij inslaat.

Wie helpt hier nu eigenlijk echt de terroristen, meneer Bush?[1]

Vraag 6: Was u ervan op de hoogte dat terwijl u gouverneur was van Texas, de Taliban naar Texas kwamen voor overleg met uw olie- en gasvriendjes?

Meneer Bush, ik weet niet wat mij bezielde om op een avond een paar
trefwoorden in te tikken op de BBC-website, maar ik deed het, ik tikte
de woorden 'Taliban' (de Engelsen spellen het 'Taleban') en 'Texas' in,
en kijk eens aan wat er te voorschijn kwam op mijn scherm. Een BBC-
verhaal uit december 1997: 'Taleban naar Texas voor pijplijnoverleg.'

De Taliban werden, zoals u wel bekend is, uitgenodigd voor een
bezoek aan Texas terwijl u gouverneur was van die staat. Volgens de
BBC gingen de Taliban erheen voor een bezoek aan Unocal, de enorme olie- en energiegigant; ze gingen praten over Unocals wens om
een gaspijpleiding aan te leggen vanuit Turkmenistan door Afghanistan, waar de Taliban de scepter zwaaiden, naar Pakistan.[2]

Meneer Bush, wat was daar gaande?

Volgens de Londense Telegraph Online rolden uw vrienden van de
oliemaatschappij de rode loper uit voor 's werelds beruchtste en
moordlustigste misdadigers en fêteerden ze ze op ouderwets Texaanse
wijze.

Eerst brachten de Taliban-leiders een paar dagen door in het Tex-

1. Fox Butterfield, 'Justice Dept. bars use of gun checks in terror inquiry', The New York
Times, 6 december 2001; Neil A. Lewis, 'Ashcroft defends antiterror plan; says criticism
may aid US foes', The New York Times, 7 december 2001; Peter Slevin, 'Ashcroft blocks FBI
access to gun records', The Washington Post, 7 december 2001; Violence Policy Center
(www.vpc.org), 'Firearms training for Jihad in America', Fox Butterfield, 'Ashcroft's
words clash with staff on checks', The New York Times, 24 juli 2002.
2. 'Taleban to Texas for pipeline talks', BBC World Service, 3 december 1997, http://news.
bbc.co.u/1/hi/world/west-asia/36735.stm.

aanse Sugarland, en genoten daar van de westerse extravagantie. De oliemensen lieten die wrede rotzakken logeren in een vijfsterrenhotel, gingen met ze naar de dierentuin en natuurlijk naar het NASA-ruimtevaartcentrum.[1]

'Houston, we zitten met een probleem', kwam blijkbaar niet in uw hoofd op, ook al vormden de Taliban misschien wel het meest hardvochtige fundamentalistenregime op aarde. Als het omgekeerde was gebeurd, en zij hadden u in Kaboel ontvangen, zou het onthaal bestaan hebben uit het ophangen van vrouwen die zichzelf niet van top tot teen bedekt hadden. Nou, dat zou me een braderie geweest zijn, hè?

Na Texas kuierden de Taliban-heersers verder naar Washington, D.C., waar ze een bespreking hadden met Karl Inderfurth, onderminister voor Zuid-Aziatische zaken. En vandaar gingen ze naar Omaha, waar de Universiteit van Nebraska later een speciaal trainingsprogramma ontwikkelde voor Afghanen, om ze te leren hoe ze pijpleidingen moesten aanleggen – allemaal betaald door uw vrienden bij Unocal. Tijdens een van hun bezoeken daar, in mei 1998, bezochten twee Taliban-leden – die zich die keer in de vs bevonden op kosten van Clintons ministerie van Buitenlandse Zaken – nog meer trekpleisters, waaronder Baldlands National Park, Crazy Horse Memorial, de geboorteplek van Gerald Ford en Mount Rushmore.[2]

Ja, daar was sprake van wonderbaarlijk veel gastvrijheid, een mooi voorbeeld van Amerikaanse goodwill en ons grote, genereuze hart. Of onze liefde voor geld en voor goedkope energie. Welja, als de prijs maar goed is, zijn wij bereid om iedereen een kans te geven!

Zoals u weet zit er in de voormalige Sovjet-republieken ten oosten van de Kaspische Zee voor honderden miljoenen dollars aan gas en olie in de grond, dat ligt te wachten tot het eindelijk wordt aangeboord. Iedereen probeerde daar haastig een plaats te veroveren en de Amerikaanse regering was meer dan bereid om daarbij de hel-

1. Caroline Lees, 'Oil barons court Taliban in Texas', The Telegraph (Online), 14 december 1997.

2. Caroline Lees, 'Oil barons court Taliban in Texas', The Telegraph, 14 december 1997; Barbara Crossette, 'us, Iran relations show signs of thaw', The New York Times, 15 december 1997; 'Taleban in Texas for talks on gas pipeline', BBC News, 4 december 1997; Kenneth Freed & Jena Janovy, 'UNO partner pulls out of Afghanistan project', Omaha World Herald, 6 juni 1998.

pende hand uit te steken. Zelfs president Clinton stond helemaal achter het idee van die Unocal-pijpleiding.[1]

Als we die buit in handen wilden krijgen, moesten we de Russen voor zijn, daar zat hem de kneep – en we moesten een manier vinden om er toegang toe te krijgen zonder dat we een pijplijn hoefden aan te leggen door het ons vijandig gezinde Iran.

Dus werkte Enron, terwijl Unocal met het idee kwam om een pijplijn door Afghanistan te leggen, aan een eigen plan – om het gas uit Turkmenistan te halen en het via een pijpleiding onder de Kaspische Zee door naar Turkije te brengen. De Amerikaanse overheid betaalde zelfs Enrons haalbaarheidsonderzoek.[2] Enron was ook druk in de weer met het naburige Oezbekistan, waar het bedrijf contracten probeerde af te sluiten voor de ontwikkeling van gasvelden in dat land. Eind 1996 was Unocal al gaan kijken of het Oezbekistan kon meenemen in de pijplijnplannen via Afghanistan naar Pakistan.[3]

En toen besloot u, meneer Bush, om er ook in te springen. U praatte zelf met de Oezbeekse ambassadeur, ten behoeve van Enron. De voorzitter van Enron, Ken Lay, eindigde een brief aan u, voorafgaand aan die bijeenkomst, met de volgende mooie woorden: 'Ik weet zeker dat jij en ambassadeur Safajev een productieve bijeenkomst zullen hebben die zal uitmonden in een vriendschap tussen Texas en Oezbekistan. Met vriendelijke groeten, Ken.'[4]

Wat was uw rol nou precies in de gesprekken van Unocal met de Taliban? Ik neem aan dat u wist dat de leiders van een buitenlandse natie uw staat bezochten en daar op bezoek gingen bij mensen die geld geschonken hadden aan uw verkiezingscampagne. Hoe kon het dan eigenlijk gebeuren dat wrede dictators gefêteerd werden in uw staat, als u toch zo gekant lijkt te zijn tegen wrede dictators?

Om heel eerlijk te zijn was u natuurlijk niet de enige die geprobeerd heeft om anderen te helpen, als zij wat wilden verdienen aan datgene

1. Ed Vulliamy, 'US women fight Taliban oil deal', The Guardian, 12 januari 1998; Dan Morgan, et al., 'Women's fury toward Taliban stalls pipeline', The Washington Post, 11 januari 1998.
2. 'Trans-Caspian gas line receives go-ahead', Europe Energy, 26 februari 1999.
3. Justin Weir, 'Natural resources', Institutional Investor International, april 1997; Gerald Karey, 'Unocal's Uzbekistan deal adds to Central Asia plan', Platt's Oilgram News, 5 november 1996.
4. Brief van Kenneth L. Lay aan gouverneur George W. Bush, 3 april 1997.

waarvan wordt aangenomen dat het de laatste grote onontgonnen gas- en olievoorraad op aarde is. Denk maar aan het Witte Huis ten tijde van Clinton, Henry Kissinger en die andere voormalige minister van Buitenlandse Zaken, Alexander Haig. Die waren allemaal bereid om de helpende hand uit te steken.[1]

En dan was er natuurlijk Dick Cheney nog. Cheney was toen de baas van de gigantische oliemaatschappij Halliburton. Als dat bedrijf geen gevangenissen bouwt in Guantanamo Bay, ernstige schendingen van de mensenrechten negeert om zaken te kunnen doen in Birma, contracten afsluit met Libië, Iran en Saddam Hoesseins Irak (hetgeen Halliburton in de jaren negentig allemaal vrolijk deed), dan bouwde Halliburton (en het bouwt ze nog steeds) olie- en gasleidingen.[2] In 1998 had uw toekomstige co-president Cheney het volgende te zeggen over de situatie in dat deel van de wereld: 'Ik kan me geen periode herinneren dat een regio zo plotseling opkwam en strategisch zo belangrijk werd als het gebied rond de Kaspische Zee. Het lijkt bijna alsof die kansen zich van de ene op de andere dag voordoen.' Tijdens een lezing voor het Cato Institute, in datzelfde jaar, gaf hij de volgende informatie prijs over Halliburton: 'Ongeveer 70 tot 75 procent van onze zaken heeft te maken met energie, met diensten aan klanten als Unocal, Exxon, Shell, Chevron en een groot aantal andere belangrijke oliemaatschappijen in de wereld. Het gevolg daarvan is – zo blijkt – dat wij dikwijls moeten werken op lastige plaatsen. Onze-Lieve-Heer zag geen reden om olie en gas alleen daar te stoppen waar zich democratische gekozen regeringen bevinden die de Verenigde Staten gunstig gezind zijn. Het komt voor dat wij moeten werken op plaatsen waar we, alles bij elkaar genomen, onder normale omstandigheden niet uit onszelf heen zouden gaan. Maar ja, wij gaan waar de zaken gaan.'[3]

1. David B. Ottaway & Dan Morgan, 'In drawing a route, bad blood flows', The Washington Post, 5 oktober 1998; Daniel Southerland, 'Haig involved in plans to build gas pipeline across Iran', Houston Chronicle, 22 januari 1995.
2. Jeremy Kahn, 'Will Halliburton clean up?', Fortune, 14 april 2003; Peter Waldman, 'A pipeline project in Myanmar puts Cheney in Spotlight', The Wall Street Journal, 27 oktober 2000; Colum Lynch, 'Firm's Iraq deals greater than Cheney has said', The Washington Post, 23 juni 2001.
3. Tyler Marshall, 'High stakes in the Caspian', Los Angeles Times, 23 februari 1998; Richard B. Cheney, 'Defending liberty in a global economy', rede uitgesproken voor de Collateral Damage Conference in het Cato Institute, 23 juni 1998.

En óf er zaken te doen waren in Afghanistan. Toen de door Amerika gesteunde moedjahedienstrijders, zoals Osama bin Laden, de Russische bezetters uit Afghanistan verdreven hadden, vergat Amerika Afghanistan heel snel, en liet chaos daar de overhand krijgen.[1] Het land kwam in een burgeroorlog terecht. Toen de Taliban halverwege de jaren negentig de macht in handen kregen, leidde dat in Washington overal tot vreugdevolle reacties.

In eerste instantie meende men dat de Taliban een voorbeeld namen aan het door de VS goedgekeurde Saoedi-Arabische model van goed regeren – krachtige onderdrukking en tegelijkertijd het Westen geven wat het nodig heeft. Zo werd Afghanistan een land waar we wel mee in zee konden gaan. Maar al heel snel kwamen hun moordpraktijken aan het licht en veel Amerikaanse politieke leiders begonnen terug te krabbelen.[2]

Maar de oliemaatschappijen helemaal niet. Unocal gaf niet op en stortte zich gewoon in die pijpleidingplannen met de Taliban, in samenwerking met Delta Oil, dat in Saoedische handen was. Directeur van Delta is een man die Mohammed Hoessein Al-Amoudi heet. Er is onderzoek gedaan naar zijn banden met Osama bin Laden.[3] Geen van beide partijen leek het wat uit te maken dat Osama bin Laden, met instemming van de Taliban, in 1996 in Afghanistan was gaan wonen – in hetzelfde jaar als waarin hij zijn eerste oproep deed tot een 'Heilige Oorlog' tegen de Verenigde Staten.[4]

Die speech over 'dood aan alle Amerikanen' vonden uw goede vrienden bij Enron ook helemaal niet vervelend. Naast hun plan voor een pijpleiding om het Kaspische gas helemaal naar de Middellandse Zee te leiden, waren Ken Lay en zijn partners ook hard bezig aan andere grote oplichterspraktijken. Ze bouwden een gigantische gasgestookte elektriciteitscentrale in Dabhol, in India. Die Dabhol-fabriek werd, net als al het andere wat Enron bekokstoofde (inclusief uw campagne!),

1. Peter Gorrie, 'US underestimated bin Laden at first', Toronto Star, 22 september 2001.
2. Ahmed Rashid, Taliban: Militant Islam, Oil, and Fundamentalism in Central Asia, maart 2001.
3. Jack Meyers, et al., 'Saudi clans working with US oil firms may be tied to Bin Laden', Boston Herald, 10 december 2001.
4. Robert Fisk, 'Saudi calls for jihad against US "crusaders"', The Independent, 2 september 1996; Tim McGirk, et al., 'The Taliban allow a top "sponsor" of terrorism to stay in Afghanistan', Time Magazine, 16 december 1996.

ongelofelijke afzetterij.[1] En wie was er nou beter bij machte om de inlandse bevolking te belazeren dan het bedrijf dat ook de eigen Amerikaanse werknemers en klanten belazerde?

Maar George, ik zou in dit verband graag iets anders willen weten. Kun jij me ook zeggen of het alleen maar toeval was dat Enron en Unocal in dezelfde regio zaten, waarbij de een een energiecentrale bouwde die op gas moest draaien, en de andere een gaspijplijn aanlegde? Of speelde er nog iets anders?

Want kijk, dit is mijn indruk – en alsjeblieft George, je mag het me gerust zeggen als ik ernaast zit: Unocal zou de Taliban omkopen zodat het de pijplijn kon aanleggen die via Afghanistan naar Pakistan zou lopen. En dan waren ze van plan om een extensie bij die pijplijn te maken die naar India zou lopen, tot aan New Delhi. Tegelijkertijd had Enron plannen om een pijplijn van Dabhol naar New Delhi te leggen, waar die natuurlijk verbonden kon worden met de Turkmeense pijplijn, en Unocal en Enron zo samen konden komen.[2] In een alternatief Unocal-plan zou de pijplijn eindigen in de Arabische Golf in Pakistan, vanwaar het gas kon worden geëxporteerd.[3] Voor een tankwagen zou Enrons Dabhol-fabriek niet ver liggen.

Maar toen blies Osama twee Amerikaanse ambassades op in Afrika, en dat was reden genoeg voor president Clinton om te besluiten dat hij niets meer met Afghanistan van doen wilde hebben. Als antwoord op Bin Laden vuurde hij raketten af op een Soedanese aspirinefabriek en op een verlaten Al Qaeda-trainingskamp in Afghanistan.[4]

Ik neem aan dat u en alle andere business-schoolstudenten ten minste één ding geleerd hebben op school, en wel dat als jouw land eenmaal bommen begint te gooien op het land waar jij zaken mee probeert te doen, dat je de deal dan verder wel uit je hoofd kunt zetten. En dus schortte Unocal twee dagen later alle plannen op die het bedrijf

1. Claudia Kolker, 'The Fall of Enron: Dead Enron power plant affecting environment, economy, and livelihoods in India', *Houston Chronicle*, 4 augustus 2002.
2. 'Turkmen-Pakistani export gas pipeline marks progress', *Oil & Gas Journal*, 3 november 1997; 'Gulf gas rides to the rescue', *Middle East Economic Digest*, 16 januari 1998.
3. Unocal-persbericht, 'Unocal, Delta sign MOU with Gazprom and Turkmenrusgaz for natural gas pipeline project', 13 augustus 1996.
4. James Astill, 'Strike one: In 1998, America destroyed Osama bin Laden's "chemical weapons" factory in Sudan. It turned out that the factory made medicine', *The Guardian*, 2 oktober 2001.

had om met de Taliban pijpleidingen te gaan aanleggen in Afghani-stan, en het trok zich drie maanden later volledig terug uit de onder-handelingen.[1] Plotseling moesten de Taliban het zonder die miljarden dollars stellen, geld dat ze ontzettend goed konden gebruiken voor de financiering van hun regime en de bescherming van Bin Laden.

Ik kan het niet met zekerheid zeggen, meneer Bush, maar ik denk toch dat de Taliban behoorlijk kwaad waren op Unocal en de Amerika-nen omdat die zo'n lucratieve deal niet door lieten gaan. En als ik één ding weet over die krankzinnige Taliban, dan is het wel dat zij behoor-lijk rancuneus kunnen zijn.

Maar voor uw vrienden bij Enron en Unocal en Halliburton was het zonneklaar, meneer Bush, dat de Taliban en Osama bin Laden de za-ken echt in het honderd hadden gestuurd met die twee terroristische aanslagen, en Clinton veegde de plannen van tafel. Dus zolang de Tali-ban in het zadel zaten en Osama bin Laden onderdak boden, zou die pijpleiding er nooit komen. Wat zou de oplossing kunnen zijn?

Een nieuwe president zou geen kwaad kunnen.

Clinton zou Unocal, Halliburton en Enron nooit meer zaken laten doen met die terroristen.

En dus werd Enron een van de grootste sponsors van uw verkie-zingscampagne, om zo de Clinton/Gore-as weg te krijgen. U huurde Cheney in om een vice-president te kiezen, en die koos uiteindelijk voor zichzelf.[2] Daarna koos hij een stel van uw vaders vrienden uit voor de andere hoge posten en u zei dat het goed was. Daarna werd u tot president benoemd door het Hooggerechtshof.

En daarna...

U was nog geen maand in functie toen de Taliban al aan uw deur kwamen kloppen. Ze aasden nog steeds op die miljarden voor die pijpleidingdeal. Zes dagen nadat Cheney zijn geheime Energy Task Force had ingesteld, meldde de *London Times* dat de Taliban graag af-spraken wilden maken met de nieuwe regering; ze waren bereid om

1. 'Unocal Statement: Suspension of activities related to proposed natural gas pipeline across Afghanistan', persbericht, 21 augustus 1998; 'Unocal Statement on withdrawal from the proposed Central Asia Gas (CentGas) pipeline project', persbericht, 10 decem-ber 1998.
2. Alison Mitchell, 'Bush is reported to name Cheney as partner on ticket', *The New York Times*, 25 juli 2000.

Osama uit Afghanistan te gooien, en dat hadden ze u ook kenbaar gemaakt.[1] Iedereen was uit op wat wisselgeld, en het geval wilde dat u net Zalmay Khalilzad in uw regering had opgenomen, een voormalige Unocal-consultant. Khalilzad, nu lid van de National Security Council van Condoleezza Rice, was destijds een van de gasten geweest op een diner ter ere van de Taliban tijdens die Unocal-besprekingen in Texas.[2] In oktober 1996 had hij aan Time Magazine verteld dat de Taliban 'geen behoefte hebben aan de export van hun revolutie. En ze staan ook niet vijandig tegenover de vs.'[3]

Om wat stroop te smeren hadden de Taliban zich kort daarvoor gevoegd bij Amerika's 'oorlog tegen drugs'. Dat was goed nieuws voor u, want Afghanistan was verantwoordelijk voor 75 procent van de papaveroogst in de wereld (het hoofdbestanddeel van heroïne). De Taliban verboden de gehele papaverteelt, en nadat een internationale delegatie door het land was gereisd en het papavervrij had verklaard, haastte u zich om drieënveertig miljoen dollar aan 'humanitaire' hulp toe te kennen aan het verwoeste land. Internationale organisaties zouden die hulp moeten verdelen. Dat soort hulp weigerde onze regering vroeger eigenlijk vrijwel altijd te verstrekken aan landen als Cuba en allerlei andere gebieden. Maar de Taliban zijn plotseling wél goed genoeg.[4]

Natuurlijk hadden de Taliban nog wel enorme voorraden heroïne in hun pakhuizen liggen, en die bleven ze ook verkopen. Als je de markt voor een veelgevraagd product vrijwel volledig in handen hebt, en vervolgens verlaag je de beschikbaarheid van dat product heel drastisch, dan kan zelfs een mislukte zakenman als jij, George, nagaan wat er zal gebeuren. De prijs zal steeds verder stijgen! In Foreign Policy in Focus stond wat dat betekende: een kilo heroïne ging van vierenveertig dollar

---

1. Zahid Hussain, 'Taleban offers us deal to deport bin Laden', London Times, 5 februari 2001; Joseph Kahn & David E. Sanger, 'President offers plan to promote oil exploration', The New York Times, 3 februari 2001.
2. Joe Stephens & David B. Ottoway, 'Afghan roots keep adviser firmly in the inner circle', The Washington Post, 23 november 2001.
3. Christopher Ogden, 'Good News/Bad News in the Great Game', Time Magazine, 14 oktober 1996.
4. Preston Mendenhall, 'Afghanistan's cash crop wilts', MSNBC.com, 23 mei 2001; Robin Wright, 'u.s. pledges $43 million to ease Afghanistan famine', Los Angeles Times, 18 mei 2001.

naar zevenhonderd dollar. En dat is allemaal zuivere winst, zo in je boosaardige, vrijheid hatende handje, als je de Taliban bent.[1]

Volgens allerlei bronnen hebben vertegenwoordigers van uw regering de Taliban ontmoet, of berichten aan hen doorgegeven in de zomer van 2001. Wat waren dat voor berichten, meneer Bush? Bespraken jullie hun aanbod om Bin Laden uit te leveren? Dreigde u met het gebruik van geweld? Praatte u met hen over een pijpleiding? Hebben u en uw regering de kans verspeeld, zoals een voormalige CIA-functionaris beweerd heeft in The Washington Post, om Bin Laden in Amerikaanse handen te krijgen?[2] Hoe het ook zij, de besprekingen gingen door tot een paar dagen voor 11 september. Er zou geen pijplijn komen. De Taliban liepen de buit mis, en de bedrijven die u hadden gesteund, waren nu zelf de miljoenen kwijt die ze gestoken hadden in de voorbereidingen van die lucratieve pijpleiding. Wat zou er nu gebeuren?

Nou, we weten wat er toen gebeurd is. Twee vliegtuigen haalden het World Trade Center neer, en een andere vloog zich te pletter tegen het Pentagon. Een vierde toestel kwam neer in Pennsylvania. En u besloot om onze vrijheid te beschermen door een paar van die vrijheden van ons af te nemen. Daarna hebben we ons op Afghanistan gestort, en de Taliban samen met hun Al Qaeda-vriendjes op de vlucht gejaagd – dat was veel eenvoudiger dan ze vangen. De meeste hoge pieten wisten te ontsnappen.

O ja, we hebben Afghanistan toen overgedragen aan Unocal. De nieuwe Amerikaanse ambassadeur in Afghanistan? Unocal-consultant

1. Molly Moore, 'Iran fighting a losing drug war; armed villagers struggle to seal Afghanistan border', The Washington Post, 18 juli 2001; Jerry Seper, 'Cash flow for Taliban eyed as reason for opium surge', The Washington Times, 3 oktober 2001; 'What is the role of drugs/heroin in Afghanistan conflict', Foreign Policy In Focus, 5 december 2001.
2. Michael Elliott, et al., 'They had a plan; Long before 9/11, the White House debated taking the fight to al-Qaeda', Time Magazine, 12 augustus 2002; Chris Mondics, 'US courted, castigated Taliban', The Philadelphia Inquirer, 21 oktober 2001; George Arney, 'US "planned attack on Taleban"', BBC News, 18 september 2001; David Leigh, 'Attack and Counter Attack', The Guardian, 26 september 2001; Jonathan Steele, et al., 'Threat of US strikes passed to Taliban weeks before NY attack', The Guardian, 22 september 2001; 'US tells Taliban: End bin Laden aid', The Chicago Tribune, 3 augustus 2001; Barton Gellman, 'A strategy's cautious evolution', The Washington Post, 20 januari 2002; David B. Ottaway & Joe Stephens, 'Diplomats met with Taliban on bin Laden; some contend US missed its chance', The Washington Post, 29 oktober 2001.

en lid van de National Security Council Zalmay Khalilzad. En de door Amerika geïnstalleerde nieuwe leider van Afghanistan? Voormalig Unocal-directielid Hamid Karzai.[1]

Op 27 december 2001 tekenden Turkmenistan, Afghanistan en Pakistan het contract voor een pijpleiding.[2] Het gas zal uiteindelijk uit de Kaspische regio vloeien en al uw vrienden zullen er blij mee zijn.

Er zit een luchtje aan dit alles, meneer Bush. En het kan het aardgas niet zijn. Dat gas is reukloos.

Vraag 7: Wat was dat nou eigenlijk voor uitdrukking op uw gezicht in dat klaslokaal in Florida, die ochtend van 11 september, toen uw chef-staf tegen u zei: 'Amerika wordt aangevallen'?

Op 10 september vloog u 's middags naar Florida. U logeerde in een duur hotel in Sarasota, u at 's avonds met uw broer Jeb, en daarna ging u naar bed.[3]

In de ochtend ging u een stukje joggen over de golfbaan, en daarna naar de Booker-basisschool om voor te lezen aan kleine kinderen. U verliet uw hotel tussen 8.30 uur en 8.40 uur, toen de luchtvaartautoriteiten al tien tot twintig minuten wisten dat er gekaapte vliegtuigen in de lucht waren. Niemand nam de moeite om u op de hoogte te stellen.[4]

U kwam op die school aan nadat het eerste vliegtuig in New York de noordelijke toren had geraakt. Drie maanden later vertelde u tijdens een bijeenkomst in het stadhuis van Orlando aan een schoolkind: 'Ik

1. Ilene R. Prusher, et al., 'Afghan power brokers', The Christian Science Monitor, 10 juni 2002.
2. Balia Bukharbayeva, '$5 billion gas pipeline planned in Afghanistan', The Associated Press, 28 december 2002.
3. Tom Bayles, 'The day before everything changed, President Bush touched locals lives', Sarasota Herald-Tribune, 10 september 2002.
4. 'Transcript American Airlines Flight 11', The New York Times, 16 oktober 2001; Dan Balz & Bob Woodward, 'America's chaotic road to war', The Washington Post, 27 januari 2002; Alan Levin, et al., 'Part 1: Terror attacks brought drastic decision: clear the skies', USA Today, 12 augustus 2002.

stond op de gang te wachten om dat klaslokaal in te gaan, en toen zag ik een vliegtuig tegen die toren aan vliegen–de tv stond blijkbaar aan, en ik was vroeger zelf piloot, en ik zei, nou nou, dat is me een waardeloze piloot. Ik zei, dat moet een vreselijk ongeluk zijn geweest. Maar ik moest toen snel naar binnen, ik kon er niet lang over nadenken...'[1]

Datzelfde verhaal herhaalde u een maand later op nog zo'n 'stadhuisbijeenkomst' in Californië.[2] Het enige probleem met dat verhaal is dat u helemaal niet gezien hebt hoe dat eerste vliegtuig zich in de toren boorde–*niemand* heeft dat live op tv gezien, want die beelden werden pas de volgende dag uitgezonden.[3] Maar dat geeft niet; we waren die morgen allemaal in de war.

U ging rond negen uur dat klaslokaal binnen[4] en het tweede toestel raakte de zuidelijke toren om 9.03 uur.[5] Slechts een paar minuten later kwam uw chef-staf Andrew Card binnen, terwijl u voor die klas vol kinderen zat en luisterde hoe zij voorlazen; hij fluisterde iets in uw oor. Card vertelde u klaarblijkelijk over het tweede toestel en dat verhaal dat we 'aangevallen' werden.[6]

En precies op dat moment begon u glazig in de verte te staren, niet echt een wezenloze blik, maar eerder een soort van verlamd. U toonde geen enkele emotie. En daarna... bleef u daar maar zitten. U zat daar nog wel *zeven minuten* en u deed *niets*. Dat was, op zijn minst, vreemd. Eng. U bleef daar gewoon op dat kinderstoeltje zitten, en u luisterde naar de voorlezende kinderen, heel vredig, wel vijf of zes minuten

1. 'President meets with displaced workers in town hall meeting', officieel transcript van het Witte Huis, 4 december 2001.
2. 'President holds town hall forum on economy in California', officieel transcript van het Witte Huis, 5 januari 2002. Daarin verklaart Bush: 'Ten eerste had ik, toen we dat klaslokaal binnengingen, dat vliegtuig in het eerste gebouw zien inslaan. Er stond een tv aan. En tja, ik dacht: het is een fout van de piloot, en ik stond er versteld van dat iemand zo'n vreselijke fout kon maken. En er was iets mis met dat vliegtuig, of–nou ja, in elk geval, ik zat daar...'
3. Stephanie Schorow, 'What did Bush see and when did he see it?', *Boston Herald*, 22 oktober 2002.
4. William Langley, 'Revealed: What really went on during Bush's "missing hours"', *London Telegraph*, 16 december 2001.
5. 'September 11, 2001: Basic Facts', Amerikaans ministerie van Buitenlandse Zaken, 15 augustus 2002.
6. David E. Sanger & Don van Natta, Jr., 'In four days, a national crisis changes Bush's Presidency', *The New York Times*, 16 september 2001.

lang.[1] U keek niet bezorgd, u zei niet dat u weg moest, u werd niet haastig door uw adviseurs van de Geheime Dienst weggeleid.

George, wat dacht je? WAT ging er om in je hoofd? Wat betekende die uitdrukking op je gezicht? Van alle vragen die ik je gesteld heb, is deze wel degene die bij mij de meeste raadsels oproept.

Bedacht je dat je die rapporten serieuzer had moeten nemen, die de CIA je een maand eerder gegeven had? Er was je toen gemeld dat Al Qaeda aanslagen plande in de VS, en dat daarbij wellicht gebruik zou worden gemaakt van vliegtuigen. Er waren al eerder rapporten van de inlichtingendienst geweest waarin Al Qaeda's belangstelling voor een aanslag op het Pentagon ter sprake was gekomen.[2] Zei je op dat moment tegen jezelf: 'Nou, goddank zijn ze niet tegen het Pentagon aan gevlogen!'?

Of was je gewoon doodsbang? Dat mag best, hoor, we waren allemaal bang. Dat geeft niks. Alleen, jij hebt het op je genomen om opperbevelhebber te zijn, en dat betekent dat je moet bevelen als wij worden aangevallen, en niet stokstijf op een stoel moet zitten.

Of misschien dacht je alleen maar: 'Ik wou deze baan helemaal niet hebben! Jeb zou deze baan nemen; daar was hij voor uitgekozen! Waarom ik dan? Waarom ik dan, pap?' Joh, dat begrijpen wij best. En dat nemen we je helemaal niet kwalijk. Je zag eruit als een verdwaald hondje dat alleen maar naar huis wilde. Dit was plotseling niet meer het feest dat jij in je hoofd had, en jij was niet langer de Directeur/President; nu werd er van je verwacht dat je de Krijger/President was. En we weten allemaal wat er de vorige keer gebeurde toen jij iets moest presteren in een militair uniform.

Of... misschien, heel misschien, zat je daar in dat klaslokaal te denken aan je Saoedische vrienden – de koninklijke en de Bin Ladens. Mensen van wie jij maar al te goed weet dat ze niet veel goeds in de zin hadden. Zouden daar vragen over komen? Zou men wat gaan vermoeden? Zouden de Democraten het wagen om in het verleden van je familie te duiken en na te gaan wat voor banden jullie hadden met die mensen (nee, wees maar niet bang, geen schijn van kans!)? Zou de

1. David E. Sanger & Don van Natta, Jr., 'In four days, a national crisis changes Bush's Presidency', The New York Times, 16 september 2001.
2. Bob Woodward en Dan Eggen, 'Aug. memo focused on attacks in US', The Washington Post, 18 mei 2002.

waarheid ooit boven tafel komen?

Binnen een uur zat je in een vliegtuig – niet terug naar Washington, D.C., om leiding te geven aan de verdediging van het land, en troost te bieden aan de bevreesde burgers; niet eens naar de nabijgelegen MacDill-luchtmachtbasis in Tampa, waar het centrale militaire commando zit.[1]

Nee, je *ging op de vlucht* – eerst naar Louisiana, en daarna het halve land door naar Nebraska, naar een ondergrondse schuilplaats.[2] Dat maakte ons allemaal een stuk geruster! Wekenlang hebben jij en je mensen ons daarna wijs proberen te maken dat dat voor jouw veiligheid was, omdat eigenlijk jij het doelwit was geweest van Al Qaeda.

Het probleem met dat verhaal is natuurlijk dat elke stommeling kon begrijpen dat je, als gekaapte vliegtuigen gebruikt worden als luchtdoelraketten, vooral niet moet gaan rondvliegen in een groot doelwit met de naam Air Force One.

Misschien krijgen we nog wel eens te horen wat er toen allemaal gaande was. Ik en miljoenen andere mensen vonden dat het eruitzag als geklooi. En ik denk dat jij dat aan het einde van de middag ook wel in de gaten had gekregen, en dat je begreep dat je maar beter met gezwinde spoed naar het Witte Huis terug kon gaan waar je er weer presidentieel uit kon zien.[3] Vanaf het moment dat je helikopter die avond landde op het zuidelijke gazon, was jouw 'presidentschap' iets waar niemand meer vraagtekens bij zou durven of mogen zetten.

Twee avonden later ging je, volgens een artikel in The New Yorker, geschreven door Elsa Walsh, het Truman-balkon op van het Witte Huis om je een beetje te ontspannen en een sigaar te roken. De achtenveertig uur daarvoor waren verschrikkelijk geweest, en je moest even op adem komen. Je had een goede vriend gevraagd om dat moment van privacy met je te delen. Toen hij het Witte Huis binnenkwam, omhelsden jullie elkaar, en daarna nam je hem mee naar het balkon, waar hij een glas dronk dat je hem aanbood. Daarna staken jullie allebei een sigaar op en jullie staarden over het gras naar het Washington-monument. Je zei tegen hem: 'Als wij ze niet zover kunnen krijgen dat ze hun medewerking verlenen [alle Al Qaeda-activisten die mogelijker-

1. 'Timeline in terrorist attacks on Sept. 11', The Washington Post, 12 september 2001.
2. Ibid.
3. Ibid.

wijs betrokken zijn geweest bij de aanslagen], dan krijgen jullie ze van ons.' Ik weet zeker dat die ander dat aanbod wel op prijs heeft gesteld. Het was tenslotte je goede vriend 'Bandar Bush', de prins van Saoedi-Arabië.[1]

Terwijl de rook van de puinhopen nog door de lucht kringelde boven Manhattan en Arlington, dreef de rook van de sigaar van de Saoedische prins door de milde avondlucht van Washington, D.C., en jij, George W. Bush, stond aan zijn zijde.

Dat waren mijn zeven vragen, meneer Bush – zeven vragen waarop ik vind dat u moet antwoorden. De drieduizend slachtoffers en hun nabestaanden hebben daar recht op, en een land met miljoenen inwoners zal vroeg of laat de waarheid willen horen, en eisen dat u schoon schip maakt, of vertrekt.

1. Elsa Walsh, 'How the Saudi Ambassador became Washington's indispensable operator', *The New Yorker*, 24 maart 2003.

2
De leugen regeert

Wat is de ergste leugen die een president kan vertellen?

'Ik heb geen seksuele relatie gehad met die vrouw, miss Lewinsky.'

Of...

'Hij beschikt over massavernietigingswapens – de dodelijkste wapens ter wereld – en die vormen een directe bedreiging voor de Verenigde Staten, onze burgers en onze vrienden en bondgenoten.'

De ene leugen leidde voor een president tot een impeachmentprocedure. De andere leugen bezorgde de leugenaar niet alleen de oorlog die hij graag wilde, maar leidde ook tot enorme contracten voor zijn vrienden; bovendien staat praktisch vast dat hij door die leugen bij de volgende verkiezingen een reusachtige overwinning zal boeken.

En ja, natuurlijk zijn we wel vaker voorgelogen. Ontzettend veel leugens: grote leugens, kleine leugens, leugens die ons in de hele wereld een slechte naam bezorgden. 'Ik ben geen oplichter' was een leugen, en als gevolg daarvan kon Richard Nixon zijn biezen pakken. 'Ik geef u mijn woord: geen nieuwe belastingen' was niet eens zozeer een leugen als wel een niet nagekomen belofte, maar toch kostte die woordbreuk de eerste Bush zijn presidentschap. 'Ketchup is een groente' (en dus goed voor schoolkinderen) was in wezen geen leugen, maar eerder een goed voorbeeld van de mesjoche kijk die de regering-Reagan op de wereld had.

Andere presidenten logen over Vietnam, over Korea, over de indianen, over dat alle mensen gelijk waren (terwijl ze hun privé-slaven vastgeketend in de achtertuin hielden). Bergen leugens, honderden jaren lang. En als ze betrapt werden op hun leugens, dan sprak iedereen er schande van, dan kregen ze straf, of ze moesten weg. Soms.

Misschien zit Bush er nog steeds omdat hij het oude adagium bewezen heeft dat een leugen, als je hem maar lang en vaak genoeg vertelt, vroeg of laat waarheid wordt.

Toen langzamerhand de leugens aan het licht kwamen die ons de oorlog tegen Irak hadden binnengeleid, ging de knop bij de regering-Bush op de overlevingsstand, met als enige verdedigingsmiddel: de leugen zo vaak herhalen dat het Amerikaanse volk murw wordt, om genade roept en het verhaal begint te geloven.

Maar het volgende onweerlegbare feit kan niemand verhullen: geen leugen is erger dan vaders en moeders zoveel vrees aanjagen dat zij hun kinderen de strijd in sturen van een oorlog die niet gestreden had moeten worden *omdat er helemaal nooit echt sprake was van enige dreiging.* Tegen de burgers van een land liegen dat hun levens gevaar lopen alleen om je eigen persoonlijke vete uit te vechten ('Hij wou mijn pappie doodmaken!') of je rijke vrienden nog rijker maken, nou, in een rechtvaardiger wereld zou er in een zwaar beveiligde gevangenis een cel worden vrijgehouden speciaal voor dat soort leugenaars.

George W. Bush heeft ons leugens gevoerd. Hij kwam met de ene leugen na de andere, allemaal om zijn eigen vuile oorlogje te krijgen. En het heeft gewerkt.

Ik houd wel van een vette leugen. Gegrild, sappig, volgepropt met ui en sla en allerlei geheime ingrediënten. En lekker groot ook; groter dan een Big Mac. Dat je niet eens hoeft te zeggen 'Maak 'm maar lekker groot voor mij, alstublieft', want het is al zo'n verdomd GROTE. Maar ik weet dat ze slecht voor me zijn, dus ik lust ze niet meer.

George W. Bush houdt er ook wel van. Die van hem zijn GIGANTISCH. In Texas is alles groter. Ze worden voorgekookt door een voltallige staf, en dan dient George ze op. En het Amerikaanse volk schrokt ze naar binnen. De ene na de andere. Grote sappige. En ze happen zo heerlijk weg! Hoe meer de mensen ervan eten, hoe meer ze er willen, en hoe meer ze gaan denken in dezelfde trant als Bush. Ze gaan alles geloven wat hij zegt, want zijn leugens zijn gewoon zo onweerstaanbaar *lekker.*

Bush verkoopt leugens in alle soorten en maten. Mag ik u het verrukkelijke menu tonen dat de opperleugenaar speciaal voor u heeft samengesteld? Ik noem het 'Oorlog in Irak combi-maaltijden':

1. De oorspronkelijke leugen: 'Irak heeft nucleaire wapens!'

Geen betere manier om de bevolking schrik aan te jagen dan door te zeggen dat een losgeslagen gek nucleaire wapens heeft (of die aan het ontwikkelen is). En dat hij van plan is die nucleaire wapens tegen *jou* in te zetten.

George W. Bush heeft al heel vroeg de eerste stappen gezet om ons de stuipen op het lijf te jagen. Tijdens zijn rede tot de Verenigde Naties in september 2002 zei hij met een uitgestreken gezicht: 'In weerwil van al die inspanningen ontwikkelt Saddam Hoessein nog steeds massavernietigingswapens. En we zullen er waarschijnlijk pas helemaal zeker van zijn dat hij een nucleair wapens [sic] heeft, als hij er, hetgeen God verhoede, een gebruikt.'

Korte tijd later, op 7 oktober, zei Bush tegen een menigte in Cincinnati: 'Als het Irakese regime in staat is om een hoeveelheid verrijkt uranium te produceren, of te kopen of te stelen die niet veel groter is dan een flinke tennisbal, dan kan het in minder dan een jaar tijd een nucleair wapen hebben... Nu wij geconfronteerd worden met duidelijk zichtbaar gevaar, kunnen we niet wachten op het uiteindelijke bewijs – een heterdaadje – want dat zou wel eens een wolk kunnen zijn in de vorm van een paddestoel.'

Hoe kun je de Amerikanen zover krijgen dat ze hun oorspronkelijke tegenzin laten varen en oorlog gaan voeren tegen Irak? Zeg gewoon 'paddestoelwolk' en – HUPLA – je ziet de peilingen omslaan!

De Irakezen hadden niet alleen uranium proberen te kopen in Afrika, zei Bush, maar ook 'sterke aluminium buizen en ander materiaal dat nodig is voor gascentrifuges waarin je uranium kunt verrijken voor nucleaire wapens'.

Griezelige zaken. Stel je voor hoe ontzettend veel griezeliger het nog zou zijn als het echt waar was. Joseph Wilson, een hoge Amerikaanse diplomaat met meer dan twintig jaar ervaring, ook op posten in Afrika en Irak, werd in 2002 naar Niger gestuurd voor een CIA-onderzoek. Hij moest de Britse beweringen natrekken dat Irak had geprobeerd om uranium te kopen van Niger. Hij kwam tot de conclusie dat die aantijgingen vals waren.

Later zei Wilson daarover: 'Op basis van mijn ervaringen met de regering in de maanden voorafgaand aan de oorlog, kan ik weinig anders dan concluderen dat bepaalde inlichtingen die verband hielden met de ontwikkeling van kernwapens in Irak, verdraaid zijn om de dreiging aan te dikken... [De CIA] vroeg of ik naar Niger wilde gaan om dat verhaal na te trekken. [...] Begin maart kwam ik terug in Washington met een gedetailleerd rapport voor de CIA. [...] Er moeten ten minste vier documenten in de archieven van de Amerikaanse regering zitten waaruit mijn opdracht blijkt.'

(In juli 2003 voegde Wilson daar nog het volgende aan toe: 'Eigenlijk komt het erop neer dat de regering de feiten verdraait over een onderwerp dat in wezen de rechtvaardiging is voor die oorlog. We moeten ons dan wel afvragen: *waar liegen ze nog meer over?*')

Het Witte Huis negeerde Wilsons rapport en hield het bedrog in stand. Toen de regering vast bleef houden aan dat verzonnen verhaal, zei één regeringsfunctionaris volgens *The New York Times*: 'De mensen huiverden en dachten: waarom blijven jullie die rotzooi herhalen?'

De documenten uit Niger waren zo slecht nagemaakt dat de minister van Buitenlandse Zaken van Niger die er een had 'getekend' niet meer in de regering zat – hij vervulde die functie, zonder dat de Britse of Amerikaanse leugenaars die het verhaal hadden verzonnen daarvan op de hoogte waren, al ruim tien jaar niet meer.

De 'ontdekking' van de aluminium buizen bleek ook een fictieve dreiging te zijn. Op 27 januari 2003 – de dag voordat Bush zijn rede voor de State of the Union hield – vertelde het hoofd van het Internationale Bureau voor Atoomenergie, Mohamed El-Baradei, aan de Veiligheidsraad van de VN dat een inspectie van twee maanden in Irak *geen* bewijs had opgeleverd van verboden activiteiten op voormalige Irakese nucleaire locaties. Bovendien zei El-Baradei dat de aluminium buizen 'niet geschikt waren voor de ontwikkeling van centrifuges, tenzij ze aangepast werden'.

Volgens verslagen in *The Washington Post*, *Newsweek* en andere publicaties hadden functionarissen van de Amerikaanse en Britse inlichtingendiensten al eerder vraagtekens gezet bij de bewering dat die buizen gebruikt konden worden voor de productie van kernwapens. VN-inspecteurs zeiden dat zij bewijzen hadden gevonden dat Irak van plan was om van die buizen kleine raketten te bouwen, geen kernwapens.

En de Irakezen hadden helemaal niet geheimzinnig gedaan over hun pogingen om die buizen te kopen – hun inkooporder was vrij toegankelijk op internet.

Maar Bush liet op 28 januari 2003 zijn keiharde State of the Union-toespraak tot bijna tweeënzestig miljoen kijkers niet verpesten door die feiten: '...Saddam Hoessein was onlangs in Afrika op zoek naar een flinke hoeveelheid uranium,' beweerde hij. 'Stelt u zich eens voor dat die negentien kapers andere wapens hadden gehad, en andere plannen – dat ze deze keer bewapend waren door Saddam Hoessein. Er hoeft maar één medicijnflesje voor nodig te zijn, één blikje, één kist die dit land binnenglipt, en er komt een dag zo afschuwelijk als we nog nooit eerder hebben meegemaakt. We zullen alles doen wat in onze macht ligt om te voorkomen dat die dag er ooit komt.'

Op 16 maart verscheen co-president Dick Cheney op de tv, in het vragenuurtje voor de pers, en hij wist het land te melden dat Hoessein 'enorm zijn best had gedaan om kernwapens in zijn bezit te krijgen. Wij denken *dat hij inderdaad kernwapens heeft ontwikkeld.*'

Drie dagen later begon de oorlog.

De kritiek op de wijze waarop de regering vertrouwde op leugens over de Irakese atoomcapaciteit, liep in de lente en zomer van 2003 zo hoog op dat zelfs president Bush die niet langer kon negeren; en hij kon de vragen erover geen halt meer toeroepen door chagrijnig te doen. In eerste instantie probeerde hij van CIA-directeur George Tenet het zwarte schaap te maken. 'De CIA gaf zijn fiat aan de State of the Union-toespraak van de president voordat die hem uitsprak,' moest Tenet in juli zeggen. 'Ik ben verantwoordelijk voor het proces van goedkeuring bij mijn bureau. En [...] de president had alle reden om aan te nemen dat de tekst die hij kreeg voorgelegd in orde was. Die zestien woorden [over het Afrikaanse uranium] hadden nooit opgenomen mogen worden in de tekst die voor de president geschreven was.' Maar daarna kwamen de memo's van oktober te voorschijn, en daaruit bleek dat Tenets CIA het Witte Huis wel degelijk had proberen af te houden van een dergelijke onware uitspraak. In eerste instantie had het Witte Huis naar dat advies geluisterd, maar nadien had het de waarschuwing herhaaldelijk terzijde geschoven, het duidelijkst in de State of the Union-toespraak. Het tweede zwarte schaap werd de assistent van Condoleezza Rice, Stephen Hadley, die zei dat hij degene was geweest die de tekst voor de toespraak van Bush in januari had goedgekeurd. Dat alles maakte zo'n slappe indruk dat Bush uiteindelijk, op 30 juli, tijdens een van zijn zeldzame persconferenties, zei dat hij en hij alleen verantwoordelijk was voor elk woord dat over zijn lippen kwam. Dat hij *zoiets* zelfs maar moest zeggen, zou het hele land toch te denken moeten geven: moet zo'n vent leiding geven aan de vrije wereld of kan hij maar beter hamburgers bakken bij de plaatselijke snackbar in Texas.

2. Gebakken leugen met kaas: 'Irak heeft chemische en biologische wapens!'

Tijdens zijn toespraak in Cincinnati op 7 oktober 2002 bood George W. Bush ons de volgende versgebakken leugen aan: 'Er zijn mensen die vragen hoe groot de directe dreiging is voor Amerika en de rest van de wereld. Het gevaar is nu al heel groot, en het wordt alleen maar erger. Als we weten dat Saddam Hoessein op dit moment gevaarlijke wapens in zijn bezit heeft – en dat weten we – is het dan logisch dat de wereld wacht met een confrontatie, en dat hij almaar verder kan groeien en nog veel gevaarlijker wapens kan ontwikkelen?' Slechts een paar maanden later voegde Bush ook de kaas aan die leugen toe: 'We hebben bronnen die bevestigen dat Saddam Hoessein onlangs de Irakese legerleiding toestemming heeft gegeven voor het gebruik van chemische wapens – en dat zijn nou juist die wapens die de dictator naar eigen zeggen helemaal niet heeft.'

Wie wil er nou na die woorden geen bom gooien op die rotzak van een Saddam? Minister van Buitenlandse Zaken Colin Powell ging nog verder – hij zei dat de Irakezen niet alleen chemische wapens aan het brouwen waren, maar dat ze dat zelfs *mobiel* deden!

'Een van de zorgelijkste feiten die naar voren komen uit het dikke inlichtingendossier dat we bijhouden over de Irakese biologische wapens, is het bestaan van mobiele productiefaciliteiten, die worden gebruikt voor de aanmaak van biologische stoffen,' zei Powell tegen de VN. 'We weten dat Irak ten minste zeven van zulke mobiele fabrieken voor biologische stoffen heeft.'

Hij kwam met zoveel details... *dat het wel waar moest zijn!* '...Een raketbrigade even buiten Bagdad zette overal raketlanceerinstallaties neer, en kruisraketten voorzien van biologische stoffen [...] de meeste lanceerinstallaties en raketten stonden verdekt opgesteld onder groepjes palmbomen, en ze werden elke week, of maximaal elke vier weken verplaatst om ontdekking te voorkomen.

Wij schatten dat Irak op dit moment een voorraad heeft van ten minste 100 tot 500 ton chemische stoffen die als wapen ingezet kunnen worden. Dat is genoeg voor 16.000 raketten.'

Maar toen het Amerikaanse leger Irak eenmaal was binnengetrokken, kon het niet één van die 'mobiele laboratoria' vinden. En ja, met zoveel palmbomen om ze onder te verstoppen, kon niemand het ons leger kwalijk nemen dat het ze niet kon ontdekken. We konden ook helemaal geen chemische en biologische wapens vinden, ook al had minister van Defensie Donald Rumsfeld op 30 maart 2003 in een actualiteitenprogramma nog wel gezegd: 'We weten waar ze liggen. Ze bevinden zich in het gebied rond Tikrit en rond Bagdad en een beetje naar het oosten, het westen, het zuiden en het noorden.' O, prima, dat is dan duidelijk! Nou kunnen we ze wel vinden! Dank je wel, mafkees!

Uiteindelijk verklaarde George W. Bush op 5 juni 2003: 'We hebben onlangs twee mobiele laboratoria gevonden voor biologische wapens, waar biologische stoffen geproduceerd konden worden. Dit is de man die tientallen jaren lang massavernietigingswapens heeft verborgen. Hij wist dat de inspecteurs ernaar zochten.'

Die leugen hield ongeveer één dag stand. Uit een officieel Brits onderzoek naar de 'twee opleggers' die in Noord-Irak waren gevonden, kwam het volgende naar voren: 'Het zijn *geen* mobiele laboratoria voor biologische oorlogvoering, zoals is beweerd door Tony Blair en George Bush; ze waren bestemd voor de productie van waterstof voor artillerieballonnen, iets wat de Irakezen aldoor al zeiden.'

Zo zat dat. Tanks om ballonnen mee te vullen! Massaballonnenwapens! Het was verschrikkelijk gênant voor de Amerikaanse veldcommandanten. Luitenant-generaal James Conway, bevelhebber van de First Marine Expeditionary Force in Irak, zei: 'Ik vond het toen gek – en ik vind het nog steeds gek – dat we geen wapens hebben ontdekt, zoals u zegt, op een paar van die vooruitgeschoven verspreide locaties. [...] En heus, we hebben ons best gedaan. [...] We zijn echt bij vrijwel alle munitieopslagplaatsen geweest tussen de grens met Koeweit en Bagdad, *maar ze zijn er gewoon niet.'*

Er zijn nooit chemische of biologische wapens geweest – behalve dan die wapens die wij Saddam in de jaren tachtig hebben gegeven, de wapens die hij tegen de Koerden heeft ingezet, en tegen de Iraniërs toen wij hem de satellietfoto's hadden geleverd waarop hij de Iraanse troepenbewegingen kon zien. We wisten waarvoor hij die foto's nodig had, en binnen een jaar nadat de VN de vergassing van die Iraniërs gemeld had, herstelden wij de volledige diplomatieke betrekkingen met Saddams regime.

Je moet deze leugen wel eerst even van zijn broodje tillen om te zien dat deze kerel inderdaad op enig moment massavernietigingswapens heeft gehad – *met de complimenten van de VS en onze bondgenoten.* Hier is een lijst uit een Amerikaans Senaatsrapport uit 1994 met de chemische stoffen die Amerikaanse bedrijven tussen 1985 en 1990 van ons aan Saddam Hoessein mochten verkopen. We hebben Saddam het volgende verschaft:

Bacillus Anthracis: Anthrax is een infectieziekte – vaak met dodelijke afloop – als gevolg van het binnen krijgen van sporen. De ziekte begint heel plotseling met hoge koorts, ademhalingsproblemen en pijn in de borst. De ziekte resulteert uiteindelijk in bloedvergiftiging, en het sterftecijfer is hoog. Als de bloedvergiftiging eenmaal in een vergevorderd stadium is, heeft de toediening van antibiotica vaak geen zin meer, waarschijnlijk omdat de toxische uitscheiding van de bacteriën, ook als die al dood zijn, in het lichaam blijft.

Clostridium Botulinum: Een bacteriële bron van botulisme die leidt tot overgeven, verstopping, dorst, algehele slapte, hoofdpijn, koorts, duizeligheid, dubbel zien, verwijding van de pupillen en verlamming van de spieren waarmee we slikken. De afloop is vaak dodelijk.

Histoplasma Capsulatum: Is de oorzaak van een ziekte die op het eerste gezicht lijkt op tuberculose. De ziekte kan leiden tot longontsteking, vergroting van de lever en de milt, bloedarmoede, griepverschijnselen, en een acute ontsteking van de huid, waarop kleine rode bultjes verschijnen, vooral op de scheenbenen. Vroegere infecties kunnen weer opleven, meestal in de longen, de hersenen, het ruggenmerg, het hart, het buikvlies, en de bijnieren.

Brucella Melitensis: Een bacterie die chronische vermoeidheid kan veroorzaken, verlies van eetlust, overdadig zweten in rust, pijn in de gewrichten en spieren, slapeloosheid, misselijkheid, en schade aan belangrijke organen.

Clostridium Perfringens: Een buitengewoon giftige bacterie die gasgangreen veroorzaakt. De bacteriën produceren gif dat zich langs spierbundels in het lichaam verspreidt, en daarbij cellen doodt en afgestorven weefsel veroorzaakt dat dan weer gunstig is voor de verdere groei van de bacteriën zelf. Uiteindelijk komen die giffen en bacteriën in de bloedbaan terecht en veroorzaken aandoeningen in het hele lichaam.

Daarbij kwamen nog een aantal ladingen Escherichia coli (E. coli) en genetisch materiaal, en ook menselijk en bacterieel D N A; dat alles werd rechtstreeks bij de Irakese Atomic Energy Commission afgeleverd.

Er waren 'geen gegevens beschikbaar' over de verkoop door Amerikaanse bedrijven van biologische stoffen aan Irak in de jaren voor 1985. In het Senaatsrapport stond ook het volgende: 'Die geëxporteerde biologische stoffen waren niet verzacht of verzwakt, en ze konden nagemaakt worden.' De eerste twee, anthrax en botulinum, waren de hoekstenen van het Irakese programma voor biologische oorlogvoering, allemaal op fantastische wijze mogelijk gemaakt door de Verenigde Staten van Amerika.

William Blum schreef in *The Progressive*: 'Het rapport maakte bovendien melding van het feit dat Amerikaanse export naar Irak de voorlopers van stoffen voor chemische oorlogvoering omvatte, plannen voor productievoorzieningen voor chemische en biologische oorlogvoering, en materieel voor het vullen van chemische raketkoppen.'

Er zijn in de jaren tachtig nog veel meer biologische stoffen naar Irak gezonden die gebruikt zouden kunnen worden in biologische wapens; ze staan vermeld in het Senaatsrapport uit 1994 en bij de Centers for Disease Control (waar men zich bezighoudt met de bestrijding van ziektes).

Alle hierboven genoemde middelen waren afkomstig van Amerikaanse bedrijven, en werden in de jaren van Reagan/Bush verzonden met *toestemming* van de Amerikaanse regering. Onder die bedrijven

bevonden zich American Type Culture Collection, Alcolac International, Matrix-Churchill Corp., Sullaire Corp., Pure Aire, en Gorman-
Rupp.

Amerikaanse bedrijven waren ook verantwoordelijk voor de levering
aan Irak van technologie met een 'tweeledige functie', bijvoorbeeld
krachtige computers, lasers en ander materiaal dat ingezet kan worden voor de productie van nucleaire wapens en hun onderdelen. Het
tijdschrift L.A. *Weekly* berichtte in 2003 dat het – naar uit hoorzittingen
in de Senaat en uit overheidsdossiers is gebleken – onder andere om
de volgende bedrijven ging:

Hewlett-Packard – werkte tussen 1985 en 1990 met Irak samen; leverde computers voor de afdeling van de Irakese regering die zich
bezighield met de scud en nucleaire programma's. H P stuurde ook
computers naar twee overheidsbureaus die de leiding hadden over
de nucleaire en chemische wapenprogramma's. Andere transacties
omvatten onder meer onderdelen voor een radar en materieel voor
geheimschrift.

AT&T – kreeg in 2000 betaald om de producten van een ander bedrijf, Huawei, te verbeteren. In 2000 en 2001 huurde Irak Huawei in
om het luchtafweersysteem een opknapbeurt te geven.

Bechtel – van 1988 tot 1990 hielp dit bedrijf de Irakezen bij de bouw
van een zeer grote petrochemische fabriek, in nauwe samenwerking
met een Irakees bedrijf dat bekendstond om zijn banden met het
leger.

Caterpillar – heeft Irak in de jaren tachtig geholpen met de opbouw
van een nucleair programma door de verkoop van tractoren ter
waarde van tien miljoen dollar.

Dupont – heeft in 1989 speciaal bewerkte olie aan Irak verkocht ter
waarde van dertigduizend dollar. Die olie werd gebruikt voor het
nucleaire programma.

Kodak – heeft, ook in 1989, onderdelen aan Irak verkocht, ter waarde van 172.000 dollar, die Irak gebruikt heeft voor de bouw van raketten.

Hughes Helicopter – heeft in 1983 zestig helikopters aan Irak verkocht, die de Irakezen hebben omgebouwd voor militair gebruik.

Al met al heeft het ministerie van Handel tussen 1985 en 1990 toestemming gegeven voor de verkoop van technologie ter waarde van 1,5 miljard dollar, die voor meerdere doeleinden geschikt was, van chemische en biologische componenten tot computers en onderdelen voor conventionele en kernwapensystemen. In diezelfde periode werd ook voor 308 miljoen dollar aan vliegtuigen, helikopters en onderdelen daarvoor overgebracht naar Irak.

Maar Amerika heeft veel meer gedaan dan Saddam Hoessein alleen de bouwstenen leveren voor chemische, biologische en nucleaire wapens. In het Witte Huis van Reagan en Bush werd ook hard gewerkt aan de realisatie van nog meer militaire macht voor de Irakese dictator.

In augustus 2002 onthulden hoge militaire functionarissen in *The New York Times* een nog breder beeld van de Amerikaanse hulp. Onze jongens in Washington vonden het een fantastisch idee om de Irakezen militaire inlichtingen te geven en te adviseren in de strijd tegen Iran, ook al wisten ze donders goed dat Irak chemische wapens had ingezet in die strijd en daar ook mee door zou gaan.

Want tja, de regering had besloten dat Irak de oorlog tegen Iran niet mocht verliezen, en dat Amerika dus alles zou doen wat het 'legaal' kon doen om ervoor te zorgen dat die gevaarlijke gek van een Saddam Hoessein de overwinning zou behalen. Reagan ging zelfs zover dat hij zijn handtekening zette onder een nationale veiligheidsinstructie ter ondersteuning van die belofte.

In een in 1995 onder ede afgelegde verklaring heeft Howard Teicher, co-auteur van die instructie en lid van Reagans Nationale Veiligheidsraad, nog meer onthuld over de Amerikaanse betrokkenheid: 'CIA-directeur Casey gaf persoonlijk leiding aan de pogingen om Irak zoveel militaire wapens, munitie en vervoermiddelen te bezorgen dat het de oorlog tegen Iran niet zou verliezen. Overeenkomstig de geheime *Nationale Veiligheids Instructie* steunden de VS de Irakese oorlogsinspanningen actief: de Irakezen kregen miljarden dollars krediet en Amerikaanse militaire inlichtingen en adviezen, en de VS hield de wapenverkopen aan Irak vanuit de ontwikkelingslanden nauwkeurig in de gaten, om er zeker van te zijn dat Irak beschikte over een toereikend wapenarsenaal.'

Een van die 'wapenverkopen vanuit de derde wereld' was buitengewoon interessant. Nou, nou, wat schrokken wij toen aan het licht kwam dat onze dierbare, despotische vrienden de Saoedi's 'per ongeluk' driehonderd in Amerika geproduceerde, duizend kilo zware, MK-84-bommen naar Irak hadden overgebracht. Meestal waren Reagans mannen echter slim genoeg om de wapens via andere landen naar binnen te sluizen, zonder dat ze traceerbaar waren.

En niet alleen zijn ondergeschikten raakten erbij betrokken. Reagan en Bush 1 besloten ook zelf vuile handen te maken. In Teichners verklaring valt te lezen: 'In 1986 stuurde president Reagan een geheime boodschap naar Saddam Hoessein waarin hij zei dat Irak de strijd in de lucht en de bombardementen op Iran moest uitbreiden. *Die boodschap werd door vice-president Bush overgebracht*, want die gaf hem door aan de Egyptische president Moebarak, die hem weer doorspeelde aan Saddam Hoessein.'

Zelfs toen Saddam zijn massavernietigingswapens had ingezet ter vergassing van zijn eigen mensen – een gebeurtenis die Bush en zijn maatjes nu, anderhalf decennium te laat, zo ontzettend schokt –, raakte de regering-Reagan niet van streek. Het Amerikaanse Congres probeerde economische sancties in te stellen tegen het land van Hoessein, maar het Witte Huis veegde dat idee van tafel. Waarom? Volgens de vrijgegeven dossiers van Buitenlandse Zaken zouden economische sancties schadelijk zijn voor de Amerikaanse kansen op contracten voor 'massale naoorlogse wederopbouw' als die oorlog tussen Irak en Iran eindelijk tot een einde zou komen. Massavernietigingswapens? O ja, die heeft hij vroeger wel eens gehad. Om dat na te gaan hoefden we alleen de bonnetjes maar na te kijken en de winst te tellen die werd bijgeschreven op het conto van de donateurs die de Reagan- en Bush-campagne hebben gesteund.

3. Leugen met bacon: 'Irak heeft banden met Osama bin Laden en met Al Qaeda!'

Alsof het bezit van een atoombom, zenuwgas en de builenpest in een flesje nog niet genoeg was, speelde Saddam Hoessein plotseling ook onder één hoedje met de Moeder van alle Terroristen in eigen persoon,

Osama bin Laden! Ik weet zeker dat jullie net zo reageerden als ik toen jullie het hoorden: 'Kan het nog erger? Wanneer raken we die Saddamkerel nou eindelijk eens kwijt?'

Maar een paar uur na de aanslagen op 11 september had de Amerikaanse minister van Defensie, Donald Rumsfeld, al bedacht wie er verantwoordelijk was voor die aanslagen, of in elk geval wie hij ervoor wilde straffen. Volgens het CBS-nieuws wilde Rumsfeld al het mogelijke weten over de aanslagen, en hij zei tegen zijn onderzoeksteam: 'Haal alles uit de kast. Zoek het allemaal uit. Of het er nou mee te maken heeft of niet.' Hij beschikte al over inlichtingen die wezen op een verband met Osama (die hij 'Usama' noemde), maar hij wilde meer, want hij had andere bedoelingen. Hij wilde inlichtingen krijgen 'die goed genoeg waren om S.H. [Saddam Hoessein] er ook meteen van langs te geven. Niet alleen U.B.L.'

Wat een ge-O-H!

Ik zeg Osama, jij zegt Usama... en Rumsfeld spreekt gewoon het toverwoord 'Saddam' en binnen de kortste keren zegt iedereen het hem na! Generaal b.d. Wesley Clark vertelde dat hij op 11 september en in de daaropvolgende weken telefoontjes kreeg van mensen in 'denktanks' en van mensen in het Witte Huis, die zeiden dat hij zijn positie moest gebruiken om als deskundige voor CNN een 'verband' te leggen tussen 11 september en Saddam Hoessein. Hij beloofde dat hij dat zou doen zodra iemand hem het bewijs daarvoor leverde. En dat deed niemand.

Tijdens de aanloop tot de oorlog in het najaar van 2002 bleven Bush en leden van zijn regering die beschuldiging maar herhalen, ongehinderd door details (ook wel 'feiten' genaamd), zodat het leuk en eenvoudig bleef, en gemakkelijk om te onthouden. Bush reisde het hele land af naar plaatsen waar Republikeinse kandidaten voor het Congres campagne voerden, en maakte aan één stuk door de geest van de Amerikaanse bevolking rijp voor die nep-Saddam/Osama-band. Kijk maar eens wat één weekje serieliegen oplevert:

'Het gaat hier om iemand [Hoessein] die Amerika verafschuwt. Iemand die contact heeft gehad met Al Qaeda.'
—*George W. Bush, Alamogordo, New Mexico, 28 oktober 2002.*

'Hij vormt een bedreiging voor Amerika en voor onze vrienden. Hij is nog veel gevaarlijker geworden nu we erachter zijn gekomen dat hij zijn best doet, alweer, om een kernwapen in bezit te krijgen, om het te ontwikkelen. Hij heeft banden met Al Qaeda.'
—George W. Bush, Denver, Colorado, 28 oktober 2002.

'Het is iemand die alles waar wij voor staan verafschuwt. Hij vindt het, net als Al Qaeda, verschrikkelijk dat wij van vrijheid houden. Want ziet u, daar hebben ze een hekel aan. Die man heeft contacten gehad met van die schimmige terroristennetwerken.'
—George W. Bush, Aberdeen, South Dakota, 31 oktober 2002.

'Zo is die man nu eenmaal. We weten dat hij banden heeft met Al Qaeda.'
—George W. Bush, Portsmouth, New Hampshire, 1 november 2002.

'We weten dat hij banden heeft gehad met Al Qaeda.'
—George W. Bush, Tampa, Florida, 2 november 2002.

'Dit is iemand die contact heeft gehad met Al Qaeda. Het is iemand die op allerlei manieren een ernstige bedreiging vormt, maar laten we er eentje bij de kop nemen: het is zo iemand die heel graag terroristen zou willen trainen, en wapens zou willen leveren aan terroristen, zodat die zijn grootste vijand kunnen aanvallen zonder sporen na te laten. Die man vormt een bedreiging voor de hele wereld.'
—George W. Bush, St. Paul, Minnesota, 3 november 2002.

'Het is iemand die Amerika en alles waar wij in geloven verafschuwt. Iemand die een aantal van onze trouwste bondgenoten haat. Iemand die banden heeft gehad met Al Qaeda.'
—George W. Bush, St. Louis, Missouri, 4 november 2002.

'Met zo iemand hebben we hier te maken. Iemand die Amerika haat, onze vrienden haat, alles waar wij in geloven verafschuwt. Hij heeft contacten gehad met Al Qaeda.'
—George W. Bush, Bentonville, Arkansas, 4 november 2002.

66

'Het is iemand die Amerika verafschuwt, hij verafschuwt alles waar wij voor staan, hij verafschuwt een aantal van onze trouwste vrienden en bondgenoten. Het is iemand die banden heeft gehad met Al Qaeda.'
–George W. Bush, Dallas, Texas, 4 november 2002.

En voor het geval dat we het nou nog niet doorhadden, bleef Bush er ook op hameren in zijn State of the Union-toespraak van 28 januari 2003: 'Bewijzen van inlichtingendiensten, geheime boodschappen, en verklaringen van mensen die nu onder arrest staan, tonen aan dat Saddam Hoessein terroristen, onder wie ook leden van Al Qaeda, helpt en beschermt.'

Onmiddellijk na die toespraak bleek uit een enquête onder de kijkers dat de steun voor militaire actie van de Amerikanen in Irak was toegenomen.

Een week later, op 5 februari herhaalde minister van Buitenlandse Zaken Colin Powell de beschuldigingen van Bush tijdens een lange toespraak tot de Veiligheidsraad van de Verenigde Naties. Eerst trad hij in detail over de vele keren dat Irak volgens hem had geweigerd mee te werken aan de wapeninspecties. Het volgende onderwerp betrof de Saddam/Osama-connectie: 'Maar graag wil ik vandaag iets onder uw aandacht brengen wat in aanleg een veel gevaarlijker verband is tussen Irak en het Al Qaeda-netwerk, een verband dat traditionele terroristische organisaties combineert met moderne moordpraktijken.'

Maar het 'bewijs' van de regering begon al te bederven. In die eerste week van februari bleek uit een Brits – naar de BBC uitgelekt – inlichtingenrapport dat er geen verband was tussen Saddam en Osama. Die twee schurken hadden in het verleden geprobeerd vrienden te worden, maar dat was uitgelopen op iets wat veel weg had van een fantastische aflevering van *Blind Date* – ze vonden elkaar *vreselijk*. Volgens het rapport was er sprake van 'een ideologisch conflict tussen de doelstellingen van Bin Laden en het huidige Irak'.

Daar kwam nog bij dat de Al Qaeda-gif- en explosievenfabriek die naar Bush en zijn team beweerden bescherming genoot van Saddam, zich in Noord-Irak bleek te bevinden – een gebied waar de Koerden de macht hebben en waar Amerikaanse en Britse jagers al sinds het begin van de jaren negentig voortdurend luchtpatrouilles uitvoeren. Het noorden van Irak was onbereikbaar voor Saddam, maar niet voor ons.

De basis bleek uiteindelijk toe te behoren aan Ansar al Isalam, een militante fundamentalistische groepering waarvan de leider Saddam Hoessein had aangemerkt als 'vijand'. Een rondleiding op de basis voor een grote internationale groep journalisten toonde al snel aan dat daar geen wapens werden gefabriceerd.

Maar dat maakte allemaal niets uit. De president had het gezegd – *het moest wel waar zijn!* Ja, deze leugen ging er zo goed in dat, in de maanden voorafgaand aan de oorlog tegen Irak, uit peilingen bleek dat de helft van de Amerikanen zei te denken dat Saddam Hoessein banden had met het netwerk van Bin Laden. Zelfs voordat Bush ons zijn State of the Union-toespraak van 2003 had voorgeschoteld, en Powell het Saddam/Osama-'bewijs' had laten zien aan de VN, bleek uit een peiling dat de helft van de ondervraagden al ten onrechte meende dat een of meer van de kapers op 11 september Irakees staatsburger was. Bush hoefde het niet eens te zeggen.

De regering-Bush was erin geslaagd om een van de grootste leugens aller tijden te produceren, en in de hoofden van de Amerikanen Saddam en Osama door elkaar te halen. Als je de mensen eenmaal warm krijgt voor het idee dat Saddam op Amerikaans grondgebied de hand heeft gehad in de massamoord op bijna drieduizend mensen, nou ja, dan wakker je daarmee, zelfs als die leugen over die nep-massavernietigingswapens geen stand zou houden, de strijdlust wel aan en krijg je de troepen wel op de been.

Het probleem met deze leugen is natuurlijk – naast het feit dat het een cynisch, uitgekookt verzinsel is – dat Osama bin Laden Saddam een ongelovige vindt. Hoessein heeft een zonde begaan toen hij van Irak een seculiere staat maakte in plaats van een moslimstaat die geleid wordt door fanatieke moslimgeestelijken. Onder Saddam had Bagdad kerken, moskeeën en ja, zelfs een synagoge. Hoessein heeft duizenden en duizenden sjiieten vervolgd en vermoord omdat zij een bedreiging vormden voor zijn seculiere regering.

Eigenlijk is de belangrijkste reden waarom Saddam en Osama elkaar niet mogen, ook de reden waarom de Bushes Saddam niet meer aardig vinden: de invasie van Koeweit. Bush & Co waren nijdig omdat Saddam de veiligheid van onze olie in de Golf bedreigde, en Osama was nijdig omdat er daardoor Amerikaanse troepen naar Saoedi-Arabië kwamen en naar de heilige moslimgronden. Dat is Bin Ladens belangrijkste verwijt aan ons adres – en dat allemaal door toedoen van Saddam!

Saddam en Osama waren elkaars doodsvijanden en ze konden hun wederzijdse afkeer niet opzijschuiven, zelfs niet om gezamenlijk de VS te verslaan. Man, niet samenwerken, zelfs niet als dat betekende dat ze de Grote Satan Bush dan konden verslaan – DAT is pas haat!

4. Leugen met veel zuur en uitjes: 'Saddam Hoessein is de kwaadaardigste man ter wereld!'

Oké, hij is slecht. Echt door en door slecht. Hij heeft de Koerden en de Iraniërs vergast, de sjiieten, de soennieten en nog ontelbaar veel andere mensen gemarteld, en tijdens de sancties tegen Irak liet hij de mensen verhongeren en lijden onder allerlei gebrek, terwijl hij zijn geld oppotte en zijn vele paleizen goed bevoorraad hield (ook met een kinderboerderij voor zijn halvegare volwassen zonen).

Dat is allemaal afschuwelijk, en de wereld veroordeelde hem terecht en steunde terecht alle pogingen van het Irakese volk om hem kwijt te raken.

Maar het kon de Verenigde Staten nooit een reet schelen hoe slecht Saddam de Dictator zijn eigen mensen behandelde. Dat kan ons *nooit* iets schelen. Eigenlijk houden wij juist van dictators! Met hun hulp krijgen we vaak wat we hebben willen en ze zijn bij uitstek in staat om hun landen ondergeschikt te houden aan de stoomwals van onze wereldwijde bedrijfsbelangen.

We hebben een lange geschiedenis van steun aan gekken en hun regimes, zolang als wij daardoor in de wereld de macht in handen konden houden. Daar heb je natuurlijk onze oude vrienden de Saoedi's, en Saddam, en dan zijn er nog andere landen waar wij vol trots onze sporen verdiend hebben:

Cambodja – Eerst hebben we, eind jaren zestig, de Vietnam-oorlog stiekem uitgebreid tot Cambodja en vervolgens hebben we toegekeken toen de macht in het toch al gedecimeerde land afgleed naar Pol Pot en zijn Rode Khmer. De Verenigde Staten besloten om die gevaarlijke gek te steunen alleen omdat hij tegenstand bood aan de Vietnamese communisten, die het machtige Amerika kort tevoren volledig verslagen hadden. Pol Pot nam de macht over en vernietigde miljoenen van zijn eigen onderdanen.

Kongo/Zaïre–De CIA en Mobutu Sese-Seku waren al snel twee handen op één buik, waardoor er jaren kwamen van gruwelijk geweld dat tot op de dag van vandaag voortduurt. Amerika was bang voor de nationalistische leider Patrice Lumumba, hielp daarom Mobutu aan de macht, regelde de moord op Lumumba, en hielp vervolgens bij het onderdrukken van de opstanden die op die moord volgden. Mobutu regeerde als een dictator. Hij verbood alle politieke activiteiten, liet mensen ombrengen, en bleef tot 1990 in het zadel met de niet-aflatende steun van de Verenigde Staten (en ja, ook van die geniepige Fransen). Met instemming van achtereenvolgende Amerikaanse regeringen had hij een vinger in de pap in de crises in zijn Afrikaanse buurlanden.

Brazilië – De linksgeoriënteerde, democratisch gekozen president Joao Goulart was bepaald niet wat Washington in gedachte had voor het grootste land in Zuid-Amerika. En Goulart verklaarde zich tijdens de Cubaanse raketcrisis dan wel solidair met de Verenigde Staten, maar zijn dagen waren toch geteld. Liever dan een democratie zagen de Verenigde Staten in Brazilië een hun vriendschappelijk gezind autoritair systeem, en dus duwden zij het land een coup door de strot, die leidde tot vijftien jaar vol terreur, marteling en moord.

Indonesië–Dat Zuidoost-Aziatische eilandenrijk is een van Amerika's favoriete bondgenoten, en het geval wil dat het ook weer de standplaats was van zo'n hardvochtig regime. Het herbergt ook de grootste moslimbevolking op aarde. In 1965 werd ook daar een democratisch gekozen president afgezet met hulp van de Amerikaanse regering, die in zijn plaats alweer een militaire dictator in het zadel hielp. Generaal Soeharto gaf leiding aan een hard-lineregime dat het land drie decennia lang regeerde. Er werden ongeveer een half miljoen mensen vermoord in de eerste jaren van Soeharto's bewind, maar dat was geen reden voor de VS om in de jaren zeventig de onwettige annexatie van Oost-Timor door Indonesië niet op voorhand goed te keuren. Daarbij kwamen nog eens rond de tweehonderdduizend mensen om het leven.

Er zijn natuurlijk nog veel meer voorbeelden, een scala dat loopt van door ons gesteunde dictators tot democratisch gekozen regeringen die we gewoon in chaos hebben gestort of hebben opgedoekt (Guatemala en Iran in de jaren vijftig, en Chili in de jaren zeventig zijn ook voorbeelden van onze grote liefde voor vrijheid. De aldaar door hun eigen burgers gekozen staatshoofden werden met onze hulp afgezet).

Tegenwoordig is China, 's werelds grootste broeinest van Saddamklonen, ons favoriete land. De regering heeft daar allerlei beperkingen opgelegd aan de verschillende media, aan internet, de rechten van arbeiders, de vrijheid van godsdienst, en elke poging tot onafhankelijk denken. In combinatie met een rechtssysteem dat de regels van de wet volledig negeert en dat door en door corrupt is, maakt dat alles van China een prima plek om zaken te doen voor Amerikaanse bedrijven. Er zijn meer dan achthonderd Kentucky Fried Chicken-restaurants in China, ongeveer vierhonderd McDonald'sen en nog eens honderd Pizza Huts. Kodak is al dicht bij een monopolie op de verkoop van filmrolletjes.

Het grote aantal bedrijven dat daar handel drijft, brengt er niet alleen zijn koopwaar aan de man bij de Chinezen. De scheve handelsbalans van 103 miljard dollar tussen China en de Verenigde Staten vormt het grootste deficit tussen twee landen dat er ooit is geweest in de wereld. We importeren zes keer zoveel als we exporteren, waarbij warenhuisketen Wal-Mart alleen al goed is voor twaalf miljard dollar aan Chinese import. Deze trots van Amerika (en van China) is daarmee een van China's grootste handelspartners – groter dan Rusland of Engeland.

Er zijn ook nog heel wat andere bedrijven die misbruik maken van de door de staat gecontroleerde goedkope arbeid in China, van General Motors tot Boeing tot... ach, doe maar gewoon je broek uit en kijk naar het merkje, of schroef je televisie uit elkaar. Of doe je broek uit terwijl je de televisie uit elkaar schroeft. En terwijl China zijn slag slaat bij de export, en Amerikaanse bedrijven hun slag slaan met de hoge winsten die daaruit voortkomen, kwakkelt de Amerikaanse economie, en de mensen in China, tja, die wachten gewoon tot de mobiele destructiewagens van de regering de hoek om komen rijden, de mensen oppakken en ze uit hun lijden verlossen.

Als het criterium voor de invasie van een ander land is 'de bevrijding van de bevolking uit de klauwen van een hardvochtig regime', nou dan moeten we maar snel de dienstplicht gaan instellen voor elke man en vrouw van achttien jaar of ouder, want—o god—wat zullen we het druk krijgen! Nu we Irak al binnen zijn gevallen om 'de Irakezen te bevrijden', kunnen we net zo goed verder gaan met de andere landen die we zo ontzettend belazerd hebben. En daarna kunnen we misschien gauw teruggaan naar Afghanistan, en dan op naar Birma, Peru, Colombia, Sierra Leone en ten slotte eindigen op een plek waarvan althans de naam mooi klinkt, Ivoorkust.

Voor de oorlog in Irak, toen de bevolking het slachtoffer was van die eindeloze stroom leugens, werd het idee 'bevrijding van het Irakese volk' er altijd als een soort bijkomende gedachte achteraan geplakt. Nooit stond dat idee centraal in de rechtvaardiging van waarom we *nou juist toen* oorlog moesten gaan voeren. Waarom? Het moge duidelijk zijn dat de mensen die onze oorlogen uitkiezen niet veel ophebben met de bevrijding van onderdrukte volkeren—als dat wel zo was, zouden we nu in de halve wereld aan het matten zijn. Nee, ze hebben het over 'onze veiligheid' en, wat nog belangrijker voor ze is, 'onze belangen'. En we weten allemaal dat 'onze belangen' nooit een goed leven hebben ingehouden voor iemand anders dan onszelf. Wij delen onze rijkdom niet—niet de financiële, en niet de ideologische—, we zorgen voor onszelf en vergroten onze eigen welvaart. Je kunt het overal zien —van onze steeds krappere uitkeringen, tot onze exploitatie van goedkope arbeid, van onze aloude liefde voor dictators tot onze weigering om de derde wereld z'n schulden kwijt te schelden. Bevrijding klinkt leuk, maar is het niet waard om voor te sterven, en al helemaal niet om voor te betalen. Goedkope benzine, goedkope kleding, goedkope tv's? Ja... dat gaat er meer op lijken!

Zelfs Paul Wolfowitz, beroepsoorlogshitser en adviseur van Bush, maakte schoon schip en kwam met de waarheid in een transcript dat het ministerie van Defensie maakte van een interview in *Vanity Fair* in mei 2003: 'Eigenlijk was het zo dat we, om redenen die veel te maken hebben met de bureaucratie bij de Amerikaanse overheid, gekozen hebben voor het enige onderwerp waarover iedereen het eens was, en dat was massavernietigingswapens als de belangrijkste reden. [...] Er zijn altijd drie essentiële redenen tot bezorgdheid geweest. Ten eerste massavernietigingswapens, ten tweede steun aan terrorisme, ten derde de misdadige behandeling van het Irakese volk. Eigenlijk zou je volgens mij kunnen zeggen dat er nog een vierde is, belangrijker dan de vorige, en wel het verband tussen de eerste twee... De derde is op zich, zoals ik, geloof ik, al eerder gezegd heb, reden om de Irakezen te helpen, maar geen reden om het leven van Amerikaanse jongens te riskeren, zeker niet op de schaal waarop wij dat hebben gedaan.'

Geen reden om levens te riskeren? Waarom hebben we dat dan gedaan?

Natuurlijk hield Wolfowitz zich niet aan het boekje. Toen er geen massavernietigingswapens gevonden werden, en er geen enkel Al Qaeda-lid te voorschijn kwam in de delen van Irak die onder Saddam Hoesseins gezag stonden, en toen de grote bedreiging die Saddam vormde voor de Amerikaanse veiligheid niet bewezen kon worden, probeerden de regering-Bush en haar vele paladijnen bij de pers snel de volgorde van hun leugens te wijzigen. 'Nee, hoor, we zijn er niet heen gegaan om kernwapens te zoeken, *we wilden het Irakese volk bevrijden!* Ja, ahum, dat is de reden dat we het daar platgebombardeerd hebben en 150.000 manschappen gestuurd hebben voor een invasie!'

Je weet vast wel hoe je soms de verkeerde hamburger krijgt, als ze de jouwe hebben verwisseld met die van iemand anders. Dan moet je beslissen of je maar gewoon die andere hamburger gaat opeten, of hem terugbrengt en degene krijgt die je besteld had.

Toen de oorspronkelijke 'rechtvaardiging' voor die oorlog ontmaskerd werd als een leugen, bood deze nieuwe leugen de Democraten en liberalen die voor de oorlog waren, de mogelijkheid om zich achter te verschansen toen ze dekking moesten zoeken. Hoe konden ze nou zo stom zijn dat ze de beschuldigingen van Bush geloofden over die massavernietigingswapens en dat verband met 11 september? 'Hé, we waren helemaal niet stom – kijk maar naar al die massagraven die we hebben blootgelegd. Daarom steunden we die oorlog – om een einde te maken aan die wreedheid en onderdrukking!' riepen de Democraten.

Zo is het. Zeg het nog twee keer, klap je hielen tegen elkaar en zeg net als Dorothy in *The Wizard of Oz* drie keer tegen jezelf: 'Oost, west, thuis best!' Dat is wat we de Irakezen gebracht hebben – een klein stukje van thuis. Zoals het in Amerika gaat. Democratie. Daarvoor zijn we daar. Dat gaan we ze geven.

Onlangs werd in een actualiteitenshow een Irakese vrouw geïnterviewd die pro-Amerikaans was en docente Engels. Ze zei dat het zo slecht gaat sinds de Amerikaanse invasie, dat ze af en toe wel wou dat Saddam weer aan de macht was. En in die gevoelens lijkt zij niet alleen te staan. Twintig jaar hebben ze geleefd onder een wrede dictator – en na maar *negentig dagen* onder de Amerikanen willen ze Saddam terug! Jezus, hebben we ons dan zo slecht gedragen als gast?

Het lijkt erop dat het de waanzinnige geestelijken zal lukken om het vacuüm te vullen dat Saddam heeft achtergelaten, en dus is het in Irak tijd voor: 'Hier is jullie nieuwe baas, net zo eentje als jullie vorige baas.' De regering-Bush draagt de macht in het land aldoor maar niet over aan het Irakese volk dat zij toch bevrijd heeft. Hoe komt dat?

Dat komt doordat de regering weet dat als er vandaag verkiezingen zouden worden gehouden, de mensen op democratische wijze zouden stemmen voor het einde van de democratie, en dat zij het land zouden overdragen aan een paar rabiate fundamentalisten. Nu al vrezen de vrouwen voor hun leven als ze zich niet 'bedekken', en eenieder die alcohol verkoopt of films vertoont moet rekening houden met executie. Hoera! Vrijheid! Democratie! Bevrijding!

Ik kan haast niet wachten om te zien welk volk op aarde we hierna gaan bevrijden!

5. Leugen met Vrijheidsfrietjes (niet met Franse frietjes) (en met Amerikaanse kaas): 'De Fransen staan niet aan onze kant en zouden dus wel eens onze vijanden kunnen zijn!'

Als je dwangmatig liegt, kan er van alles gebeuren. Je vertelt bijvoorbeeld zoveel leugens dat je vergeet met welke leugen je bezig bent, of welke leugen je eigenlijk zou moeten vertellen, of aan wie je hem aan het vertellen bent, of dat je hem al eerder aan deze persoon verteld hebt, of misschien heb je hem vorige keer iets anders verteld, en je doet je stinkende best om ervoor te zorgen dat die verhalen overeenkomen, en dan moet je iedereen die met je meegedaan heeft bij dat serieliegen op één lijn krijgen, en voor je het weet zit je zo in de nesten en heb je jezelf er zo ingedraaid dat je nog maar één toevlucht hebt, de enige manier om er nog uit te komen, en dat is de schuld aan iemand anders geven.

Nu komt Frankrijk in beeld.

Als je een zondebok nodig hebt, eentje waar je echt iets aan hebt, gaat er niets boven Frankrijk. En dus gingen de adviseurs van Bush achter dat land aan, en ze beschuldigden de Fransen ervan dat zij de 'As van Angsthazen' vormden. Dat werd allemaal zo geregeld om de mensen in Amerika af te leiden van de echte ratten, die namelijk in Washington zaten.

Frankrijk had besloten om een overhaaste oorlog in Irak niet te steunen. Het land probeerde de Verenigde Staten zover te krijgen dat de wapeninspecteurs hun werk mochten blijven doen. De Franse minister van Buitenlandse Zaken, Dominique de Villepin, hield, toen de oorlog begon, een welsprekend betoog voor de Verenigde Naties: 'Let wel: het gaat om de keuze tussen twee visies op de wereld. Tegenover mensen die kiezen voor het gebruik van geweld, mensen die denken dat zij de ingewikkelde wereldproblematiek kunnen oplossen via snelle en preventieve acties, stellen wij vastberaden actie over een langere periode. Om op dit moment onze veiligheid te garanderen moeten alle aspecten van het probleem meegewogen worden: zowel de veelvuldige crises als hun vele facetten, waaronder de culturele en religieuze. Er kan in de internationale betrekkingen niets blijvends opgebouwd worden zonder dialoog en respect voor de ander, zonder de noodzaak van en het trouw blijven aan principes, vooral voor de democratieën die het goede voorbeeld moeten geven. Als we dat negeren, riskeren we misverstanden, radicalisering en een geweldsspiraal. Dat geldt des te meer voor het Midden-Oosten, een gebied vol breuken en uit het verleden stammende conflicten, waar stabiliteit een van onze belangrijkste doelen moet zijn.'

Tijdens de eerste Golfoorlog hadden de Verenigde Staten de steun van een daadwerkelijke coalitie van machtige bondgenoten. Maar toen we bij Golfoorlog deel I I kwamen, stonden de meeste van die landen niet meer te trappelen om zich aan te melden. Bush en zijn uitgelezen team van diplomaten moesten het doen met een niet-zo-heel-brede, niet-zo-heel-afschrikwekkende, negenenveertig leden tellende 'Coalitie van Bereidwilligen'. De meeste van die landen (zoals Tonga, Azerbeidzjan en Palau) worden altijd pas als laatste gekozen voor een Verenigde Naties-volleybalwedstrijd en NOOIT mee gevraagd naar het schoolfeest (zelfs niet door hun wanhopige neven). Het is zielig om te zien hoe dankbaar ze zijn als ze wel ergens voor gevraagd worden. (Zie Leugen nummer 6.)

Je zou denken dat als we echt het gevaar liepen dat Saddam Hoessein zijn uitgebreide arsenaal aan massavernietigingswapens zou gaan gebruiken, of een ander land zou binnenvallen, dat dan meer landen zich zonder aarzelen in de strijd zouden hebben geworpen om die gevaarlijke gek tegen te houden, vooral de landen die veel dichter bij Irak liggen.

De Fransen kregen het ondertussen voor hun stokbroden. Je kunt niet zomaar tegen de Verenigde Staten ingaan! En je kunt zeker niet zomaar tegen iedereen verkondigen dat wij liegen – *vooral* niet als we dat inderdaad doen. Bush, zijn beleidsmakers en al hun kleine woordvoerders zetten driftig de aanval tegen de Fransen in.

Je had diplomaat Colin Powell met zijn vriendelijke stem, die op de tv zei: 'Het was een hele moeilijke tijd toen we gingen stemmen voor die tweede resolutie, en we vonden niet dat Frankrijk erg behulpzaam was.' Toen aan Powell gevraagd werd of Frankrijk de gevolgen zou ondervinden van het besluit om zich niet aan te sluiten bij het Amerikaanse standpunt inzake de oorlog, zei de minister van Buitenlandse Zaken zonder meer 'ja'.

Donald Rumsfeld koos voor een heel andere aanpak – beledigender –, in reactie op de vraag over de Europese kijk op de oorlog. Hij zei: 'Jullie denken bij Europa aan Duitsland en Frankrijk. Ik niet. Dat vind ik het oude Europa.' (Rummy denkt blijkbaar liever aan Europa – of *Nouveau Europe*, zoals hij het noemt – als een werelddeel dat alleen zulke essentiële coalitiepartners omvat als Albanië, Estland, Hongarije, Letland en Slowakije.)

Bush had tegen een interviewer van NBC-network het volgende te zeggen over de Franse president Jacques Chirac: 'Ik betwijfel of die in de komende tijd op mijn ranch zal komen.' (Chirac was er natuurlijk helemaal kapot van dat hij een bezoek aan Crawford in Texas zou mislopen.)

Maar een anonieme medewerker van het Witte Huis deelde de zwaarste klap uit – toen hij senator John Kerry, de hoop van de Democraten bij de volgende presidentsverkiezingen (en een onderscheiden Vietnam-veteraan) beschuldigde van een 'Frans' uiterlijk.

Afgevaardigde Jim Saxton, een Republikein uit New Jersey, diende in het Huis van Afgevaardigden een wet in die moest voorkomen dat Franse bedrijven Amerikaanse financiering zouden genieten bij de wederopbouw in Irak. Zijn collega, afgevaardigde Ginny Brown-Waite, een Republikeinse uit Florida, bedacht een nog beter plan om het die Fransen betaald te zetten – zij stelde voor om de lichamen van soldaten die in de Tweede Wereldoorlog waren omgekomen en die begraven waren in Frankrijk, terug te brengen naar de Verenigde Staten. 'De resten van onze dappere helden moeten begraven liggen in vaderlandse grond,' legde ze uit, 'en niet in een land dat ons de rug toe heeft gekeerd.'

Een anti-belastinggroep plaatste advertenties tegen twee Republikeinse senatoren die zich uitgesproken hadden tegen de belastingverlaging van Bush. In de advertenties zag je die twee senatoren, elk naast een wapperende Franse vlag, met daaronder de boodschap: 'President Bush gaf dapper leiding aan de vrijheidstroepen, maar een paar zogenaamde bondgenoten, zoals Frankrijk, dwarsboomden hem. In eigen land heeft Bush forse belastingverlagingen voorgesteld om banen te creëren en de economie aan te wakkeren. Maar een paar zogenaamde Republikeinen dwarsbomen hem.'

Sean Hannity, politiek commentator voor Fox News, zei tegen de kijkers: 'Als ik voor deze zomer een reisje had gepland naar Frankrijk, dan zou ik die trip nu afzeggen. En ik zal u zeggen waarom. Wat Jacques Chirac heeft gedaan toen wij in de problemen zaten, en de wijze waarop hij ons heeft ondermijnd en de mate waarin hij dat heeft gedaan uit eigenbelang, dat alles is op dit moment onvergeeflijk bedrog. Het spijt me, ik ehm – ik zou tegen elke Amerikaan willen zeggen: blijf uit de buurt van Frankrijk, ga maar naar Engeland.'

En al snel nadat het Amerikaanse volk deze Franse Leugens voorgeschoteld had gekregen, hapte het toe. Er werd Franse wijn op straat uitgegoten, en in één restaurant in New Jersey zelfs door de wc gespoeld. Men begon Franse restaurants te mijden. Vakantiegangers zeiden hun geplande vakanties naar Frankrijk af – het aantal boekingen daalde met 30 procent. Het restaurant van het Congres doopte de Franse frietjes op de menukaart om in 'Vrijheidsfriet', daarmee het voorbeeld volgend van een restauranteigenaar in North-Carolina, die het weer had afgekeken van de pogingen in de Eerste Wereldoorlog om 'sauerkraut' (zuurkool) om te dopen in 'vrijheidskool'. Overal in het land namen restaurants zijn voorbeeld over, en de directeur van de grote Fuddruckers-horecaketen kwam met het volgende statement: 'Elke gast die naar de toonbank komt van zijn plaatselijke Fuddruckers en zegt: "Doe mij maar vrijheidsfriet!" laat zien dat hij vierkant achter de mensen staat die onze belangrijkste vrijheden beschermen, vooral het vrij zijn van angst.' (Om maar niet te spreken van het vrij zijn van feiten: wat wij kennen als 'Franse' friet komt oorspronkelijk uit België.)

Meer dan tweehonderd jaar geleden gaf Patrick Henry tijdens de Amerikaanse Revolutie met de volgende kreet uiting aan zijn strijdvaardigheid: 'Geef me vrijheid of geef me de dood!' Nu zou hij zijn vaderlandsliefde kunnen betuigen door een wijziging aan te brengen in zijn bestelling bij de snackbar.

Een filiaal van French Cleaners, een winkelketen in het Californische San Joaquin Valley, eigendom van Libanezen, werd beklad met anti-Franse leuzen, en een ander filiaal brandde tot de grond toe af. Het in Franse handen verkerende Sofitel Hotel in Manhattan verving de Franse vlag die buiten wapperde, voor een Amerikaanse. Fromage.com, een Franse kaasdistributeur, ontving honderden vijandige e-mails.

In Las Vegas werd gebruikgemaakt van een pantserwagen, compleet met twee machinegeweren en een fors kanon, om Franse yoghurt te vermorzelen, Frans brood, flessen Franse wijn, Perrier, Grey Goosewodka, foto's van Chirac, een Parijse stadsgids en, als klap op de vuurpijl, fotokopieën van de Franse vlag. De Britse producenten van Franse mosterd wachtten de reacties niet af; ze stuurden een persbericht rond waarin ze uitlegden dat 'het enige Franse aan Franse mosterd de naam is!'

Overal in de vs hadden uitwisselingsprogramma's de grootste moeite met het vinden van Amerikaanse gastgezinnen voor bezoekende Franse studenten. Dat was in jaren niet voorgekomen.

Er was er een die aan die wraak wist te ontsnappen. Dat was de kok van het Witte Huis – een man aan wie ondanks zijn Fransheid de zorg was toevertrouwd voor de bereiding van de maaltijden voor onze president. Je oude bondgenoten voor gek zetten door het eten andere na-men te geven, en een heleboel kostbare wijn verspillen, dat is allemaal goed en wel, maar George W. Bush heeft wel nog steeds zijn *pain au chocolat* nodig – daar wordt hij vastberaden van, of 'Vrijheidskrachtig'.

Het was natuurlijk makkelijk om Frankrijk te pakken te nemen. Zo ontzettend veel Franse burgers zijn 'onbeschoft' tegen ons geweest, en het land heeft een lange historie van altijd maar zwichten voor tirannen, althans daar lijkt het op. Er waren wel dappere verzetsstrijders, en er zijn in de Tweede Wereldoorlog wel veel Franse burgers omgekomen, maar in plaats van tot het bittere end doorvechten tegen de Duitsers (zoals de Russen deden) besloten de Fransen om samen te werken en te collaboreren, vooral als ze joden of communisten konden oppakken en die een wisse dood tegemoet konden sturen in concentratiekampen.

Daarbij kwam nog dat die Fransen hun zaken nooit helemaal goed op orde hadden. Bijvoorbeeld de Maginotlijn, een reeks bunkers langs de Frans-Duitse grens, in de jaren voor de Tweede Wereldoorlog ge-bouwd om Frankrijk te beschermen tegen de binnenvallende Moffen. Het probleem was alleen dat die bunkers de verkeerde kant uit keken, en dat de Duitsers dus al ver in Frankrijk waren voor je kon zeggen: 'Garçon, graag nog wat van die stinkkaas, alsjeblieft!'

En dan heb je ook nog gewoon de jaloeziefactor. De meeste Ameri-kanen weten wel dat de Fransen chiquer zijn, intelligenter en beleze-ner dan de gemiddelde Amerikaan. We geven liever niet toe dat de Fransen de film hebben uitgevonden, en de auto, de stethoscoop, braille, fotografie en het allerbelangrijkste: de magnetische tekenlei! Ze hebben ons de Verlichting gebracht, en de Verlichting heeft de weg bereid voor de algemene acceptatie van de ideeën en principes waarop Amerika stoelt. En als wij er dan achter komen dat de Fransen maar vijfendertig uur per week hoeven te werken, en dat iedereen ten minste vier weken per jaar doorbetaalde vakantie heeft, weten wij niets beter te bedenken dan hatelijke opmerkingen maken over hun vakbonden en over hoe die hun land telkens lamleggen.

En dus was Frankrijk het ideale land om op te gaan vitten. Dat gaf vermakelijke afleiding. Waarom zou een commercieel nieuwsstation kostbare reportagetijd gebruiken om uit te zoeken of Irak nu wel of niet echt massavernietigingswapens heeft, als het ook met een verhaal kan komen over hoe vreselijk die Fransen wel niet zijn?

En toch, toen de leugens eenmaal aan het licht begonnen te komen, dachten een paar mensen nog eens na over wat ze allemaal over de Fransen te horen hadden gekregen, en over wat die ons nu eigenlijk echt aangedaan hadden.

En nu blijkt dat je eigenlijk beter kunt spreken over wat de Fransen ons voor *goed* hebben gedaan.

De meeste Amerikanen herinneren zich nog maar nauwelijks wie vorig jaar de beker heeft gewonnen, laat staan het ware verhaal van de stichting van ons land.

We weten allemaal wel iets van de Boston Tea-party, en van de middernachtelijke tocht van Paul Revere in 1775, maar we vergeten liever dat we die onafhankelijkheidsoorlog tegen de Engelsen nooit gewonnen zouden hebben zonder de Fransen. Ach wat, we denken er zelfs maar liever niet aan dat de vader van Paul Revere... Frans was (en het was niet Revere – het was Rivoire!). Maar het was de Frans-Britse oorlog om Canada die de kolonisten pas echt het laatste duwtje gaf. De kolonisten moesten aan de Engelse Kroon belasting betalen op postzegels en op thee om mee te betalen aan een oorlog van de Kroon waar de kolonies niet uit zichzelf in terecht waren gekomen. Toen de woede en frustratie in de kolonies hoog opliepen en zij besloten om zich los te maken, wisten ze donders goed dat ze daar in hun eentje niet toe in staat zouden zijn. Ze wendden zich tot de Fransen, en de Fransen stemden er vrolijk mee in om te helpen bij de vernedering van de Britten. Ze stuurden troepen, schepen, 90 procent van het buskruit dat we verbruikten, en tientallen miljoenen dollars.

De oorlog eindigde in Yorktown toen de Britten zich overgaven aan Washington, en de band speelde 'The World Turned Upside Down' (De wereld op zijn kop) – maar de Britten gaven zich in feite over aan de Fransen. De Engelse roodjassen waren omsingeld door de Franse marine, en op die allerlaatste dag waren er meer Franse troepen op de been dan kolonisten.

Eigenlijk is Frankrijk altijd de beste vriend van de Verenigde Staten geweest. Bijna een derde van Frankrijks directe buitenlandse investeringen gaat naar de Verenigde Staten. De Fransen zijn op vier na onze grootste investeerders, en ze zijn in de Verenigde Staten de werkgever van 650.000 mensen. De Universele Verklaring voor de Rechten van de Mens is geschreven door een commissie die werd voorgezeten door

Eleanor Roosevelt, en de Franse René Cassin was vice-voorzitter. En, net als in Vietnam, delen we een gezamenlijke vuile geschiedenis in Irak, waar de Irakese Petroleum Company – eigendom van Amerikaanse, Britse, Nederlandse en Franse oliegiganten – de Irakese olie exploiteerde.

En toch beschuldigden de Amerikanen de Fransen van allerlei verraad toen het om Irak ging. Er werd beweerd dat de Fransen alleen maar tegen de oorlog waren om economisch voordeel te halen uit Saddam Hoesseins Irak. Maar in feite waren het de Amerikanen die een grote slag sloegen. In 2001 was Amerika Iraks belangrijkste handelspartner, het was goed voor meer dan 40 procent van de Irakese olie-export. Dat betekent zes miljard dollar aan handel met de Irakese dictator. Daar staat een magere 8 procent tegenover aan Irakese olie-export naar Frankrijk in 2001.

Fox News leidde de aanval waarbij Chirac in verband werd gebracht met Saddam Hoessein. Die nieuwszender liet oud filmmateriaal zien waarop die twee mannen samen in beeld kwamen. Het deed er niet toe dat die ontmoeting had plaatsgevonden in de jaren zeventig. De media namen niet de moeite om het filmmateriaal te herhalen (aldoor maar weer) van die keer dat Saddam de sleutel van de stad Detroit had overhandigd gekregen, of het materiaal waarop te zien is hoe Donald Rumsfeld Saddam opzoekt in Bagdad om de voortgang van de oorlog tegen Iran te bespreken. Die videobanden, waarop je ziet hoe Rumsfeld Saddam omhelst, waren blijkbaar niet goed genoeg om aldoor maar te herhalen. Of om zelfs maar één keer te laten zien. Oké, misschien één keer. Bij *Oprah Winfrey*. En toen zij liet zien hoe hartelijk Rumsfeld met Saddam omging, kon je horen hoe het studiopubliek naar adem snakte. Gewone, gemiddelde Amerikanen reageerden geschokt toen zij zagen dat de duivel in feite *onze* duivel was. Dank je wel, Oprah.

Wat zijn we snel vergeten dat het de Fransen waren die in de VN-Veiligheidsraad het voortouw namen op 11 september, de aanslagen veroordeelden en genoegdoening eisten voor de slachtoffers. Jacques Chirac was het *eerste* buitenlandse staatshoofd dat naar Amerika kwam na de aanslagen en zijn steun en medeleven betuigde.

Een van de tekenen van ware vriendschap is dat je vriend zich niet geneert om je te zeggen dat je iets fout doet. Dat is het soort vriend waarop je moet *hopen*. En zo'n soort vriend was Frankrijk nu – tot wij nijdig werden op onze beste vriend, we hapten in de leugen en lieten de vrijheid in zijn eigen vet gaarstoven.

6. Leugen-combo, met extra sla: 'Amerika gaat niet alleen naar Irak. Het is een Coalitie van Bereidwilligen!'

Dit is mijn favoriete leugen, want ik lach me te barsten elke keer dat ik eraan denk.

Om toch een soort internationaal, prettig en vrolijk gezicht te geven aan onze invasie in Irak beweerde Bush dat, echt hoor, helemaal niet alleen wij zo over Saddam dachten: 'Een groot aantal landen is besluitvaardig en vastberaden genoeg om op te staan tegen deze bedreiging van de vrede, en er vormt zich nu een brede coalitie die kracht zal bijzetten aan de terechte eisen van de wereld. De VN-Veiligheidsraad heeft zijn verantwoordelijkheid niet genomen, en dus zullen wij de onze nemen.'

Natuurlijk is het altijd leuker om je leugen met je vrienden te delen. Hoe meer vrienden, hoe beter. Op die manier deelt iedereen gelijkelijk in het offer. Geen enkel land hoeft dan alleen jongens en meisjes van *eigen* bodem te zien sneuvelen. Van geen enkel land hoeven de burgers dan in hun eentje de volledige last te dragen van de miljarden dollars die de oorlog en daarna de wederopbouw van het land kosten. Geen enkel land wil zijn steden en staten failliet zien gaan, en een schuld van miljarden dollars opbouwen, alleen maar om één zo'n zak van een dictator op te ruimen. Dus laten we een coalitie vormen om de lasten samen te delen – wat een enig idee.

Er is maar één probleem: vrijwel niemand wilde meedoen met deze 'Coalitie van Bereidwilligen'. Nou, wat was dat voor bont gezelschap van rare snuiters dat intekende op Bush' waanzin? Laten we eens een blik werpen op die lijst. Het begint met...

Afghanistan.

Oké, stop maar. Afghanistan? Waar zou de bijdrage van dat land dan precies uit bestaan? Paarden? Stokken en stenen? Hebben ze daar op het ogenblik niet hun eigen problemen? Of konden ze wel een paar krijgsheren missen die ons een handje konden komen helpen in Irak? Ik heb het ministerie van Buitenlandse Zaken gevraagd mij een lijst te verschaffen van de bijdragen die Afghanistan heeft geleverd aan de oorlogsinspanning, en er heeft tot nu toe niemand geantwoord.

De volgende voorvechter van de 'Coalitie van Bereidwilligen' is alweer zo'n zwaargewicht: Albanië. Is dit hetzelfde Albanië als waar de belangrijkste industrietak bestaat uit agrarisch overleven, het land waar maar één telefoon per dertig inwoners is? Laten we maar doorgaan...

Australië. Ja, dat is een echt land! Behalve dan dat de opiniepeilingen in Australië in de aanloop tot de oorlog aantoonden dat de burgers, in overgrote meerderheid (70 procent) gekant waren tegen die oorlog. Dus hoe komen die dan op die lijst terecht? George W. Bush wapperde met het vooruitzicht van een vrijhandelsovereenkomst voor de neus van Australiës eerste minister John Howard. Als je niet met ze mee kunt doen, of als zij niet met jou mee willen doen, koop ze dan maar om.

Ondertussen werd Australiës buurland Nieuw-Zeeland, dat geweigerd had zich bij de Coalitie aan te sluiten – verrassing! –, niet meer toegelaten bij gesprekken over handelscontacten.

Terug naar de 'Bereidwilligen': Azerbeidzjan (we komen straks hun olie ook halen, dus daar hebben ze geen zak in te brengen), Bulgarije (hoe zou je nog kunnen verliezen met Bulgarije aan je zijde? Daarbij komt dat ik daardoor twee keer in één boek 'Bulgarije' kan schrijven!), Colombia (even pauze van die andere oorlog die we daar uitvechten), Denemarken (dat alleen zou al reden genoeg moeten zijn om de Denen ongeschikt te verklaren voor het lidmaatschap van Scandinavië – ik vond toch al nooit dat ze daar thuishoorden. Laat Finland er maar in, dat hoort daar wel thuis!), El Salvador (we hebben ze niet voor niets geannexeerd), Eritrea (waar ligt dat in godsnaam?), Estland (zien jullie het wel, Fransen? Er zijn ook nazi-collaborateurs die wel dol op ons zijn!), Ethiopië (er gaat niets boven de hulp van een squadron verhongerende kinderen!), de Filipijnen (misschien zouden die hun tijd beter kunnen besteden aan de jacht op hun eigen Al Qaeda-leden), Georgië, Hongarije, Italië (dat is het tweede echte land, en 69 procent van de bevolking is tegen de oorlog), Japan (dat kan niet! Ik geloof er niets van! Weten de Japanners, van wie 70 procent tegen de oorlog is, dat ze op deze lijst zijn gezet?), Korea (dat wil zeggen Zuid-Korea), Letland (nog meer nazi-collaborateurs), Litouwen (en nog meer collaborateurs!), Macedonië, Nederland (wat? Zeker te veel gelegaliseerd drugsgebruik!), Nicaragua, Oezbekistan, Polen (hebben die niet gehoord dat de paus heeft gezegd dat oorlog verkeerd is?), Palau...

Palau?

Palau is een eilandengroep in het noordelijk deel van de Stille Oceaan, met twintigduizend inwoners, nauwelijks genoeg om een stadion te vullen. The Washington Post attendeert ons erop dat ze daar lekkere tapioca hebben en sappige kokosnoten. Maar helaas geen leger. Natuurlijk is het ontbreken van een leger geen beletsel om deel uit te maken van de Coalitie van Bereidwilligen. Andere legerloze leden zijn IJsland, Costa Rica, de Marshalleilanden, de Solomoneilanden en Micronesië. Maar ja, we verwachten ook niet dat die hun kinderen de dood in sturen! Dat is onze taak! We willen alleen maar dat zij zich *bereid* tonen om dat te doen!

Wacht even! Nieuwsflits! Polen heeft wel degelijk aangeboden om tweehonderd soldaten te sturen! Dank jullie wel voor jullie bereidwilligheid!

En Marokko kon ook weinig militaire hulp bieden, maar dat land bood wel aan om tweeduizend apen te sturen die in Irak landmijnen onschadelijk zouden kunnen maken. Maar die hebben ze niet gestuurd, en als je niet met die apen over de brug komt, kun je later ook niet de vruchten plukken van het feit dat je lid bent van de Coalitie van Bereidwilligen. Trouwens, de Coalitie van Bereidwilligen heeft helemaal geen apen nodig, want de leiding is al in handen van een aapachtige met iets meer ontwikkeling.

Maar ik raak de draad kwijt hier. Eens even kijken, dan blijven nog over Roemenië, Slowakije, Spanje (maar 13 procent van de Spanjaarden was voor oorlog, en dan nog alleen als het om een door de vn gesteunde invasie ging), de Tsjechische Republiek (wat gênant! We wilden jullie toch al toelaten tot de Navo!) en... nu komt het... Turkije. Turkse politici sloegen een aanbod af van zesentwintig miljard dollar voor het voorrecht om Amerikaanse troepen in hun land te legeren. Misschien hadden zij meer oog voor de peilingen die aantoonden dat 95 procent van de Turken tegen een invasie in Irak was.

Hekkensluiter is het Verenigd Koninkrijk (*onze allerbeste vriend in de hele wereld!*). In het Verenigd Koninkrijk was maar 9 procent van de bevolking voor militaire acties tegen Irak als alleen de vs en Engeland daaraan deel zouden nemen. De Britten waren gelijkelijk verdeeld in hun mening over wie de 'grootste bedreiging voor de vrede in de wereld' was: Bush en Hoessein kregen elk 45 procent van de stemmen. Waarom zou Tony Blair zich hiermee ingelaten hebben? Wat heeft Bush hem allemaal voorgespiegeld?

Dat is dan de Coalitie van Bereidwilligen, die ongeveer 20 procent vertegenwoordigt van de wereldpopulatie. Maar zelfs dat is bedrieglijk, want de meeste burgers in de coalitielanden waren tegen de oorlog in Irak – waardoor het eerder een 'Coalitie van Gedwongenen' wordt. Of om nog preciezer te zijn, de 'Coalitie van Gedwongenen, Omgekochten en Geïntimideerden'.

Voor de volledigheid wil ik hier enkele van de vele landen noemen die niets van doen wilden hebben met dit fiasco, de 'Coalitie van de *Onbereidwilligen*': Algerije, Argentinië, België, Brazilië, Canada, Chili, China, Cuba, Duitsland, Egypte, Finland, Frankrijk, India, Indonesië, Ierland, Iran, Israël, Jemen, Jordanië, Mexico, Nieuw-Zeeland, Nigeria, Noorwegen, Oostenrijk, Pakistan, Rusland, Syrië, Thailand, Verenigde Arabische Emiraten, Venezuela, Vietnam, Zambia, Zimbabwe, Zuid-Afrika, Zweden, Zwitserland – en nog 103 andere landen.

Maar ach, die hebben we helemaal niet nodig! Schijterds! Sukkels! Angsthazen!

7. Junior Leugenmaal voor kinderen: 'We doen al het mogelijke om te voorkomen dat er burgerslachtoffers vallen.'

We hebben in de jaren negentig heel goed geleerd hoe we een oorlog kunnen voeren en daarbij de verliezen aan Amerikaanse kant tot een minimum kunnen beperken. Dat krijg je met een progressieve president in het Witte Huis. Clinton sloot allerlei legerbases, verminderde het aantal troepen, en stak geld in onderzoek naar de mogelijkheden om mensen van veraf te bombarderen. Zonder rommel en drukte.

Tegen de tijd dat Bill daarmee klaar was, hadden we een efficiënte, kwaadaardige, hightech vechtmachine.

Een van mijn favoriete defensieprojecten van Clinton was dat ene in Littleton, Colorado, iets voorbij Columbine High School. Daar bouwde Lockheed Martin, de grootste wapenproducent ter wereld, raketten die speciale nieuwe satellieten de ruimte in brachten, satellieten die sturing gaven aan de op Bagdad afgevuurde kruisraketten. Toen Bush tijdens de Tweede Golfoorlog een vuurstorm losliet op de Irakese hoofdstad (een stad waar vijf miljoen burgers wonen), kon dat alleen maar gebeuren met behulp van die Lockheed-raketten. Die precisie-bombardementen vormden het begin van een heel nieuw oorlogstijdperk. Ze waren haast tot op de centimeter nauwkeurig, en de coördinatie kon plaatsvinden vanuit de Centrale Commandopost in Tampa, Florida. Diezelfde satellieten werden gebruikt voor de bombardementen op Afghanistan, na 11 september. En volgens sommige schattingen kwamen negenduizend burgers om tijdens die twee bombardementen. Drie keer zoveel burgers als er zijn omgekomen op 11 september. En 8.985 meer dan er stierven op Columbine High School.

Het Pentagon schept op over hoe geweldig dat nieuwe geleidingssysteem nu is, en dat er als je er alleen mee mikt op militaire installaties, geen burgerslachtoffers hoeven te vallen.

Ga met dat verhaal maar naar Razek al-Kazem al-Khafaji, die zijn vrouw, zes kinderen, zijn vader, zijn moeder en twee broers kwijtraakte tijdens één aanval.

'God zal wraak voor ons nemen op Amerika,' huilde hij tegen de verslaggevers, tussen het puin en de lichaamsdelen.

Tjee, wat een ondankbare hond!

En dan was er nog dat jongetje dat zijn ouders en zijn beide armen kwijtraakte toen een Amerikaanse raket zijn huis trof. De tranen stroomden langs zijn gezicht, terwijl hij de journalisten smeekte om hem te helpen zoeken naar zijn armen.

Of die moeder die onbedaarlijk begon te snikken en ten slotte flauwviel, toen ze zag hoe de romp van een jonge vrouw en even later een afgerukt hoofd – van haar dochter – uit een smeulende krater werden getrokken. De krater was gemaakt door vier Amerikaanse bommen die gericht waren op een restaurant waar Saddam Hoessein 'misschien wel' zat te eten. Maar de bommen maakten drie huizen met de grond gelijk en er vielen veertien slachtoffers, onder wie zeven kinderen en de dochter van die vrouw.

Je zou toch denken dat de Irakezen dankbaar zouden zijn dat hun gezinsleden hun ledematen kwijtraakten ten behoeve van de veiligheid van de Amerikanen, veilig voor Saddam en zijn onvindbare massavernietigingswapens, en dat ze niet zo kinderachtig zouden gaan flauwvallen en huilen.

Maar één ding was toch wel duidelijk: voor de tweede keer sinds 11 september krabden Amerikaanse functionarissen zich achter hun oren en vroegen zich af hoe alweer zo'n aartsschurk had weten te ontsnappen.

Diezelfde Amerikaanse functionarissen hielden zich bezig met het afslachten van Irakese burgers, maar lieten het tellen ondertussen aan anderen over. Een Brits-Amerikaanse onderzoeksgroep in Londen schatte het aantal burgerslachtoffers als gevolg van de oorlog op 6.806 à 7.797. Dat zijn heel wat ongelukken als je het over 'precisie'-wapens hebt. Het Pentagon praat natuurlijk liever niet over de 'zoek-en-vernietig-missies', of over de clusterbommen.

Elke clusterbom van duizend pond laat twee- tot driehonderd kleinere bommetjes los, die op hun beurt honderden splinters kunnen verspreiden over een gebied zo groot als een paar voetbalvelden samen. Van die kleine bommetjes, die kinderen soms voor speeltjes zullen aanzien, ontploft, naar eigen schattingen van het Pentagon, 5 tot 20 procent niet direct na de klap. En die liggen dus op de grond tot een argeloos kind ze oppakt.

En natuurlijk, dat die watjes van Human Rights Watch het 'schandelijk' vinden om clusterbommen te gooien in stedelijke gebieden, waar ze nog jaren gevaar opleveren, betekent nog niet dat wij ons geen zorgen zouden maken om burgerslachtoffers. Nee, we zullen erop toezien dat onze tv-zenders niet respectloos om zullen gaan met die arme Irakezen door ons rond etenstijd weerzinwekkende beelden te tonen van verminkte kinderen. We beloven dat we alleen de doorzeefde lichamen laten zien van Saddams zonen, Uday en Qusay. Eén keer, twee keer, honderd keer. Dat is alles.

Er zijn al zoveel soldaten van ons doodgeschoten sinds Bush het einde van de oorlog heeft afgekondigd, dat de soldaten, heel begrijpelijk, nogal prikkelbaar zijn. Elke burger ziet eruit als een potentiële moordenaar. En derhalve zijn er onschuldige Irakezen doodgeschoten door onze soldaten. Bijvoorbeeld die tien vrouwen en kinderen die zijn vermoord door Amerikaanse soldaten toen hun busje niet stopte bij een checkpoint. Die mensen dachten blijkbaar dat ze een Amerikaans bevel opvolgden om zich *naar* het checkpoint te begeven. Sorry hoor, zei generaal Richard Meyers.

De situatie zal daar nooit beter worden, niet zolang wij er de bezetters zijn, en zij degenen die zich afvragen waar de elektriciteit is gebleven.

8. Leugen zonder mayonaise: 'We zitten daar om de Irakese olievelden te beschermen!'

Ummm, dat is waar.

9. Een dubbele leugen met kaas en een cola: 'De Amerikaanse media hebben u de waarheid verteld over Irak!'

Als je een hoop leugens gaat verkopen, heb je een goede reclamecampagne nodig. Het bedrijfsleven betaalt veel geld voor dat soort marketing, maar de regering-Bush hoefde geen cent uit te geven toen de zogenaamde 'progressieve media' zich aansloten bij Fox News, de nieuwszender die als filiaal van het Witte Huis fungeert. Gezamenlijk zorgden zij voor een goed geolied oorlogspropagandaoffensief waar haast niemand omheen kon.

En het werkte – zelfs vegetariërs schrokten deze leugens naar binnen. Op iets wat voor nieuwszender door moet gaan, begeleidde nationalistische marsmuziek van het leger en door de vlag geïnspireerde grafieken de godganse dag dit soort beelden: het afscheid vol tranen van trotse families, terwijl dappere soldaten aan hun reis beginnen; heldhaftige Amerikaanse meisjes, gered door dappere Amerikaanse jongens; slimme bommen die op briljante wijze hun destructieve taken uitvoeren; dankbare Irakezen die een beeld van Saddam omvertrekken; een verenigd Amerika dat vierkant achter Onze Vastberaden en Standvastige Leider staat.

En dan had je nog het filmmateriaal dat direct aan ons doorgeseind werd vanuit de wrede Irakese woestijn, waar journalisten die waren 'toegevoegd' aan de grondtroepen alle ruimte kregen om zonder tussenkomst van het Pentagon (dat wilden ze ons althans doen geloven) hun werk te doen. En wat was het resultaat? Een heleboel close-ups en persoonlijke verhalen over de ontberingen en de gevaren waar onze jongens mee geconfronteerd werden – en echt *niemand* ging na waarom we die prachtige jonge mensen zoveel gevaar lieten lopen. En er werd nog minder gezegd over het wel en wee van de Irakese bevolking.

Dus tenzij je het Amerikaanse nieuws volledig negeerde en alleen keek naar de BBC of CBC of *Le Journal* uit Frankrijk (gelukkig voorzien van Engelse ondertiteling, voor een Amerikaans publiek dat te lui en slecht opgeleid is om een vreemde taal te leren), ging je al snel denken dat al die opoffering een gegronde reden had.

En wat was nou precies de reden voor de oorlog tegen Irak? We waren zo grondig voorgelogen dat de helft van alle Amerikanen volgens de peiling ten onrechte bleek te denken dat er op 11 september Irakezen in die vliegtuigen hadden gezeten, en er kwam een moment dat bijna de helft dacht dat de VS massavernietigingswapens gevonden hadden in Irak, hoewel er niets van dien aard gevonden was. Een kwart van de ondervraagden dacht dat Saddam een chemische of biologische aanval had ontketend tegen 'coalitie'-troepen, iets wat ook niet was gebeurd.

Die wijdverspreide misverstanden waren heel begrijpelijk. Het was bijna onmogelijk om op de Amerikaanse televisie de mening te horen van iemand die gekant was tegen de logica waarmee de regering-Bush zich overhaast in de strijd wierp.

De groep FAIR, die de media in de gaten houdt, bestudeerde drie weken lang het avondnieuws van zes Amerikaanse televisiestations en nieuwszenders; de groep begon daarmee op 20 maart 2003 – de dag na het begin van de Amerikaanse bombardementen op Irak. In de studie werden de connecties en meningen onderzocht van meer dan 1600 bronnen die in items over Irak in beeld waren gekomen. De uitkomsten van het onderzoek waren niet echt verrassend:

- De kans dat de kijkers een Amerikaanse bron zagen die pro-oorlog was, was vijfentwintig keer zo groot als dat het iemand was met een antioorlogsstandpunt.
- Er was twee maal zoveel aandacht voor militaire zegslieden als voor burgers.
- Slechts 4 procent van de zegslieden die in die drie weken in beeld verschenen, was verbonden aan een universiteit, een denktank of een non-gouvernementele organisatie.
- Van de in totaal 840 Amerikaanse zegslieden die nog altijd of in het verleden in dienst van de overheid of van Defensie waren, bleken er slechts vier tegen de oorlog gekant te zijn.
- De paar gesprekken met mensen die tegen de oorlog waren, werden consequent ingeperkt tot korte zinnetjes, meestal van niet met name genoemde deelnemers aan straatinterviews. Bij niet een van de zes onderzochte omroepen was een journalist voor een interview aan tafel gaan zitten met iemand die tegen de oorlog was.

Er deden zich gevallen voor van journalisten die vrijelijk hun schrikbarende gebrek aan objectiviteit bekenden. Het FAIR-onderzoek citeerde CBS News-presentator Dan Rather die door Larry King van CNN in diens programma geïnterviewd werd: 'Kijk, ik ben Amerikaan. Ik heb me nooit voorgedaan als internationalist of zoiets. En als mijn land in oorlog is, dan wil ik dat mijn land wint, wat de definitie van dat "winnen" ook mag inhouden. Nou, ik kan dus niet ontkennen, en dat doe ik dan ook niet, dat dat subjectieve verslaggeving is. Ik ben daar subjectief over.'

Tijdens dat onderzoek van drie weken heeft FAIR maar één enkel 'antioorlogs'-geluid op Rathers CBS *Evening News* gehoord. Dat kwam van, ahum, mij, tijdens de Oscar-uitreiking, toen ik het had over de 'fictieve oorlog' waar onze 'fictieve president' aan was begonnen.

Bij Fox News had presentator Neil Cavuto het volgende op tv te zeggen als reactie op een criticus: 'Het is helemaal niet verkeerd om partij te kiezen. [...] U ziet misschien geen verschil tussen een regering die mensen onderdrukt en een die dat niet doet, maar ik zie dat verschil wel degelijk.'

MSNBC gaf op internet blijk van vaderlandsliefde met een prikbord voor 'de dapperste mannen van Amerika'-foto's van militairen die in de oorlog vochten, speciaal voor het prikbord ingezonden door hun vrienden en familieleden. En Brian Williams van NBC en MSNBC had het volgende te zeggen over het doden van Irakese burgers: 'Vroeger waren burgers met opzet militaire doelen. De bombardementen op Dresden en Tokio tijdens de Tweede Wereldoorlog waren bedoeld om burgers te doden en de overlevenden schrik aan te jagen. We hebben kunnen zien hoe hier het omgekeerde plaatsvond.'

(Defensie heeft onlangs een contract van 470 miljoen dollar afgesloten met Microsoft, dat mede-eigenaar is van MSNBC, samen met NBC. NBC is op zijn beurt in handen van General Electric, een van de grootste leveranciers voor Defensie. General Electrics contracten voor motoren in militaire vliegtuigen lopen in de miljarden. Maar uit het FAIR-onderzoek bleek dat NBC in feite meer controversiële meningen over de oorlog in beeld bracht – een kolossale 1 *procent* meer – dan enige andere Amerikaanse omroep.)

Hier zijn nog een paar andere kolossale leugens die Amerikaanse omroepen en kranten over de oorlog in Irak in omloop hebben gebracht:

ABC berichtte op 26 april 2003 dat 'Amerikaanse militairen een wapenopslagplaats hebben gevonden, ongeveer 200 km ten noordwesten van Bagdad. Er zijn aanwijzingen dat zich daar chemische stoffen bevinden. Het aangetroffen materiaal bestaat onder andere uit veertien vaten van 200 liter, meer dan tien raketten en 150 gasmaskers.'

Later bleek dat er geen chemische wapen opgeslagen lagen op die plek en de eerdere berichten waren dus helemaal fout. ABC kwam niet met een correctie of herroeping.

The New York Times hielp het massavernietigingswapensverhaal op gang met het volgende verslag van 8 september 2002. De kop luidde: 'VS: Hoessein intensifieert speurtocht naar atoombomonderdelen': 'Meer dan tien jaar nadat Saddam Hoessein beloofde geen massavernietigingswapens te zullen maken, heeft Irak zijn speurtocht naar nucleaire wapens verhevigd. Dat land is nu wereldwijd op zoek naar materiaal waaruit het een atoombom kan samenstellen, meldden functionarissen uit de regering-Bush vandaag. In de afgelopen veertien maanden heeft Irak geprobeerd duizenden speciaal ontworpen aluminium buizen te kopen, die naar de mening van Amerikaanse functionarissen bedoeld waren om als onderdelen te dienen voor centrifuges waarin uranium wordt verrijkt.'

Fout verhaal!

The Washington Post kwam met het boeiende verhaal van Jessica Lynch, de jonge soldate 1e klas die werd gered uit een Irakees ziekenhuis na ernstig gewond te zijn geraakt tijdens gevechten in de Irakese woestijn: 'Soldaat 1e klas Jessica Lynch, die dinsdag werd gered uit een Irakees ziekenhuis, heeft dapper gestreden en verscheidene vijandelijke soldaten neergeschoten. [...] Lynch, een 19-jarige soldate van de bevoorradingstroepen, bleef tijdens de gevechten op 23 maart op de Irakezen schieten, zelfs toen zij zelf meermalen geraakt werd en moest toezien hoe verschillende andere soldaten uit haar unit onder haar ogen stierven, zo meldt een functionaris. [...] "Ze vocht zich dood," zegt de functionaris. "Ze wilde niet levend in hun handen vallen."'

The New York Times voorzag ons van nog meer dramatische details over de heldhaftige redding: 'Commando's van de marine, de zogeheten Seals, bevrijdden soldaat Lynch. Zowel bij het naar binnen gaan als bij het vertrek kwamen ze onder vijandelijk vuur te liggen. [...] Lynch was de eerste Amerikaanse krijgsgevangene sinds de Tweede Wereldoorlog die uit handen van de vijand werd gered en het was voor het eerst dat er ooit een vrouw werd bevrijd...'

Het duurde even, maar het verhaal werd al snel steeds ingewikkelder, naar *The New York Times* twee maanden later berichtte: 'Misschien heeft de kranige jonge soldate toch niet als Rambo gevochten, toen haar bevoorradingsunit een verkeerde afslag nam, zo een Irakese hinderlaag in. Misschien is ze ook niet door kogels geraakt en heeft ze geen messteken opgelopen tijdens dat vuurgevecht, dat misschien wel helemaal niet heeft plaatsgevonden, en het ziet er ook naar uit dat ze niet slecht is behandeld in dat Irakese ziekenhuis. Haar heldhaftige redders hebben zich geen weg naar binnen hoeven te vechten door de gangen van het ziekenhuis; het is heel wel mogelijk dat het ziekenhuispersoneel haar maar wat graag wilde overdragen.'

Lynch had in feite van de Irakese ziekenhuisstaf speciale medische zorg gekregen voor haar verwondingen, die overigens geen van alle verband hielden met de strijd. Een Irakese verpleegster zong 's avonds slaapliedjes bij haar bed, en ze kreeg extra vruchtensap en koekjes. De ziekenhuisstaf had al eerder geprobeerd haar over te dragen aan de Amerikaanse autoriteiten, en wachtte eigenlijk al enige tijd met smart op hun komst. Irakese troepen hadden het gebied al verlaten.

Terwijl Lynch in een Amerikaans ziekenhuis herstelde, stonden de televisiestations te dringen om haar exclusieve verhaal te krijgen. CBS bood haar zelfs een package deal, met een boek, een concert en mogelijkheden voor een televisiefilm via CBS News, CBS Entertainment, MTV en Simon & Schuster – allemaal onder de bedrijfsparaplu van de enorme Viacom Corp.

Het maakt niet uit waar het Jessica Lynch-verhaal uiteindelijk terecht zal komen; het zal in ieder geval meer op *Rambo* lijken dan op reality tv. Ik heb met dat meisje te doen, een jonge vrouw die zich vrijwillig heeft aangemeld om haar leven te geven ter verdediging van de Verenigde Staten, en dan wordt ze uiteindelijk zo misbruikt, opgediend en afgeserveerd als de zoveelste kolossale leugen.

10. Driedubbele Leugen, groot formaat: 'We hebben niet gelogen. En we liegen nu ook niet om leugens te verdoezelen die we jullie eerder verteld hebben.'

Toen een paar mensen bij de media eindelijk hun werk gingen doen en de leugens van de regering-Bush aan de kaak stelden, toen Bush worstelde om iemand (wie dan ook) te vinden aan wie hij de schuld kon geven voor al die leugens, en toen een meerderheid van de Amerikanen zei te geloven dat we niet de volledige waarheid te horen hadden gekregen over Irak, toen kwamen Bush & Co tot de slotsom dat ze maar beter in actie konden komen en deze crisis eens en voor altijd een halt moesten toeroepen.

En dus deden ze het volgende: ze maakten de leugens nog veel groter!

Die strategie wordt wel het stapeleffect genoemd – als je betrapt wordt op een leugen, blijf dat dan ontkennen en ga hoe dan ook door met liegen.

Richard Pryor schetste deze aanpak als stand-up comedian in 1982 in zijn show *Live on the Sunset Strip*. Pryor vond dat als een man door zijn vrouw in bed wordt betrapt met een andere vrouw, hij alles moet ontkennen, ook al staat zijn vrouw daar en ziet ze met haar eigen ogen hoe hij naakt in bed ligt met een andere vrouw. Gewoon ontkennen dat je daar net lag te vrijen, zegt Prior, zelfs ontkennen dat er een vrouw in je bed ligt: 'Nou, wat doe je, geloof je mij – of je onbetrouwbare ogen?'

Een van de eerste leugens over de leugen (leugen in het kwadraat) kwam in februari toen Colin Powell verkondigde: 'Beste collega's, elke verklaring die ik vandaag afleg, stoelt op bronnen, betrouwbare bronnen. Dit zijn geen beweringen. We komen met feiten en conclusies die gebaseerd zijn op betrouwbare inlichtingen.'

Een paar dagen eerder was Powell blijkbaar niet zo zeker van zijn zaak. Tijdens een vergadering met CIA-functionarissen waarbij het bewijs tegen Saddam Hoessein werd doorgenomen, gooide Powell zijn papieren de lucht in en verklaarde: 'Dit ga ik niet lezen. Dit is flauwekul.'

En hij had alle reden om die 'inlichtingen' te wantrouwen. Een groot deel van Powells achtergrondinformatie was rechtstreeks overgenomen uit bronnen die op internet eenvoudig te traceren waren, onder andere uit een doctoraalscriptie die gebaseerd was op twaalf jaar oude documenten. Bepaalde stukken waren zonder meer gekopieerd, zonder zelfs maar de typefouten te corrigeren. Maar Powell noemde al die leugens 'betrouwbaar'.

En toen gaf Witte-Huiswoordvoerder Ari Fleischer er zijn draai aan: 'De opmerkingen van de president waren gebaseerd op de aanname van dat uranium uit Niger. En gezien het feit dat de informatie over dat uranium niet correct bleek te zijn, heeft dat dus zijn weerslag op de bredere verklaring van de president.'

Hè?

We zullen de uitleg maar overlaten aan de aartsleugenaar in eigen persoon, George W. Bush: 'Ik ben van mening dat de inlichtingen die ik krijg prima in orde zijn. En de speeches die ik heb gegeven, waren onderbouwd door goede inlichtingen. En ik ben er op dit moment van overtuigd, net zoals ik ervan overtuigd was toen ik die speeches gaf, dat Saddam Hoessein een programma voor massavernietigingswapens heeft ontwikkeld.'

Ari Fleischer voegde eraan toe: 'De president is gewoon verder gegaan. En ik denk eigenlijk dat ook een groot deel van het land gewoon verder is gegaan.'

Misschien in zijn land, maar niet in het mijne. Minister van Buitenlandse Zaken Donald Rumsfeld serveerde snel nog meer leugens uit, in het programma *Meet the Press*: 'Naar nu blijkt is wat de president heeft gezegd in technische zin juist. [...] Maar alles bij elkaar, geloven wij dat zij chemische en biologische wapens hadden, en dat ze een nucleair programma aan het ontwikkelen waren? Het antwoord is ja, dat geloof ik.'

Rumsfeld voegde daar nog aan toe: 'En vlak daarvoor, zei ik, net als de president had gezegd, en vlak erna, zei ik, net als de president had gezegd. Ik herhaalde gewoon wat de president had gezegd.'

Kunt u het bijhouden? Voor ze uw hoofd helemaal van uw nek draaien kunnen we ons beter tot Condoleezza Rice wenden. Die legt het ons allemaal wel uit. Dit is wat zij zei tegen CNN's verslaggever Wolf Blitzer: 'Wolf, ik wil allereerst zeggen, het gaat maar om zestien woorden, en het is een ontzettend overtrokken onderwerp geworden. [...] En tja, ik denk dat we nu we in Irak zijn, en we wetenschappers ondervragen, en documenten bekijken, en we er bijvoorbeeld achter komen dat hij mensen onderdelen van centrifuges in hun achtertuin liet begraven...'

Die leugen was zo bedorven dat Blitzer het merkte, en Rice was gedwongen om toe te geven dat haar 'bewijs' twaalf jaar oud was: 'Van voor de eerste Golfoorlog – ehm, in 1991.'

Rice liet zich niet afschrikken en verscheen die dag ook op de nieuwsshow *Face the Nation*, waar ze volhield dat 'de State-of-the-Union-rede van de president correcte informatie bevatte. [...] We maken gebruik van een heleboel gegevens. Die geven we aan schrijvers. Die komen in de speeches terecht, en daarna vertrouwen we op een controleproces. [...] En je kunt het zien, in de verklaring van de president staat "in Afrika". Zonder specificatie. Er staat dat hij op zoek was – er staat niet dat hij het ook heeft gekregen of heeft gekocht. Er staat dat hij op zoek was. En dat Britse document wordt aangehaald.'

Het houdt maar niet op. Leugen op leugen. Zoveel leugens... je zou er ziek van kunnen worden.

Zoveel gedraai dat zelfs iemand die getuige is geweest van leugens van wereldklasse, voormalig assistent van Richard Nixon, John Dean, het niet kon laten om op te merken: 'Vergeet niet dat toen Richard Nixon ontslag nam, het Huis van Afgevaardigden op het punt stond om hem uit zijn ambt te zetten wegens het misbruik dat hij had gemaakt van de CIA en de FBI.'

Waarom zijn er geen consequenties verbonden aan het vertellen van al deze leugens? Waarom zit George W. Bush nog steeds in ons Witte Huis? Waar zijn de impeachmentregels? Hoeveel leugens zijn er nog nodig voor het Congres er genoeg van krijgt?

3
Eind goed, olie goed

Ik heb vannacht een droom gehad. Eigenlijk had ik een paar dromen. Een ervan had wat te maken met soja-ijs op een kameel smeren. In een andere droom duwde ik golfcrack Fred Couples in een boodschappenwagentje een warenhuis rond terwijl hij delen van de Bhagavad Gita declameerde. Ik weet het, ik heb hulp nodig.

Het was zo'n avond geweest dat je te veel feest hebt gevierd en dan is het, als je eenmaal met je hoofd op het kussen ligt, net of er een soort supersnelle tv aangaat in je onderbewuste, met superveel kanalen en dat je de afstandsbediening niet kunt vinden om hem af te zetten. Ik was uit met vrienden en familie om samen de dood te vieren van Uday en Qusay Hoessein. Je moet nooit onderschatten hoe belangrijk het is om samen met de mensen die veel voor je betekenen het moment te beleven waarop je regering in staat is om Mensen Die Wij Niet Mogen in een hoek te drijven en af te schieten. Maar een glaasje tequila te veel, terwijl de hele bar scandeert 'Uday! Uday! Uday!' en ik die glazen achterover sla, dat was een beetje te veel, zelfs voor mij. Ik had niet meer zo gefeest sinds de Texaanse overheid die zwakzinnige man executeerde.

Maar ja, terug naar mijn hoofddroom. Die was zo echt dat het leek of hij zo uit Scrooge kwam. Plotseling bevond ik mij in de toekomst. Het was het jaar 2054, en het was mijn honderdste verjaardag. Misschien dat ik een paar jaar eerder mijn inkopen was gaan doen bij een natuurvoedingswinkel of dat om de een of andere reden al het ijs in de wereld uitverkocht was geraakt, want ik zag er heel redelijk uit voor een honderdjarige.

In die droom kwam mijn achterkleindochter mij met een bezoekje verrassen. Ze heette Anne Coulter Moore, net als de Republikeinse journaliste Anne Coulter. Ik had geen idee hoe ze aan die naam kwam en ik was te bang om ernaar te vragen. Ze zei dat ze op school, in groep 8, bezig waren met een geschiedenisproject, en ze wilde me een paar vragen stellen. Maar er was geen licht, ze had geen computer, en ze dronk water dat niet uit een flesje kwam. Het gesprek ging ongeveer zo, voorzover ik het mij kan herinneren…

ANNE COULTER MOORE: **Hallo, overgrootpa! Ik heb een kaars voor je meegebracht. Om de een of andere reden hebben we er eentje extra gekregen in ons rantsoen van deze maand. Ik dacht dat er misschien niet genoeg licht zou zijn voor het interview.**

MICHAEL MOORE: Dank je wel, Annie. Kijk, als er misschien een kansje in zit dat je dat potlood van je voor me achterlaat als je klaar bent, dan kan ik het verbranden om warm te blijven.

A: **Sorry, overgrootpa, maar als ik het aan jou geef, heb ik de rest van het jaar niks meer om mee te schrijven. Vroeger, in jouw tijd, hadden ze andere dingen om mee te schrijven, hè?**

M: Ja, wij hadden pennen en computers en we hadden kleine apparaatjes waar je in kon praten en dan kwam het er op schrift uit.

A: **Wat is daarmee gebeurd?**

M: Tja, schatje, voor die dingen heb je plastic nodig.

A: **O, ja, plastic. Was iedereen toen dol op plastic?**

M: Het was fantastisch materiaal, maar het werd gemaakt van olie.

A: **Juist ja. En sinds die olie op is, moeten we deze potloden gebruiken.**

M: Zo is het. Tsjonge, we missen die olie allemaal wel ontzettend, hè?

A: **Toen jij jong was, waren de mensen toen echt zo stom dat ze dachten dat die olie nooit op zou raken? Of kon het ze gewoon niks schelen wat er met ons zou gebeuren.**

M: Natuurlijk kon ons dat wel schelen. Maar in mijn tijd bezwoeren onze leiders ons op een stapel bijbels dat er genoeg olie was, en natuurlijk wilden wij dat graag geloven, want we hadden het zo fijn.

A: **En toen die olie op begon te raken, en jullie wisten dat het einde in zicht kwam, wat hebben jullie toen gedaan?**

M: We probeerden de zaak onder controle te houden door de macht in handen te krijgen op die plekken op aarde waar de grootste restanten van de olie- en aardgasvoorraden in de grond zaten. Daar werden heel wat oorlogen uitgevochten. Voor de vroegste oorlogen, in Koeweit en Irak, moesten onze leiders met smoesjes komen in de trant van 'deze slechterik heeft slechte wapens', of 'deze brave mensen moesten bevrijd worden'. We waren gek op dat woord 'bevrijd'.

Maar we vochten nooit echt om een van die redenen. Het ging altijd om de olie. We konden daar in die dagen gewoon nog niet openlijk over spreken.

Die eerste oorlogen kostten ons niet zoveel levens, dus leek het of alles gewoon zou blijven zoals het was. Toch leverden die oorlogen ons maar een paar extra jaren op.

A: **Ik heb gehoord dat er zoveel olie was toen jij geboren werd, dat jullie toen *alles* van olie zijn gaan maken. En dat de meeste van die dingen maar één keer gebruikt werden en dan in de prullenbak belandden. Een paar jaar geleden hebben pap en mam een keer een vergunning gekregen om op de vuilnishoop naar bruikbare spullen te zoeken. Mam zegt dat ze geluk hadden. Ze vonden een paar plastic tassen die nog helemaal niet vergaan waren. En er zaten allemaal spullen in van plastic. Jullie waren wel slim, hoor, dat jullie dat allemaal zo keurig bewaarden in die tassen.**

M: Nou, dank je wel, maar dat was gewoon een buitenkansje. We maakten inderdaad alles van olie door die in plastic te veranderen. De bekleding van meubels, boodschappentassen, speelgoed, flessen, kleren, medicijnen, zelfs babyluiers werden van plastic gemaakt. Een eindeloze hoeveelheid spullen werd van olie en bijproducten van olie gemaakt: aspirine, camera's, golfballen, accu's, vloerbedekking, kunstmest, leesbrillen, shampoo, lijm, computers, make-up, wasmiddel, telefoons, conserveringsmiddelen, voetballen, insecticide, bagage, nagellak, wc-brillen, panty's, tandpasta, kussens, zachte contactlenzen, autobanden, pennen, cd's, gymschoenen, wat dan ook, het kwam allemaal op de een of andere manier van olie. Man, we waren verslaafd aan dat spul. We dronken bijvoorbeeld wat uit een plastic fles en dan gooiden we die daarna weg. We verbruikten een liter benzine om naar een winkel te rijden voor een liter melk (die ook al in een plastic fles zat). Elk jaar met kerst kreeg je grootmoeder cadeautjes, bijna allemaal van plastic, onder een plastic kerstboom (maar die moest er dan wel echt uitzien). En ja, echt waar, we deden zelfs ons afval in een plastic zak en gooiden die dan weg.

A: **Hoe kwamen de mensen op het idee om olie te VERBRANDEN? Waarom zou je in godsnaam iets verbranden waar je zo weinig van hebt? Verbrandden de mensen toen ook diamanten?**

M: Nee, diamanten verbranden, dat deden de mensen niet. Diamanten werden als kostbaar beschouwd. Olie vonden ze toen ook kostbaar, maar dat kon niemand wat schelen. We maakten er alleen maar benzine van, lieten een bougie vonken en verbrandden die rotzooi telkens als we daar de kans toe kregen!

A: **Hoe was dat, toen je niet kon ademen vanwege de vuile lucht als gevolg van dat verbranden van wat jij benzine noemt? Besefte je daardoor niet dat alles wat jullie van olie maakten, beter niet verbrand kon worden? Misschien was die stank wel de manier waarop de natuur tegen jullie wilde zeggen: 'Verbrand mij niet!'**

M: O, o, die stank. Zo vertelde de natuur ons inderdaad dat er iets mis was. Wat dachten we eigenlijk?

A: **Maar jullie werden erdoor vergiftigd. En jullie hadden nog geen ademstations, zoals we die nu wel hebben, dus wat deden jullie dan?**

M: De mensen moesten die lucht maar gewoon in hun longen zuigen en inademen. Miljoenen mensen leden daaronder en stierven. Niemand wilde toegeven dat we door de luchtvervuiling als gevolg van de verbranding van fossiele brandstoffen niet goed konden ademen, dus zeiden de dokters dat we astma hadden of allergieën. Jij denkt nu bij een autoritje aan iets wat je in een museum doet, maar in die tijd 'forensden' de meeste mensen dertig, vijftig of zelfs zeventig kilometer naar hun werk, en ze hadden een ontzettende hekel aan de uren die ze vastzaten in hun auto. Ze kregen er echt een heel slecht humeur van.

A: **Dus jullie hebben toen al die kostbare olie verbrand, maar ondertussen hadden jullie een ontzettende hekel aan jullie zelf. Raar.**

M: Hé, ik zei niet dat we een hekel hadden aan onszelf. We hadden een hekel aan dat forenzen, maar heel veel mensen dachten dat het de moeite wel waard was, want ze wilden niet in steden wonen waar heel veel verschillende mensen woonden.

A: **Ik begrijp iets niet. Als jullie zoveel lol hadden, almaar rondrijden en zo, al onze olie opmaken, waarom hebben jullie dan niet iets geregeld waardoor jullie over konden stappen op een andere brandstof voor jullie zonder kwamen te zitten, want dan hadden jullie lol kunnen houden?**

M: Amerikanen waren het soort mensen dat zich vastbijt in een bepaalde manier waarop de dingen moeten gaan, en dan mag het nooit meer anders.

A: **Wat zijn Amerikanen?**

M: Laten we het daar maar niet over hebben.

A: **Mijn juffrouw op school heeft ons verteld dat een van jullie leiders dacht dat 'waterstofcellen' de vervangers zouden worden van benzine voor auto's, maar dat gebeurde niet. Het was ook onzin! Tegenwoor-**

dig weet een kind dat waterstof lastig te maken is. Ja, natuurlijk zit het in H_2O, maar het kost veel energie om de waterstof af te breken – en veel energie, dat was nu juist wat jullie niet hadden. Waar of niet? M: Ja Anne, inderdaad. Wij waren allemaal zo opgepept door al die Prozac en kabeltelevisie dat we altijd geloofden wat onze leiders zeiden. We geloofden het zelfs toen ze zeiden: 'waterstof is het nieuwe wondermiddel – onbeperkte, milieuveilige energie', iets wat de olie spoedig zou gaan vervangen! We gaven zoveel geld uit aan ons leger om ervoor te zorgen dat die olie voor ons bereikbaar zou blijven, dat ons schoolsysteem op instorten stond, waardoor iedereen steeds dommer opgroeide – en dus besefte niemand dat waterstof helemaal geen brandstof was! Het kwam zover dat veel gestudeerde mensen niet eens wisten waar 'H_2O' voor stond.

En algauw werd het echt moeilijk. We hadden steeds minder olie, en er was geen waterstof om onze auto's te laten rijden, en dus werden de mensen echt boos. Maar toen was het al te laat. Op dat moment begon het grote sterven.

A: Ik weet het, het eten raakte op.

M: Destijds leek het een goed idee om olie te gebruiken bij het kweken van voedsel. Het is achteraf gezien wel gek, maar niemand leek zich te realiseren dat we de enorme voedselproductie die nodig was om zoveel mensen in leven te houden, niet erg lang vol zouden kunnen houden.

Dat was misschien wel onze ergste vergissing. De kunstmest, kunstmatige pesticide en onkruidverdelger, om nog maar niet te spreken van alle tractoren en agrarisch gereedschap, alles was afhankelijk van die fossiele brandstoffen. Toen de olieproductie op z'n hoogst was, hield de prijs van levensmiddelen gelijke tred met de prijs van de fossiele brandstoffen. De arme mensen in de wereld verhongerden het eerst. Maar zodra de mensen beseften wat er gaande was, werden de winkels en opslagplaatsen aangevallen, en rijk zijn betekende helemaal niet automatisch dat je genoeg te eten had.

Om het nog erger te maken: de mensen konden, toen die hongersnood begon, het zich niet meer veroorloven om naar hun werk te gaan, hun huizen te verwarmen, elektriciteit te kopen. Er waren wel deskundigen die voorspelden dat de olieproductie in de wereld rond 2015 haar hoogtepunt zou bereiken, en die mensen werden uitgelachen – maar ze hadden wel gelijk. De brandstofprijzen begonnen nog sterker te stijgen dan ze toch al deden – maar het was te laat om een soepele overgang te regelen naar een andere energiebron. We konden de catastrofe niet meer afwenden.

A: **Overgrootpa, waarom duw je een golfer rond in een boodschappenwagentje?**

M: O, neem me niet kwalijk. Die komt uit mijn andere droom. Fred, donder #%& eens op!

A: **Ik heb een theorie over wat er toen gebeurd is. Ik heb gehoord dat jouw generatie dol was op de zon, en dat jullie aldoor maar in de zon lagen, gewoon om te slapen. Dat is, denk ik, de reden waarom jullie al die goedkope olie hebben opgebruikt. Dan konden jullie de aarde opwarmen, de winter opdoeken, en iedereen zou lekker bruin kunnen worden en er cool uitzien.**

M: Nee, we waren eigenlijk als de dood voor de zon. De meeste mensen werkten in gebouwen waarvan de ramen helemaal dichtgelast zaten, met machines erin die onze lucht en ons water filterden en zuiverden. Als we ons toch eens naar buiten waagden, smeerden we onszelf dik in met zonnebrandcrème en dan zetten we donkere zonnebrillen op en we zetten hoeden op om ons hoofd te beschutten. Maar ook al hadden we ontzettende hekel aan de zon, kou vonden we nog veel erger. Iedereen verhuisde naar warme staten, waar het bijna nooit sneeuwde, en dan zaten ze allemaal de hele dag in huizen en kantoren met airconditioning en we reden rond in auto's met airconditioning. Natuurlijk maakten we daarmee nog meer benzine op, en daarvan werd de wereld nog heter, waardoor de mensen de airconditioning nog hoger zetten.

A: **Waarom hebben ze atoombommen ontwikkeld om iedereen in één klap mee dood te maken, als ze al bommen op basis van olie hadden? Toen ze van die atoombommen kernreactoren gingen maken, wisten ze toch wel dat er eentje zou kunnen ontploffen en dat dan iedereen zou verbranden?**

M: Honderd jaar geleden kregen we te horen dat kernfusie elektriciteit zou gaan produceren, zo goedkoop dat we geen meter meer nodig zouden hebben. Nooit gebeurd. De tweede president Bush... of was het de derde president Bush... nou, in ieder geval was het niet de vierde president Bush... een van die klote-Bushes verhoogde de productie van kernreactoren. Maar toen een ontevreden werknemer van een van die reactoren zijn auto vulde met kunstmest en wasmiddel en hem te pletter reed tegen zijn werkplek, waarbij een nabijgelegen kleine stad vernietigd werd, kwam er snel een einde aan dat programma.

A: **Pappa zegt dat er in jouw tijd meer dan zes miljard mensen op aarde leefden. Soms ben ik bang, maar ik doe mijn best om niet na te denken over die tijd waarin zoveel mensen in de hele wereld zijn doodgegaan van de honger en door allerlei ziektes. Ik heb op school gehoord dat er nu ongeveer een half miljard mensen zijn op aarde. Ik vind dat nog steeds best veel. Maar soms ben ik bang dat het grote sterven nog niet is afgelopen. Wat denk jij daarvan?**

M: Maak je maar geen zorgen. Het grote sterven is voorbij. Je bent nu veilig. Blijf maar gewoon plastic opgraven, dan komt alles wel terecht.

A: **Overgrootpa, hoe heb jij het overleefd?**

M: Je overgrootmoeder en ik waren op een verre reis toen het grote sterven begon. Wij konden het overleven doordat we ergens in de Grote Olie Regio een grot vonden met heel veel eten erin en mobiele telefoons en een postbus van Federal Express. Ik zou nooit gedacht hebben dat iemand zo lang in een grot kon overleven zonder ontdekt te worden. Maar dat lukte ons, net als degene die voor ons in die grot moet hebben gezeten. Het enige gekke was dat er ook een nierdialyse-apparaat stond. Ik moest aldoor maar denken: nee toch, dat kan toch niet...

A: **Pappa zei dat hij hoopte dat jij en overgrootmoeder weer bij ons willen komen wonen, zodat we het allemaal wat warmer kunnen hebben. En ik ben dan wel kwaad op jullie omdat jullie alle olie opgemaakt hebben en er nog geen liter van overgelaten hebben voor ons, maar misschien is het toch wel leuker om onze familie hier te hebben, wanneer we met z'n allen onder de familiequilt kruipen, als het onder nul wordt en buren niet bij ons willen komen. Eén keer was het zo koud dat we wat dieren moesten halen om bij ons te slapen, en het was daardoor dan wel warmer, maar het stonk zo dat ik niet kon slapen. Mamma zegt dat jullie soms zelfs buiten een verwarming aan hadden, zodat jullie buiten konden staan drinken zonder jas aan. Komen overgrootmoeder en jij bij ons wonen?**

M: Maar natuurlijk, dat zou ik heerlijk vinden. Maar ik ben bang dat wij, op onze leeftijd, ook behoorlijk stinken.

A: **Mamma zegt dat jij vroeger een keer een paar minuten heel beroemd bent geweest, omdat je iets hebt geroepen tijdens een van de olieoorlogen. We hebben nu alleen nog een oude foto van je, met je mond open, en je wijst ergens naar. En dat doe je met twee vingers! Waar was je zo kwaad over? Ging het over die olie?**

M: Ehm, nou, je overgrootmoeder vindt het niet goed dat ik daarover praat zolang zij nog leeft. Ze had zich die avond heel feestelijk opgedoft en ze zag er zo mooi uit... geef die foto maar eens, kleintje! Ik hoor het boegeroep weer in mijn hoofd!

A: **Tuurlijk. Hier is hij. Dank je wel, overgrootpa! Wil je er nog iets aan toevoegen? Je kaars is bijna opgebrand.**

M: Ja, weet je, nu ik erop terugkijk, zie ik dat de tien jaar tussen 2005 en 2015 de belangrijkste periode waren voor het voortbestaan van de mensheid op aarde. Er waren heel veel mensen die de anderen probeerden te waarschuwen dat de olie op zou kunnen raken en dat dat heel gevaarlijk was, maar bijna niemand luisterde. Er waren wel goede mensen, mensen die om elkaar gaven, om onze kinderen en om de aarde. We deden ons best, maar niet hard genoeg. De zelfzuchtige krachten vochten harder. Die leken aan te sturen op uitroeiing, en dat is ze bijna gelukt. Het spijt me. Het spijt ons allemaal. Misschien kunnen jullie het beter doen.

Net toen ik een hele preek begon af te steken en sentimenteel ging doen, werd ik wakker, helemaal in het koude zweet, en ik mompelde iets over een te laat betaalde stomerijrekening in Toledo. Ik ging rechtop in bed zitten en besefte dat het maar een droom geweest was, dat zoiets bespottelijks nooit zou kunnen gebeuren, en dus ging ik weer liggen en ik voelde me heel prettig en warm onder mijn elektrische deken. Toen viel ik weer in slaap en ik droomde heerlijk van ijsjes die ronddansen in mijn hoofd...

4

De Verenigde Staten van Boe!

Er is geen terroristische dreiging.
Wees kalm, houd je rustig, luister goed en zeg mij na:
Er is geen terroristische dreiging.
Er is geen terroristische dreiging!
ER... IS... GEEN... TERRORISTISCHE... DREIGING!

En voel je je nu beter? Niet echt, hè? Ik weet het, het is moeilijk. Het is merkwaardig hoe snel de overtuiging dat het land en de wereld overlopen van de terroristen, zo diep in onze psyche geramd is. Gevaarlijke gekken gaan als bezetenen tekeer en voelen zich geroepen om alle Amerikaanse ongelovigen op aarde te vernietigen!

Natuurlijk gingen we er niet op vooruit toen we zagen hoe voor onze ogen drieduizend mensen en masse werden afgeslacht, weggevaagd waar we bij stonden. Daardoor zou zelfs de grootste cynicus onder ons nog wel overtuigd kunnen raken van het feit dat er mensen in de wereld rondlopen die het niet op ons hebben, en die graag zouden zien dat er wat minder van *ons* op aarde rondliepen.

Waarom hebben ze zo'n hekel aan ons? Onze leider wist wel waarom, toen hij zich een paar dagen na 11 september in een rede tot de natie richtte: 'Ze willen dat we niet meer vliegen en dat we niet meer kopen. Maar dit geweldige land zal zich niet laten intimideren door die schurken.'

Als ik nu zeg dat er geen terroristische dreiging is, bedoel ik niet dat er geen terroristen zijn, of dat er geen terroristische incidenten plaatsvinden, of dat er van nu af aan geen terroristische incidenten meer zullen plaatsvinden. Er zijn WEL terroristen, en die hebben WEL misdaden gepleegd, en helaas zullen ze in de niet al te verre toekomst nog WEL terroristische aanslagen plegen. Dat weet ik zeker.

Maar alleen omdat er een paar terroristen rondlopen, betekent dat niet dat wij allemaal in een overdreven gevaarlijke situatie verkeren. En toch, als ze over terroristen spreken, lijkt het net of ze het over miljoe-nen terroristen hebben, die *overal* zijn, en die nooit meer weggaan. Cheney heeft dat een 'nieuwe normaliteit' genoemd, een situatie die 'een constante zal worden in het Amerikaanse leven'. Dat mochten ze willen.

Ze noemen het de oorlog tegen 'terreur'. Hoe doe je dat nou pre-cies, een oorlog voeren tegen een zelfstandig naamwoord? Oorlogen worden uitgevochten tegen landen, geloven en volkeren. Ze zijn niet gericht tegen zelfstandige naamwoorden of problemen, en telkens als daar toch pogingen toe worden ondernomen – de 'oorlog tegen drugs, de oorlog tegen armoede' – dan mislukt dat.

Onze leiders willen wel dat wij denken dat hier een guerrillaoorlog gaande is, waarin duizenden buitenlandse terroristische soldaten mee-vechten die zich verborgen houden in ons eigen land. Maar zo is het *niet*, en het wordt tijd voor een realiteitsonderzoek. Amerikanen zijn maar zelden het doelwit van internationaal terrorisme, en vrijwel nooit op eigen bodem.

In het jaar 2000 was de kans dat je als Amerikaan omkwam tijdens een terroristische aanslag in de Verenigde Staten, precies *nul*. In het jaar 2002 was de kans dat je doodging bij een terroristische aanslag alweer N U L. En wat is in 2003, terwijl ik dit schrijf, het totale aantal mensen dat in Amerika is gestorven als gevolg van terroristische aan-slag? Nul. Zelfs in dat tragische jaar 2001 was de kans dat je als Ameri-kaan in eigen land doodging tijdens een terroristische aanslag 1 op 100.000.

In het jaar 2001 was de kans groter dat je doodging aan de griep of aan longontsteking (1 op 4.500), door zelfmoord (1 op 9.200), als slachtoffer van moord (1 op 14.000), of in een auto (1 op 6.500). Maar niemand werd hysterisch bij het idee dat je dood kon gaan elke keer dat je in je gevaarlijke auto stapte om een tot hartklachten leidende vette hap te gaan kopen van een hoestende teenager. De zelfmoordcij-fers alleen al geven aan dat jij een groter gevaar bent voor jezelf dan welke terrorist dan ook. Al die doodsoorzaken wonnen het ruim van het terrorisme, maar er kwamen geen nieuwe wetten, er werden geen landen platgebombardeerd, er kwamen geen nooduitgaven van miljar-den dollars per maand, er werden geen units van de Nationale Garde uitgezonden, er was geen landelijk alarm, geen telex die non-stop allerlei details onder langs het beeldscherm van CNN schoof om ons de stuipen op het lijf te jagen. Het publiek reageerde slechts ongeïnteresseerd en ontkennend, of het accepteerde, in het beste geval, dat zulke tragedies deel uitmaken van het leven.

Maar als veel mensen tegelijkertijd doodgaan, met zoveel wreedheid, en live op tv, dan kan geen rationalisatie met statistieken, zoals die hierboven, de primaire reactie ongedaan maken die optreedt als je getuige bent van een echte verschrikking, zoals wij op 11 september. We zijn gaan geloven dat we gevaar lopen, *dat eenieder van ons, waar dan ook in dit uitgestrekte land, zomaar kan doodgaan.* En het kan ons niet schelen dat de kans dat dat gebeurt eigenlijk nul is. Een massapsychose houdt het land in haar greep; ik ben er onderdeel van, jij bent er onderdeel van, en zelfs hoge generaals, die nu openlijk huilen, zijn er onderdeel van.

Je hebt het goed gehoord, ik zit er ook in verstrikt. Ik woon een deel van het jaar in New York, en elke dag dat ik daar ben, vraag ik me af of vandaag misschien de dag is dat het noodlot weer toe zal slaan. Ik hoor harde knallen bij mijn raam en ik duik in elkaar. Ik zie vliegtuigen te laag overkomen en ik houd ze achterdochtig in de gaten. Ik let op iedereen die bij mij in de buurt zit als ik vlieg, en ik heb altijd een wapen bij me in het vliegtuig. Je hebt het goed gehoord; ik heb een wapen bij me. Een legaal wapen. Ik heb een honkbal in mijn handbagage. Die heb ik gekregen van burgemeester Rudy Giuliani toen we TV Nation opnamen in New York. De handtekeningen van alle New York Yankees uit 1994 staan erop. Ik denk dat ik best in staat ben om een snelle 75-km-per-uur bal te werpen, als de een of andere klootzak de deur van de cockpit probeert in te beuken. (Een honkbal werkt ook heel goed als hij onder in een lange sok wordt geduwd; je geeft hem een flinke zwier en beng—een dreun tegen iemand z'n kop en hij is bewusteloos!) Bovendien zijn schoenveters, als ik die met beide handen vasthoud, misschien wel een goed wurginstrument, als ik ze eenmaal om die rotzak zijn nek heb. Hoe het ook zij, ik zal alle mogelijke middelen inzetten en niet zonder strijd ten onder gaan.

Zie je wel, ik ben ook helemaal in de war. Als je iemand kent, als het een collega van je was die dood is gegaan in een van die vliegtuigen, dan krijg je dat, denk ik.

Hoe heeft het zover met mij kunnen komen, ouwe trouwe pacifist die ik altijd geweest ben? Wat denk je, ik ben bang, net als alle andere mensen. Angst, de rationele variant, is een essentieel onderdeel van ons overlevingsmechanisme. Werkelijk gevaar onderkennen en er naar behoren op reageren is een instinct dat onze diersoort geen windeieren heeft gelegd in de loop der millennia.

Maar *irrationele* angst is een moordenaar. Die stuurt ons overlevings-mechanisme in de war. Die maakt dat wij een geweer pakken als we midden in de nacht geluid horen (en dan schiet je uiteindelijk je vrouw dood, die net even naar de badkamer ging). Die is er de oorzaak van dat wij niet naast iemand willen wonen die een andere huidskleur heeft. En die laat toe dat wij bereid zijn om de burgerrechten op te geven waar we meer dan tweehonderd jaar plezier van hebben gehad, enkel en alleen omdat onze 'leider' tegen ons zegt dat er een 'terroris-tische dreiging' is.

Angst is zoiets basaals, en toch iets wat zo gemakkelijk gemanipu-leerd kan worden, dat het onze beste vriend is geworden en tegelijk onze ergste vijand. En als die angst als wapen tegen ons wordt inge-zet, kan die heel veel vernietigen van wat wij zo leuk vinden aan het leven in de Verenigde Staten van Amerika.

Volgens de regering-Bush, en volgens de verhaaltjes die de regering bij de media heeft uitgezet, zijn de terroristen *overal*. Elke dag lijkt een nieuwe waarschuwing met zich mee te brengen. Een nieuw alarm! Een *nieuwe dreiging!*

— *Pas op voor modelvliegtuigjes gevuld met explosieven!* De FBI meldde in zijn bulletin dat het bureau 'een terroristische dreiging' heeft afge-wend van een 'onconventioneel wapen' in de vorm van 'Satin [*sic*] gas'. Het minuscule tankje was in beslag genomen bij een modelvliegtuig-jesbouwer en naar een speciale legerbasis overgevlogen door onder-steunende eenheden voor gevaarlijke materialen, in een speciaal mili-tair vliegtuig. Vervolgens gaf de model-amateur toe dat hij 'voor de grap' een leeg tankje van het label 'Satin [*sic*] gas' had voorzien.

Desalniettemin vaardigde de overheid een waarschuwing uit dat we op moesten passen voor modelvliegtuigjes die gevuld met explosieven op gebouwen in konden vliegen, en nieuwsstations kwamen half juli

2003 met deskundigen om ons te waarschuwen voor dat ernstige gevaar.

—Mensen kunnen op de loer liggen langs spoorlijnen met plannen om treinen te laten ontsporen! De F B I liet in oktober 2002 een waarschuwing uitgaan naar alle politie-units in de vs over een mogelijke aanval op de transportsystemen, vooral de spoorwegen. 'Inlichtingen'-functionarissen zeiden dat ze onderschepte Al Qaeda-foto's hadden gezien van locomotieven en spoorwegovergangen. (Tjeetje, ik hoop dat ze de elektrische spoortreintjes bij mij in de kelder niet gezien hebben!)
—Pas op voor bommen in schoenen! De F B I zegt dat de explosieven die de man met de schoenbommen destijds gebruikte, TAT P, op dit moment niet opgemerkt worden door de gewone luchthavenscanners, en experts zeggen dat iedereen met een scheikundediploma die stof in een heel eenvoudig laboratorium kan maken. De laatste keer dat ik zag hoe iemand zijn schoenen aanstak was tijdens een E LO-concert, in 1978 in het I MA-Auditorium in Flint. Een kerel die te veel gedronken had, gaf over op zijn schoenen, en toen stak iemand naast hem een lucifer aan en liet die vallen, en het braaksel van die man was zo van alcohol doortrokken dat zijn sportschoen er geweldig van ging fikken.
—Wees op je hoede voor verdachte personen die rondhangen bij benzinepompen! Nou, die zien we nou nooit. Maar een alerte pompbediende in Oklahoma belde de politie toen er een groep aan kwam rijden met twee busjes en een vrachtwagen. Binnen enkele minuten omsingelden de politie en de F B I, met getrokken pistolen, de rockband Godspeed You! Black Emperor. Na urenlang verhoord te zijn werd zanger Efrim Menuck vrijgelaten. Hij zei tegen de *Seattle Weekly*: 'We mogen nog blij zijn dat we nette witte jongens uit Canada zijn.'
—Al Qaeda zou wel eens branden kunnen gaan stichten in het westen van de vs! Volgens de *Arizona Republic* stond in een F B I-memo aan de politiekorpsen de waarschuwing dat Al Qaeda een plan had ontwikkeld om midden in de zomer branden te stichten in de bossen van Colorado, Montana, Utah en Wyoming, opdat 'de Amerikaanse burgers als zij zouden beseffen dat de bosbranden het werk waren van terroristen, druk zouden uitoefenen op de Amerikaanse regering om het beleid te wijzigen'.
—Terroristen handelen in nagemaakte producten als valse Sony-stereoapparatuur, namaak Nikes en Calvin Klein-spijkerbroeken! Onlangs heeft een Al

Qaeda-aanhanger een scheepslading vervalste parfum, shampoo en eau de toilette van Dubai naar Dublin overgebracht. Afschuwelijk om te bedenken hoeveel schade nagemaakte parfum wel niet kan aanrichten. Het Congres heeft de discussie over 'nagemaakte producten' verbreed naar 'nagemaakte drugs'. Lekker makkelijk om de toegang tot goedkope Canadese drugs af te snijden door te zeggen dat terroristen misschien wel besmette drugs ons land in proberen te sluizen.

—*Pas vooral goed op voor undercover Al Qaeda-agenten met draagbare gasbranders waarmee ze pogen de 21.736 kabels door te snijden die de Brooklyn Bridge op zijn plaats houden!* De FBI heeft een vrachtwagenchauffeur opgepakt die de brug aan het verkennen was en de kabels telde. Een gunstige schatting wijst uit dat ze die kabels in ongeveer een week zouden kunnen doorbranden, dus wees op je hoede!

—*Doe aangifte van elke poederachtige substantie die je tegenkomt!* Toen een vrouw in New Orleans een verdachte poederachtige stof kreeg toegestuurd, belde ze de politie, en al snel kwamen er brandweermannen, postbeambten, politieagenten en FBI-agenten om de zaak te onderzoeken. Het bleek om een gratis monster van een wasmiddel te gaan. Maar dat betekent niet dat er geen terroristen op de loer liggen (zelfs al vermoeden de autoriteiten dat de anthraxaanslagen in 2001 het werk waren van een ingewijde, die toegang had tot die stof, iemand in de Amerikaanse regering, of in een door de overheid goedgekeurd programma).

Tsjonge jonge, die terroristen zitten niet stil zeg! Modelvliegtuigjes met explosieven! Satingas! Bosbranden! Leeuwen! Tijgers! Beren! De boze wolf komt me halen! RENNEN VOOR JE LEVEN!

Nog merkwaardiger dan die nepbangmakerij is het feit dat wij erin trappen. Wat is er geworden van ons gezonde verstand? Weet je nog wel, die onbewuste reflex in je hoofd waardoor je vroeger meteen *flauwekul!* riep als je zulke baarlijke nonsens voorgeschoteld kreeg? Dat gebeurt er nou als je angstradar in de war is. Je bent zo van de kook dat je het verschil niet meer ziet tussen wat waar is en wat niet waar is.

Waarom doet onze regering zo idioot veel moeite om ons ervan te overtuigen dat ons leven in gevaar is? Het antwoord op die vraag hangt nauw samen met het koortsachtige verlangen van onze leiders om de wereld te regeren, door eerst de baas over ons te zijn, en dan ons, op onze beurt, zover te krijgen dat we hun pogingen steunen om de rest van de aarde in hun greep te krijgen. Klinkt raar, hè? Het lijkt eigenlijk of je een filmscript aan het lezen bent, hè? Maar Bush/Cheney/Ashcroft/Wall Street/Fortune 500, die zien dit angstige post-11-september-Amerika als *het uitgelezen moment* – een moment dat hun via de terroristen is toebedeeld door het lot – om de macht te grijpen en Amerika door de strot te duwen van elk volk in de wereld dat niet voetstoots aanneemt dat wij nummer één zijn. Wie is er nummer één? IK ZEI: WIE IS ER NUMMER ÉÉN? Zo is het. Zeg het maar hardop. Zeg het maar voor George en Dick en Johnny en Condi: WIJ ZIJN NUMMER ÉÉN! AMERIKA! AMERIKA! AMERIKA!

Ze weten wel dat *echte* Amerikanen helemaal niet de baas willen spelen over andere mensen, en dus moeten ze het ons aanprijzen in een mooie verpakking – en die verpakking is ANGST. Om ons echt goed bang te maken, hebben ze een grote, boze vijand nodig. Toen de Sovjet-Unie verdwenen was, wist Bush Sr. niet wat hij moest doen. Voor hij het wist had Clinton hem eruit gewerkt. Rechts stond in de kou, maar ze hadden acht lange jaren de tijd om hun terugkeer te beramen.

Hun redding was een politieke denktank vol hoge pieten, de Project for a New American Century (PNAC), die vond dat Amerika maar één doel zou moeten hebben: een onbetwistbare, met militair geweld afgedwongen, door de VS geregeerde wereld.

De PNAC-leden zetten hun eerste stap op 26 januari 1998, in een open brief aan president Clinton. PNAC-neoconservatieven Paul Wolfowitz en William Kristol waarschuwden samen met Donald Rumsfeld en Richard Perle, dat het beleid waarmee Irak onder de duim werd gehouden 'gevaarlijk ontoereikend was' en dat de Amerikaanse buitenlandpolitiek gericht moest zijn op het 'afzetten van Saddam Hoessein en zijn regime'.

Toen Bush Jr. in 2000 de macht greep, leverde hij het Pentagon uit aan die radicaal rechtse fanaten. Na 11 september hamerden Rumsfeld, Wolfowitz (nu Rumsfelds onderminister van Defensie) en de oorlogshitsers onmiddellijk op een aanval op Irak, als een van de eerste daden in de nieuwe Permanente Oorlog Tegen het Terrorisme. Hun volgende daad: er een defensiebudget van VIERHONDERD MIL-

JARD dollar doorheen jagen, inclusief zeventig miljard voor nieuwe wapens.

Door 11 september hadden Wolfowitz en zijn rechtse havikmaatjes de vijand gevonden die ze aan het publiek konden verkopen. De voormalige CIA-directeur onder Clinton, James Woolsey, sloot zich bij hen aan en verklaarde dat de Vierde Wereldoorlog was begonnen (de Koude Oorlog was de Derde). In die gedachtelijn zou de 'Oorlog tegen het Terrorisme' unilateraal zijn en zonder beperkingen; hij kon net zo lang duren als de Koude Oorlog (vijftig jaar) of langer, misschien wel voor altijd. En als je mij niet gelooft, kan Donald Rumsfeld je misschien wel overtuigen: 'Deze oorlog zal zonder twijfel veel meer weg hebben van een koude oorlog dan van een hete,' zei Rummy. 'Ga maar na, de Koude Oorlog duurde om en nabij de vijftig jaar. Er kwamen geen grote slagen aan te pas. Er was wel voortdurend druk... Ik heb de indruk dat dat misschien meer in de lijn ligt van wat ons te wachten staat.'

Nou, nou – een eindeloze oorlog. Als je de mensen dat weet wijs te maken, mag je alles van ze doen, zolang je maar zegt dat je het doet om hen te beschermen. Dit is de Bush-versie van de oude maffiabeschermingspraktijken. Er is daar iemand die het op jou gemunt heeft. Osama, die heeft het gedaan! Saddam, die heeft het gedaan! Die waanzinnige ayatollahs, die zouden het kunnen doen! De Noord-Koreanen, die zouden het kunnen doen! Hallo, PLO! Wij zullen jullie beschermen, jullie hoeven ons alleen maar al je geld te geven, en al je rechten. En koppen dicht!

Tot aan de verkiezingen in 2004 zullen jullie van Bush alleen maar te horen krijgen dat er een oorlog gaande is, een oorlog tegen terrorisme, een oorlog om Irak te bevrijden en te herbouwen, een oorlog tegen de Iraanse clerus, een oorlog tegen Noord-Koreaanse atoomgekken, een oorlog tegen Colombiaanse drugsbaronnen, een oorlog tegen het communisme in Cuba, een oorlog tegen Hamas, een oorlog tegen...

En om die eindeloze oorlog aan de gang te houden hebben ze eindeloze angst nodig, angst die alleen maar tot in het oneindige kan worden volgehouden als ze ons onze grondrechten afnemen.

Rechts moet de ene na de andere oorlog zo lang mogelijk gaande houden, want dat geeft de mensen afleiding. Iedereen – behalve dan de mensen die erin sterven – is dol op een goede oorlog, vooral eentje die je snel kunt winnen. Wij, goed. Hullie, slecht. Hullie, dood. Wij winnen! Camera's ready, de zegevierende president van de Verenigde Staten landt op een vliegdekschip!

Bush is van plan om zo zijn hele herverkiezingscampagne te doen. 'Ik heb een oorlog voor jullie gewonnen. En toen nog een. Maar er zijn nog meer oorlogen, en die moet ik ook voor jullie winnen!' We zullen het aloude motto horen: 'Laat me het karwei afmaken.'

Maar dit is geen karwei, jongens. Dit wordt een vloedgolf die onze democratie in een moeras kan veranderen. Wat denken jullie, zouden deze kerels, als we ze nog vier jaar geven, hun megalomane plannen vreedzaam opgeven voor een fatsoenlijk gekozen Democratische of Groene president? Hoeveel vrijheid en hoeveel kinderen zijn wij bereid te offeren alleen opdat zij hun zakken kunnen vullen met al het geld dat te verdienen valt aan een bevreesde natie en een permanente oorlog?

Wij zullen niet vermoord worden door een terrorist. We hebben de juiste verhoudingen uit het oog verloren. En dat wordt tegen ons gebruikt, niet door die terroristen, maar door leiders die ons willen terroriseren.

Een grote president heeft eens gezegd dat we niets te vrezen hebben dan de vrees zelf. Hij sprak een natie moed in en inspireerde haar. Nu hebben we niets anders te vrezen dan George W. Bush. Ik ben er ten stelligste van overtuigd dat Bush en zijn maatjes (vooral minister van Justitie John Ashcroft) slechts één doel voor ogen staat: ons de stuipen op het lijf jagen, zodat wij elk wetsvoorstel dat zij indienen, alle macht die zij van George toegeschoven willen krijgen, zonder morren aan hen overdragen.

Vlak na 11 september kon Bush zijn USA PATRIOT Act erdoor krijgen (een acronym dat staat voor 'Uniting and Strengthening America by Providing Appropriate Tools Required to Intercept and Obstruct Terrorism': Amerika verenigen en versterken door passende middelen aan te reiken, noodzakelijk om terrorisme te onderscheppen en te verhinderen, wet uit 2001). De wet geeft de regering de ongekende vrijheid om informatie in te zamelen met weinig oog voor burgerrechten en privacy. De Senaat nam de wet met 98 tegen 1 stem aan.

Een Democraat uit Wisconsin, Russ Feingold, was die dag de enige echte patriot in de Senaat; hij stemde als enige tegen, en sprak de Senaat op de volgende welsprekende wijze toe: 'Er zijn tijden geweest in de geschiedenis van onze natie dat de burgerrechten op de achtergrond raakten bij gebeurtenissen waartoe de oorlog ons op dat moment op legitieme gronden leek te nopen. Ons nationale geweten draagt nog altijd de schande en de littekens van die gebeurtenissen: de wetten inzake het in hechtenis nemen van buitenlanders en inzake opruiing, de opschorting van het bevel tot inhechtenisneming tijdens de Burgeroorlog, de internering van Japanse Amerikanen, Duitse Amerikanen en Italiaanse Amerikanen tijdens de Tweede Wereldoorlog, de zwarte lijst met mensen die verdacht werden van communistische sympathieën in de McCarthy-tijd, en het volgen en koeioneren van mensen die tegen de oorlog in Vietnam protesteerden, onder wie Dr. Martin Luther King Jr. We moeten nu toelaten hoe die stukken van ons verleden een proloog worden.'

De leiders van de Democratische Partij deden in hun poging om het voorstel van de Republikeinen met algemene stemmen aan te laten nemen, hun uiterste best om Feingold 'in de pas' te houden, maar hij weigerde vóór de wet te stemmen (en kreeg in de Senaat de woede van Democratische-Partijleider Tom Daschle over zich heen). Feingold zei tegen *Congressional Quarterly*: 'Ik weet niet of tegenstemmen al dan niet gevaarlijk is, en eigenlijk kan me dat ook niet schelen. [...] Als het ergste wat me ooit overkomt is dat ik daarom uit mijn functie word gezet, dan mag ik mezelf nog gelukkig prijzen, vergeleken bij wat we nu te verduren zullen krijgen.'

USA Patriot Act is er echt een ontzettend verkeerde naam voor. Die wet is allesbehalve patriottisch. De 'Patriot'-wet is even on-Amerikaans als *Mein Kampf*. De naam maakt onderdeel uit van een meesterlijk plan om stank te verhullen, erger dan die van het moeraswater uit Florida.

Je kunt die wet natuurlijk zelf nalezen, als je er een paar dagen voor uittrekt en een batterij advocaten tot je beschikking hebt. Want kijk, deze wet is niet als andere wetten, waarin je in duidelijke taal kunt lezen: 'dit mag' of 'dit mag niet'. De Patriot Act gaat grotendeels over amendementen op bestaande wetgeving. Het zijn 342 pagina's waarin nooit echt staat wat de bedoeling is, maar waarin aldoor verwezen wordt naar honderden andere passages in andere wetten, die in de afgelopen honderd jaar geschreven zijn. Dus als je de Patriot Act wilt lezen, zul je al die andere wetten bij de hand moeten hebben die in de afgelopen eeuw geschreven zijn, om na te gaan in welke zin of in welk zinsdeel de Patriot Act een wijziging aanbrengt. Dit is bijvoorbeeld Sectie 220 van de USA Patriot Act:

Sec. 220. Landelijke regeling van bevelen tot huiszoeking voor elektronisch bewijsmateriaal.

(a) ALGEMEEN – Hoofdstuk 121 van titel 18, United States Code, wordt geamendeerd –

(1) in sectie 2703, door weg te halen 'onder de Federale Regelgeving voor Strafrechtelijke Procedures' telkens wanneer dit voorkomt, en in te voegen 'met gebruikmaking van procedures zoals beschreven in de Federale Regelgeving voor Strafrechtelijke Procedures door een rechtbank met jurisdictie over het delict in kwestie'; en

(2) in sectie 2711 –

(A) in paragraaf (1), door 'en' te schrappen;

(B) in paragraaf (2), door de zin te schrappen en toe te voegen '; en'; en

(C) door aan het einde het volgende toe te voegen:

(3) de term 'rechtbank met adequate jurisdictie' betekent hier wat in sectie 3127 wordt beschreven, en omvat alle federale rechtbanken die binnen die definitie vallen, zonder geografische beperkingen.

(b) CONFORMEREND AMENDEMENT – Sectie 2703 (d) van titel 18, United States Code, wordt gewijzigd door te schrappen 'zoals beschreven in sectie 3127 (2)(A)'.

Heb je het allemaal begrepen?

Dat is de reden waarom die lui van het ministerie van Justitie, als iemand ze ernaar vraagt, hun handen ten hemel heffen en erop aandringen dat 'de mensen eens de uiteindelijke tekst van de wet gaan lezen' om meer duidelijkheid te krijgen. Dat is namelijk menselijkerwijs niet mogelijk.

Op 11 oktober, net een maand na 11 september, nam de Senaat een versie van de wet aan die bij voorstanders van burgerrechten nog slechter viel dan de versie van het Huis van Afgevaardigden. Over die laatste versie moest de volgende dag gestemd worden.

De regering-Bush was niet te spreken over de bescherming die de wet van het Huis bood, en werkte de hele nacht met de voorzitter van het Huis door om alles uit de wet te schrappen wat er ter bescherming van de burgerrechten na stemming in de Huis-commissies in was komen te staan. De uiteindelijke versie werd om 3.45 uur ingediend. Toen het Congres een paar uur later bij elkaar kwam voor de stemming, dachten de leden dat zij stemden over de tekst die de vorige dag overeen was gekomen. Maar in plaats daarvan stemden ze over een wet waar de toch al geringe bescherming de avond tevoren door minister van Justitie John Ashcroft uit verwijderd was. Volgens de Amerikaanse burgerrechtenbeweging hebben uiteindelijk maar een paar leden van het Congres de definitieve versie van de wet gelezen. Al met al was dit misschien wel de meest roekeloze en onverantwoordelijke daad die ons Congres ooit heeft gesteld.

En de wet werkt als volgt. Onze regering mag nu al die ontelbare e-mailtjes waarvan jullie dachten dat ze privé waren, onderscheppen en natrekken. Als dat zo blijft, kun je het woord 'VERTROUWELIJK' net zo goed uit je spellingcontrole verwijderen. Ook klaar voor inspectie: bankafschriften, schoolrapporten, de lijst met boektitels die jij of je dochter van negen dit jaar uit de bibliotheek geleend hebben (of zelfs hoe vaak je hebt ingelogd op internet in de bibliotheek), en welke verbruiksgoederen je zoal hebt aangeschaft. Denk je dat ik overdrijf? Lees de eerstvolgende keer dat je bij de dokter in de wachtkamer zit of in de rij staat te wachten bij de bank, hun nieuwe privacyregels maar eens door. Begraven onder de juridische termen vind je dan nieuwe waarschuwingen die inhouden dat de bescherming van je privacy niet opweegt tegen de Big Brother-voorzieningen van onze nieuwe Patriot Act.

En er is meer. Met behulp van de speciale 'INSLUIP- EN SNUF-FEL'-voorziening mogen agenten nu je huis binnengaan en je spullen doorzoeken, en dan hoeven ze – echt waar – nooit tegen jou te zeggen dat ze daar geweest zijn!

Een van de belangrijkste secties van onze grondwet is het Vierde

Amendement. We zijn allemaal bijzonder gesteld op onze individuele privacy, en we willen graag ergens wonen waar de vrije uitwisseling van ideeën wordt aangemoedigd. De kern van dat alles is PRIVACY. Vandaar dat in de grondwet van de Verenigde Staten staat dat er een huiszoekingsbevel nodig is om je huis te doorzoeken, en dat bevel mag alleen worden afgegeven als er een verdomd goede reden is om dat te doen. Maar daar komen de nieuwe regels van Ashcroft, en die schenden de ons zo dierbare begrippen huis en haard. Die wet van Ashcroft is bepaald geen patriottische daad. Mijn geschiedenislerares uit groep 7, zuster Mary Raymond, en de Stichters van onze Staat (vooral Jefferson) zouden mij niet vergeven als ik er hier niet op zou wijzen dat wanneer je de machthebbers eenmaal toestaat om in je leven rond te neuzen en jouw 'ruimte' te schenden, de notie van wonen in een vrije maatschappij ophoudt te bestaan.

De agenten van Ashcroft hoeven niet meer voor een reguliere rechtbank de aannemelijkheid van hun vermoedens aan te tonen, maar krijgen hun geheime huiszoekingsbevel van een geheime rechtbank (de door de regering zelf in 1978 opgerichte Foreign Intelligence Surveillance Court, FISA: Rechtbank voor het Toezicht op de Buitenlandse Inlichtingen), en de FBI-agenten kunnen daar gewoon heen gaan, hun toverspreuk uitspreken: 'het is voor de inlichtingendienst', en de rechters van de geheime rechtbank stempelen om het even welk verzoek braaf af. Daarbij komt dat er volgens de kranten in 2002 170 'spoed'-huiszoekingsbevelen werden afgegeven, en maar 47 in de 23 jaar daarvoor. Die zogeheten spoedbevelen stellen niet meer voor dan een stuk papier dat Ashcroft tekent. Daarmee krijgen FBI-agenten toestemming om 72 uur lang afluisterapparatuur te plaatsen en huiszoeking te doen zonder dat daar een FISA-rechtbank aan te pas komt.

Ingebouwd in de geheimhouding van de USA Patriot Act zit een zwijgplicht. Als de FBI je bibliotheekgegevens dan komt ophalen, mag niemand zijn mond opendoen over dat onderzoek, op straffe van vervolging. (Misschien zouden de bibliothecarissen best zonder problemen elke week een update kunnen ophangen waarin staat: 'Deze week zijn er geen FBI-agenten komen spioneren' en als die mededeling er dan niet hangt, kun je met het ergste rekening houden.) Nu ze niet bang hoeven te zijn dat iemand hun doen en laten in de gaten houdt, krijgen Bush/Cheney/Ashcroft et al. de kans om vrijelijk rond te grazen in het landschap van ons leven.

De Patriot Act geeft het ministerie van Justitie ook de kans om alle informatie op te eisen en te verkrijgen die het van wie dan ook hebben wil, gewoon door een zogeheten 'nationale veiligheidsbrief' uit te doen gaan. Dat soort brieven vliegt nu Ashcrofts kantoor zo snel uit dat niemand – zelfs niet de commissie voor het rechtswezen in het Huis van Afgevaardigden – weet hoeveel er tot nu toe verstuurd zijn. Die commissie eiste inzicht in de cijfers, maar Ashcroft stak er een stokje voor, en beriep zich daarbij op zijn nieuwe bevoegdheden. Nu die nationale veiligheidsbrieven er zijn, hoeven agenten er alleen maar eentje te laten zien en hupla – bedrijfsgegevens, onderwijsgegevens, internetgegevens, consumptiegegevens en andere persoonlijke gegevens worden direct overgedragen zonder dat iemand hoeft aan te tonen dat er sprake is van een redelijke verdenking of zelfs maar van enige noodzaak tot dat onderzoek in verband met geheime informatie uit het buitenland. De FBI kan nu achter iedereen aan gaan – en Ashcroft weigert te onthullen achter wie ze nu aan zitten – zonder ook maar enig toezicht, zelfs niet van het Congres.

En dat is niet alles. We hebben nu de mogelijkheid geschapen tot geheime internering. Een bananenrepubliek zou er jaloers van worden. Ongeveer vijfduizend jonge mannen, voornamelijk studenten, zijn door de FBI 'ondervraagd', om geen andere reden dan dat zij misschien geen staatsburgers zijn, of dat ze uit het Midden-Oosten afkomstig zijn. Nog eens twaalfhonderd mensen werden opgepakt, en in het geheim voor onbepaalde tijd vastgehouden, de meesten om geen andere redenen dan kleine overtredingen van de immigratiewet waar in het verleden helemaal geen aandacht aan werd besteed. 11 procent van de mensen die door de Immigratie- en Naturalisatiedienst werden vastgezet, zat langer dan zes maanden gevangen voor ze vrijkwamen of het land uit werden gezet. Ongeveer de helft zat langer dan drie maanden vast.

In een bijzonder kritisch rapport meldt de eigen inspecteur-generaal van het ministerie van Justitie dat de mensen die gedetineerd werden in de federale penitentiaire inrichting in Brooklyn, geconfronteerd werden met 'voortdurende fysieke en verbale mishandeling' en ook met een 'uitermate hard' interneringsbeleid. Zo zat men drieëntwintig uur per etmaal in de cel, de verlichting in de cel bleef vierentwintig uur per etmaal branden, er mocht niet gecommuniceerd worden, en er was sprake van buitensporig veel handboeien, beugels rond de benen en zware kettingen. Het rapport uitte ook kritiek op de FBI omdat die dienst 'vrijwel geen moeite had gedaan om onderscheid te maken' tussen immigranten die mogelijk banden onderhielden met terroristen, en de overgrote meerderheid die die banden niet had, onder wie veel mensen die bij toeval waren ingerekend.

Het is niet Amerikaans om een grote groep mensen gevangen te nemen als er geen geloofwaardige reden is om te veronderstellen dat zij gevaarlijk zijn.

En nog erger, er waren gedetineerden bij die onderworpen werden aan geheime deportatieprocedures. Vlak na de aanslagen van 11 september begonnen immigratierechtbanken in het hele land met grote aantallen geheime zittingen, waarbij het de rechtbankfunctionarissen verboden was om zelfs maar te bevestigen dat die zaken bestonden.

En ja, misschien denken sommigen van jullie wel bij jezelf, als Amerikanen met een verblijfsvergunning, dat je veilig bent voor de Bush-terreur. Daar zou ik maar niet op rekenen. De Bush-regering heeft de wet nog nooit tussen haar en haar hogere doelen laten komen. Bush houdt vol dat hij de intrinsieke bevoegdheid heeft als opperbevelhebber – dat wil zeggen niet gebaseerd op de wetten van ons land – om *wie dan ook* als '*vijandig strijder*' aan te merken, die persoon vervolgens op te sluiten en de sleutel weg te gooien. In deze nieuwe aanpak – een grove schending van het internationaal recht en van alles waar dit land voor staat – is een vijandig strijder iemand zonder enig wettelijk recht.

De USA Patriot Act en het predikaat van vijandig strijder zijn maar kleine voorbeelden van wat Bush allemaal voor ons in petto heeft. Sta maar eens stil bij iets wat 'Total Information Awareness' heet (op de hoogte zijn van de totale informatie), een programma dat is ontwikkeld door het Pentagon. Toen bepaalde mensen bezwaar maakten tegen die griezelige term 'totaal', werd het concept bijgesteld tot 'Terrorist Information Awareness' (TIA). Dit programma, dat onder leiding staat van Iran-Contra-boef admiraal John Poindexter, en dat wordt uitgevoerd onder de auspiciën van de Defense Advanced Research Projects Agency (DARPA, een bureau voor onderzoeksprojecten van Defensie), zal in staat zijn om de gegevens na te speuren van elk soort transactie van honderden miljoenen Amerikanen. Elke zoekactie van de brave admiraal – bijvoorbeeld 'geef me de namen van de mensen die deze week een optische muis hebben aangeschaft bij dat en dat bedrijf' – komt uiteindelijk hierop neer: de regering stelt iedere burger in de Verenigde Staten een opdringerige en onbehoorlijke vraag over zijn of haar leven. Maar die vragen worden je niet openlijk gesteld – dat gebeurt in het geheim, terwijl de regering kijkt naar gegevens waarvan je misschien niet eens wist dat ze over je verzameld waren, en ze geeft je geen kans om de vraag zelf te beantwoorden, zodat je misschien fouten zou kunnen herstellen of verzachtende omstandigheden zou kunnen aandragen in verband met de informatie die over jou is verzameld.

Nog een geesteskind van Poindexter en DARPA was de 'Beleidsanalysemarkt' die de overheid op een internetsite zou moeten opzetten. Blijkbaar redeneerde Poindexter dat de termijngoederenmarkt zo goed werkte voor de Enron-vriendjes van Bush dat je er, met een paar aanpassingen, ook wel terrorisme mee kon gaan voorspellen. Particulieren zouden kunnen investeren in hypothetische termijncontracten met betrekking tot de waarschijnlijkheid van gebeurtenissen als 'de moord op Jasser Arafat' of 'het afzetten van de Jordaanse koning Abdullah II'. Er zouden ook contracten aangeboden worden met betrekking tot de economie, de maatschappelijke stabiliteit en de invloed van het leger in Egypte, Iran, Irak, Israël, Jordanië, Saoedi-Arabië, Syrië en Turkije. Allemaal landen die met olie te maken hebben. De voorgestelde markt hield het nog geen dag vol toen hij aan de Senaat werd uitgelegd. De senatoren Wyden en Dorgan maakten bezwaar tegen de acht miljoen dollar die het Pentagon ervoor aanvroeg, en Wyden zei: 'Nepmarkten die handelen in gruwelijke waarschijnlijkheden lijken nou niet bepaald een verstandige volgende stap in de strijd tegen het terrorisme. Moeten we daar het geld van de belastingbetaler wel aan besteden?' Als gevolg van het tumult dat erover ontstond, werd Poindexter gevraagd af te treden.

Amerika heeft altijd pal gestaan voor het principe dat de overheid haar burgers niet mag bespioneren, tenzij er voldoende reden is om aan te nemen dat een burger betrokken is bij wandaden. En dan nog moet dat bespieden worden goedgekeurd door een rechter. Als we in verband met een gerechtelijk onderzoek worden verhoord, is het ons grondwettelijke recht om te weigeren antwoord te geven op die vragen. Die rechten worden opgedoekt door programma's als TIA. Er is meestal weinig te vinden wat duidt op een elektronisch of papieren spoor als het om terroristen gaat. Ze betalen contant en houden zich gedeisd. Maar jij en ik, wij laten overal sporen achter – creditcards, mobiele telefoons, medische dossiers, online; bij alles wat we doen. Wie wordt hier dan eigenlijk in de gaten gehouden?

En dan hebben we het maar niet over het feit dat dit weer gewoon bureaucratische rompslomp was, bedacht door de partij die bijna al haar tijd besteedt aan scheldpartijen tegen de federale overheid en haar bureaucratische rompslomp.

En dan heb je nog die mensen die vastzitten in het voorportaal van de terreur – de gevangenen van Guantanamo Bay. Plotseling waren we allemaal heel blij dat Cuba naast de deur lag – er was geen betere plek om al onze pasgevangen boosdoeners op te bergen. Zeshonderd en tachtig mensen – onder wie drie kinderen tussen de dertien en achttien jaar – zitten daar voor onbepaalde tijd gevangen. Geen aanklachten, geen straf om uit te zitten, geen advocaten, niets. Dan is het niet zo gek, hè, dat al achtentwintig van die gevangenen een zelfmoordpoging hebben gedaan.

Op dit moment zijn er ten minste vierendertig gevallen bekend waarbij de FBI met de Patriot Act in de hand over de schreef ging – en ten minste 966 mensen hebben officieel een klacht ingediend. Veel van die mensen bemoeiden zich gewoon met hun eigen zaken, of wilden graag participeren in onze vrije en open maatschappij. Kijk eens naar de volgende voorbeelden:

– John Clarke, een organisator van de Ontario Coalition Against Poverty (OCAP), die zich bezighoudt met armoedebestrijding, werd aan de Amerikaanse grens opgesloten door douanepersoneel, terwijl hij op weg was naar de Universiteit van Michigan waar hij een lezing moest geven. Een agent van het ministerie van Buitenlandse Zaken kwam met de auto uit Detroit en ondervroeg Clarke over zijn deelname aan protestmarsen van antiglobalisten, vroeg of hij 'tegen de ideologie van de Verenigde Staten' was en zelfs of hij de verblijfplaats van Osama bin Laden kende. De agent kwam met een map over OCAP van het ministerie van Buitenlandse Zaken. Daarin zat ook de naam van een man bij wie Clarke in Chicago had gelogeerd, en brochures van Clarkes vorige lezingen in de VS.

– De rechter in een buitenwijk van New York vroeg aan Anissa Khoder, Amerikaans staatsburger van Libanese afkomst, of zij 'een terroriste' was, toen ze voor hem verscheen in verband met parkeerboetes.

– In mei 2002 werden zes Franse journalisten tegengehouden op het vliegveld van Los Angeles, verhoord en onderworpen aan een lichamelijk onderzoek. Ze werden meer dan een dag vastgehouden en de Verenigde Staten uitgezet voor ze hun eindbestemming hadden bereikt: een beurs voor videospelletjes.

– Op een middelbare school in Vermont ging een politieman in uniform om half twee 's nachts het klaslokaal binnen van leraar Tom Treece om het kunstwerk te fotograferen dat een van de leerlingen gemaakt had. Het stelde president Bush voor 'met plakband over zijn mond' en het bijschrift: 'Maak verstandig gebruik van plakband. Mond dicht.' Treece mocht de lessen moderne geschiedenis niet langer geven.

– Een studente uit North Carolina, A.J. Brown, kreeg bezoek van twee agenten van de Geheime Dienst, die haar vroegen naar het 'anti-Amerikaanse' materiaal dat in haar bezit was. Zonder ze binnen te laten liet Brown de agenten zien wat ze waarschijnlijk zochten: een anti-doodstrafposter met daarop Bush en een groep gelynchte lichamen, met als bijschrift: 'We hangen aan je lippen.'

– Doug Stuber uit North Carolina, een activist van de Groene Partij, werd opgesloten en verhoord toen hij het vliegtuig wilde nemen naar Praag, en kreeg vervolgens te horen dat leden van de Groene Partij die dag geen toestemming kregen om te vliegen. Zijn ondervragers lieten hem papieren zien van het ministerie van Justitie waaruit bleek dat de Groenen mogelijk terroristen waren, en de Geheime Dienst nam een foto van hem. Stuber moest naar huis terug.

En dan zijn er nog andere gevallen die misschien niet het werk zijn van de FBI, maar die wel duidelijk maken wat het ijzingwekkende effect van dit alles is op onze maatschappij. Hier zijn twee voorbeelden:

−Tv-station C B S ontsloeg de regisseur van *Hitler: The Rise of Evil* vanwege uitspraken waarin hij een vergelijking trok tussen de stemming in Amerika en die in Duitsland toen Hitler daar aan de macht kwam.
−En de lerares van een zesde klas op de English High School in Lynn, Massachusetts, moest stoppen met de vertoning van mijn film *Bowling for Columbine* in de klas, omdat de directeur van de school vond dat de film 'anti-oorlogsboodschappen' bevatte.

Zoals je ziet beperkt de invloed van Bush' daden zich niet alleen tot zaken die met terrorisme te maken hebben. Er is een sfeer gekweekt waarin de mensen maar beter kunnen uitkijken met wat ze zeggen of doen, elke dag weer. (In feite heeft niemand minder dan de gezaghebbende woordvoerder van het Witte Huis, Ari Fleischer, iedereen die kritiek uit op de regering-Bush gewaarschuwd−en dan vooral cabaretier Bill Maher−om 'uit te kijken met wat ze zeggen en wat ze doen'.)
Wat me echt dwarszit is de manier waarop die bende oplichters 11 september heeft misbruikt als excuus voor *alles*. Niet alleen om maatregelen door te drukken die ons moeten beschermen tegen 'terroristische dreiging'. 11 september is nu de oplossing voor *alle* problemen. Het is het hemelse wonder waar rechts altijd om gebeden heeft. Een nieuw wapensysteem nodig? Absoluut! Waarom? Nou... 11 september! De milieuwetgeving verruimen? Kan niet anders! Waarom? 11 september! Abortus verbieden? Zonder meer! Waarom? 11 september! Wat heeft 11 september nou met abortus te maken? Hé, waarom trek jij het regeringsbeleid in twijfel? Bel de F B I!
De rest van de wereld vindt dat wij gek zijn geworden. In de meeste andere landen leven de mensen al jaren met terroristische acties, soms al tientallen jaren. En wat doen die eraan? Nou, ze worden in ieder geval niet gek van angst. De gemiddelde Duitser haalt geen voorraad afplaktape in huis, en blijft gewoon gebruikmaken van de metro. Ze zijn er daar gewend aan geraakt. Zulke dingen gebeuren nu eenmaal.
En wat doen wij? Wij verzinnen dreigingsoverzichten met kleurcodes. Wij fouilleren mensen van negentig jaar die in een rolstoel zitten. Wij pakken onze grondwet aan. Ja, ja, dat zal die terroristen leren! Weet je wat, we ontmantelen onze hele samenleving, dan hoeven ze die niet meer op te blazen.
Het lijkt nergens naar.

En dat betekent heus niet dat we bepaalde verstandige veiligheidsmaatregelen achterwege moeten laten, als die die enkele terroristische aanslag kunnen voorkomen die anders wel gepleegd zou worden. Misschien had George W. Bush toch die rapporten moeten lezen die de CIA hem toestuurde. Op 6 augustus 2001, een paar weken voor 11 september, kreeg Bush, volgens de Washington Post, een uitvoerig rapport met 'SPOED' erop, waarin hij gewaarschuwd werd voor plannen van Al Qaeda voor een grote aanslag op Amerika. (De volledige inhoud van dat memo is niet publiek gemaakt, want Bush heeft geweigerd die vrij te geven, ook al zei Condoleezza Rice telkens dat er niets bijzonders in dat rapport stond. Als er niets bijzonders in stond, waarom kunnen ze het dan niet vrijgeven?) En nog erger, een rapport uit 1999 waarschuwde dat Al Qaeda onderzocht of de groep vliegtuigen zou kunnen gebruiken als raketten, met de bedoeling dat die zich dan te pletter zouden vliegen tegen overheidsgebouwen.

Met dat memo van de veiligheidsdienst in de hand waarin gewaarschuwd werd voor dreigende aanslagen, en met daarbij de rapporten die de regering-Clinton aan hem had overgedragen, had Bush het land toch wakker kunnen schudden? Had hij het te druk met zijn vakantie van een hele maand in Crawford, Texas? Bush deed zijn werk niet en misschien heeft dat drieduizend mensen het leven gekost. Dat feit alleen zou reden genoeg moeten zijn om hem voor een impeachmenttribunaal te slepen. Leugens over seks hebben, voorzover ik kan nagaan, niemand het leven gekost in het Witte Huis van Clinton.

Hoe zou het gegaan zijn, als eind jaren negentig de FBI bijvoorbeeld van de Republikeinen z'n echte werk had mogen doen – de levens beschermen van onze burgers – in plaats van ontelbare uren besteden aan het onderzoek naar de seksuele gewoontes van de president of een lullige vastgoedtransactie van de first lady? Op een gegeven moment werkten meer dan tweehonderd FBI-agenten aan die heksenjacht tegen de Clintons. Tweehonderd agenten die misschien beter telefoontjes hadden kunnen beantwoorden van vliegscholen in Texas waar men zich zorgen maakte over rare klanten die niet wilden leren hoe je moest opstijgen met een vliegtuig of hoe je ermee moest landen. Tweehonderd FBI-agenten die hadden moeten onderzoeken hoe het mogelijk was dat terroristen in dit land konden verblijven ook als hun visum al verlopen was. Tweehonderd FBI-agenten die de veiligheidsbeambten op de luchthavens hadden moeten trainen.

Tweehonderd agenten die WAT DAN OOK hadden moeten doen, maar wier tijd niet verspild had mogen worden door wraakzuchtige, op seks gefixeerde, rechtse Republikeinen die een pornobestseller wilden schrijven over waar de president zijn sigaren bewaarde.

Er is al veel gezegd over wat Bush had kunnen doen om 11 september te voorkomen in de maand daarvoor. Maar niemand heeft het over een actie die *veertien jaar voor 11 september plaatsvond* en die vrijwel zeker die hele tragedie had kunnen voorkomen – voor maar 50 cent per vliegticket. In 1987 ging ik een tijdje voor het kantoor van de Groene politicus Ralph Nader werken in Washington, D.C. Wat was een van de projecten waar Naders mannen op dat moment aan werkten? Ze lobbyden bij de regering om het luchtverkeer veiliger te maken, en ze drongen erop aan dat alle luchtvaartmaatschappijen nieuwe gepantserde cockpitdeuren zouden installeren. De luchtvaartindustrie verzette zich daar met veel misbaar tegen en weigerde alle medewerking. En ja, als ze toen naar Nader geluisterd hadden, zouden die negentien kapers dan de macht hebben kunnen grijpen in die vliegtuigen? Ik durf met vrij grote stelligheid te beweren dat die drieduizend mensen die op die septembermorgen zijn omgekomen, nu nog geleefd zouden hebben, als Naders groep veertien jaar eerder zijn zin had gekregen.

Als we het over terroristen hebben, moeten we eerst accepteren en toegeven dat de meeste terreurdaden inside jobs zijn, en dat de meeste terroristen eigen kweek zijn. We moeten niet langer denken dat het de buitenlander is, de vreemdeling, die ons kwaad wil doen. Dat is maar zelden het geval. We zijn daar de laatste jaren veel over te weten gekomen. We weten nu dat als er iemand wordt vermoord, het slachtoffer bijna altijd een bekende was van de moordenaar. Kinderen worden meestal niet misbruikt door die mythische vreemdeling in een regenjas, maar veeleer door een familielid, een buurman of een vriendelijke priester. Brandstichters zijn maar al te vaak voormalige brandweermannen, inbrekers zijn vaak mensen die bij je thuis zijn geweest of aan je huis gewerkt hebben. En ondanks alle veiligheidsmaatregelen in het stadhuis van New York, die het moesten beschermen tegen enge 11-september-achtige terroristen, liep een gemeenteraadslid zomaar met zijn eigen moordenaar mee achter de metaaldetectors langs, met instemming van de politie. En zo komen we bij de mensen die vliegtuigen kapen en die neer laten storten. De enige twee keer dat dat is gebeurd vóór 11 september, ging het om insiders – mensen van de luchtvaartmaatschappij zelf–, geen dolleman van buiten. Alleen luchtvaartemployés waren tot 11 september verantwoordelijk voor zulke massamoordkapingen. (Een ontevreden medewerker van US Air hoefde niet langs de veiligheidsbeambte en nam in december 1987 een geweer mee het vliegtuig in, waarna hij het vliegtuig liet neerstorten in Californië; en op 16 november 1999 nam een medewerker van een Egyptische luchtvaartmaatschappij het roer over in een toestel en vloog ermee de Atlantische Oceaan in.)

Het is van groot belang dat wij bij 'terroristen' niet langer denken aan gemaskerde, anonieme buitenlanders. De kans is veel groter dat het iemand is die je kent. Je zit nu misschien wel met hem aan de borrel.

Ik heb het altijd interessant gevonden dat de massamoord van 11 september vermoedelijk gepleegd werd door een multimiljonair. We zeggen altijd dat het een 'terrorist' was of een 'islamitische fundamentalist' of een 'Arabier', maar we gebruiken nooit de omschrijving waarop hij wel degelijk aanspraak kan maken: multimiljonair. Waarom hebben we nooit de volgende krantenkop kunnen lezen: '3000 mensen gedood door multimiljonair'? Dat zou toch een correcte kop zijn geweest? Zonder enige onwaarheid – Osama bin Laden is in totaal ten minste dertig miljoen dollar waard; het is een multimiljonair. Waarom kijken we dan niet op die manier tegen die man aan, als een rijke klootzak die mensen vermoordt? Waarom is dat niet het hoofdbestanddeel geworden van de profielschets van mogelijke terroristen? Dan pakken we geen verdachte Arabieren meer op, maar we zeggen: 'O god, een multimiljonair heeft drieduizend mensen vermoord! Pak alle multimiljonairs op! Gooi ze in de gevangenis! Geen aanklachten! Geen processen! Gooi de miljonairs het land uit!!'

We moeten beschermd worden tegen onze eigen multimiljonairs, bedrijfsterroristen, die mensen die ons pensioen stelen, het milieu vernietigen, alle onvervangbare fossiele brandstoffen uit winstoogmerk opmaken, ons het recht ontzeggen op een algemene gezondheidszorg, de mensen hun baan afpakken als ze daar zin in hebben. Hoe noem je het, als het aantal daklozen en hongerigen tussen 2001 en 2002 stijgt met 19 procent. Is dat geen terrorisme? Kost dat geen levens? Is dat niet allemaal onderdeel van een vooropgezet plan om de arme mensen en de arme werkende mensen leed te berokkenen, alleen maar om daar een paar rijke mensen nog veel rijker door te maken?

Wij moeten onze eigen 'terroristen' bestrijden, en we moeten al onze aandacht op hen richten, zodat we op een dag zullen leven in een land waar de mensen weer zelf hun president kiezen, een land waar de rijke mensen leren dat ze niet ongestraft alles mogen doen. Een vrij land, een veilig land, een vreedzaam land dat zijn rijkdommen eerlijk deelt met de minderbedeelden in de wereld, een land dat gelooft in gelijke kansen voor iedereen, en waar angst gezien wordt als het enige wat we echt moeten vrezen.

5
Het terrorisme stoppen? Een betere wereld begint bij onszelf!

Welkom bij Mikes Snelle en Gemakkelijke Handleiding ter Voorkoming van Toekomstige Terroristische Aanslagen.

Ja, je hoort het goed, er komen nieuwe terroristische aanslagen. Hoe ik dat weet? Dat is toch wat we verdomme elke dag weer te horen krijgen!

Ik weet wel dat ik daarnet nog gezegd heb dat er in werkelijkheid helemaal geen gevaar voor terrorisme is, maar stel dat ik het fout heb, dan is het misschien een goed idee om erop voorbereid te zijn.

Ik heb dit probleem grondig bestudeerd en omdat ik een groot deel van het jaar doorbreng in Manhattan – bij uitstek het doelwit voor internationale schurken – hecht ik veel belang aan dat onderzoek van mij. Waarom? Omdat ik in leven wil blijven! Het spijt me dat het allemaal eigenbelang is, maar ik moet nog een film maken, ik ga een nieuwe spacewagon kopen, ik ben net vijfentwintig kilo afgevallen, en ik wil absoluut nog leven tot ik ook de volgende vijfentwintig kilo kwijt ben!

Het programma waarmee Bush de veiligheid in eigen land wil vergroten, biedt ons in het geheel geen veiligheid. Als je echte veiligheid wilt, kun je beter mijn ideeën overnemen, want die zullen Amerika wel degelijk veel veiliger maken:

1. **Vang Osama bin Laden.** Tsjonge, dat is een origineel idee! Niemand heeft er tot nu toe blijkbaar aan gedacht om dat te doen. We hebben toch te horen gekregen dat Osama het brein was achter 11 september? Dan is hij toch een massamoordenaar? En nou kunnen we zoveel (bijvoorbeeld een nummerbord lezen vanuit een spionagesatelliet in de ruimte), waarom is die man dan nog steeds niet opgepakt? Bij welk reisbureau ziet die vent? Mijn theorie: hij zit weer thuis in Saoedi-Arabië, hij wordt beschermd door de mensen die hem financieel steunen, en hij krijgt de medische zorg die hij nodig heeft in verband met zijn

nieraandoening. Of hij zit ergens in New Jersey. Of... hij staat nu vlak achter je!! Rennen!! Rennen!!

2. Als je een staatsgreep organiseert en de democratisch gekozen leider van een ander land afzet, doe dat dan goed. Dwing de mensen in die landen niet om te leven in een door de VS gesponsorde dictatuur, zoals we dat in Chili hebben gedaan, in Indonesië en in Guatemala. Die regimes zijn voornamelijk in het zadel geholpen om Amerikaanse bedrijven de kans te geven over de mensen in die landen heen te walsen. Dat soort gedrag leidt ertoe dat een bepaald tegendraads segment van de bevolking ons hartgrondig gaat haten. Ja, ja, ik weet het, wat jammeren die mensen toch! Maar ja, uiteindelijk zijn wij dan vaak degenen die echt te lijden krijgen. Misschien kunnen we de democratie wel het beste helpen verspreiden door niet langer de democratische beslissingen van mensen in andere landen ongedaan te maken.

3. Steun verlenen aan zittende dictators maakt ons niet geliefder bij de mensen die onder de heerschappij van die dictators leven. Wij hebben in het verleden al heel vaak met de verkeerde partij geheuld en op het verkeerde paard gewed. Saddam en de Saoedische koninklijke familie zijn maar het topje van de ijsberg. De mensen die onder de knoet zitten bij die despoten, weten dat wij verantwoordelijk zijn voor hun lijden.

4. Als we weer eens pogen om een Latijns-Amerikaanse dictator in het zadel te houden, laten we daarbij dan niet al te veel nonnen en aartsbisschoppen ombrengen. De inlanders, die vaak diep religieus zijn, houden daar soms een naar gevoel aan over, en er zijn er misschien zelfs bij die de merkwaardige drang krijgen om op hun beurt een paar van ons koud te maken.

5. Als je een moordaanslag pleegt op de president van Cuba, zorg er dan voor dat je de juiste soort klapsigaren gebruikt. Dat we ons niet eens en voor altijd van hem hebben weten te ontdoen, nadat we net tientallen jaren zijn corrupte voorgangers hadden gesteund, maakt de Amerikanen er niet geloofwaardiger op.

6. Misschien moeten we eens gaan uitzoeken waarom honderden miljoenen mensen op drie verschillende continenten, van Marokko aan de Atlantische Oceaan tot de Filipijnen in de Stille Oceaan, zo razend zijn over Israël. En ik bedoel daarmee niet de gewone doorsnee antisemiet – die kun je op alle zeven continenten vinden, ook op Antarctica. Nee, ik heb het over het idee dat wij, Amerikanen, Israël steunen in de onderdrukking van het Palestijnse volk. Nou zeg, hoe komen die Arabieren daar nou bij? Misschien doordat dat Palestijnse jongetje in de lucht keek en zag hoe een Amerikaanse Apache-helikopter een raket afschoot recht de slaapkamer in van zijn kleine zusje, vlak voordat zij aan flarden werd geblazen. O, o, wat lichtgeraakt! Sommige mensen maken zich druk om de kleinste dingetjes! Dat is toch geen reden om door de straten te gaan dansen als het World Trade Center omvalt?

Er zijn natuurlijk ook veel Israëlische kinderen doodgegaan, door toedoen van de Palestijnen. Je zou denken dat alle Israëliërs daarom de hele Arabische wereld wel van de kaart willen vegen. Maar de gemiddelde Israëliër reageert niet op die manier. Waarom niet? Omdat hij, diep in zijn hart, wel weet dat hij fout zit, en weet dat hij in de omgekeerde situatie precies hetzelfde zou doen als de Palestijnen.

Hé, ik weet een manier waarop ze die zelfmoordaanslagen een halt kunnen toeroepen – geef de Palestijnen een stel van die met raketten uitgeruste Apache-helikopters en laten die Palestijnen en Israëliërs elkaar er dan maar op een eerlijke manier van langs geven. Vier miljard dollar per jaar naar Israël, en vier miljard per jaar naar de Palestijnen – dan kunnen ze elkaar daar rustig gaan opblazen en de andere mensen met rust laten.

7. Vijf procent van de wereldbevolking (dat wil zeggen wij) is goed voor 25 procent van het totale energieverbruik in de wereld, en de 16 procent rijkste mensen, voornamelijk in Amerika, Europa en Japan, verbruiken 80 procent van alle goederen in de wereld. Dat lijkt bepaalde mensen een beetje hebberig, en daar moet verandering in komen. Als er niet genoeg is voor iedereen, doordat wij alles inpikken, dan zouden bepaalde mensen daardoor van streek kunnen raken. Die zouden dan bij zichzelf kunnen zeggen: 'Hmmm, hoe kan het nou dat wij van een dollar per dag leven, en zij niet?' Het is natuurlijk niet zo dat wij *willen* dat zij van een dollar per dag leven, en als het kon, zouden we daar best vijftig cent per week bij willen leggen, maar God Zegende Amerika, en daar kunnen wij echt niks aan doen.

8. We moeten de wereld een glaasje water aanbieden. Op dit moment kunnen 1,3 miljard mensen nooit eens een glaasje schoon water drinken. 1,3 MILJARD? Dat zijn heel wat dorstige mensen. Verdomme, geef die mensen in godsnaam wat water! Als we daarmee al kunnen voorkomen dat ze me hier komen doodmaken, dan lijkt dat me een goedkope oplossing.

Er valt geen enkele reden te bedenken waarom wij, met al onze rijkdom en technologie, niet aan iedereen op aarde veilige, schone leefomstandigheden zouden kunnen garanderen. Als we nou eens plechtig beloven dat we binnen vijf jaar iedereen op aarde van schoon drinkwater zullen voorzien? En als we dat dan ook echt doen! Hoe zouden de mensen dan over ons denken? Wie zou ons dan nog dood willen maken? Eén glaasje schoon drinkwater, misschien nog wat kabeltelevisie erbij en een elektronische zakagenda hier en daar, en voor je het weet zijn ze dol op ons, echt helemaal dol! (En, nee, dan moeten we niet Bechtel of Nestlé op ze afsturen, die het water opkopen, en dat dan weer aan ze terugverkopen, want dat doen ze nu ook al op veel plaatsen.)

9. De mensen zouden in staat moeten zijn om de producten te kopen die ze zelf maken. Zoals het nu gaat, kan Manuel uit Monterey, die net je nieuwe Ford in elkaar heeft gezet, nooit van zijn leven zelf zo'n Ford kopen. Daardoor gaat Manuel zich misschien een beetje kribbig opstellen tegen ons. Of wat dacht je van die arbeidster in El Salvador die 24 cent krijgt voor elk NBA-basketballshirt van 140 dollar dat ze maakt? Of de fabrieksarbeider in China die 12 cent per uur verdient terwijl hij die schattige Disney-speeltjes in elkaar zet, of de arbeiders die in Bangladesh dure merkkleding naaien, onder wie ook zwangere vrouwen die elke dag slaag en klappen krijgen als ze fouten maken bij de productie?

Amerika kwam steeds meer in goeie doen toen het de arbeiders zoveel ging betalen dat zij zich de huizen en auto's en stereo-installaties konden veroorloven die ze eigenhandig gemaakt hadden. Daar werden ze blij en tevreden van, en ze dachten helemaal niet aan revolutie en terrorisme. Henry Ford was niet alleen een genie omdat hij de lopende band uitvond; hij bedacht ook dat iedereen vijf dollar per dag moest verdienen (dat was ongelofelijk veel in die dagen). En als hij de prijs van de Ford maar laag hield, konden al zijn werknemers er een kopen.

Waarom vergeten Amerikaanse bedrijven die wijze lessen als ze naar het buitenland gaan? Het zal hun ondergang worden. Ze zeggen dat ze hun buitenlandse werknemers haast niets betalen om de prijs van hun producten laag te houden voor de Amerikaanse consumenten. Maar in werkelijkheid hebben ze die fabrieken naar het buitenland verplaatst om de winst in hun zak te kunnen steken. Het ging ze heus ook voor de wind toen ze hun spullen nog in de VS produceerden – Henry Ford en zijn tijdgenoten waren heel rijk. Maar de nieuwe rijken zijn niet tevreden met alleen maar rijkdom – die voelen een onstilbare drang om onmenselijk veel te verdienen. Genoeg is hun nooit genoeg. Die hebzucht zal ertoe leiden dat meer van ons om zullen komen door toedoen van razende terroristen uit de derde wereld. Laten de rijke stinkerds hun rijkdom nu maar eens delen met de mensen die hun producten aan de andere kant van de wereld in elkaar zetten. Op die manier zitten wij tenminste veilig.

10. Geen enkel kind mag slavenarbeid verrichten. Je weet hoe ouders zijn – ze willen dat hun kinderen naar school gaan, niet naar een benauwde fabriek. Jij stuurt je kind naar school met een banaan in zijn boterhamtrommel, en tegelijkertijd lopen kinderen van tien in Ecuador naast hun ouders naar hun werk op de bananenplantage, en daar verdienen ze... niets! Als er iemand klaagt, ontslaat het bedrijf de kinderen en dan wordt van de ouders verwacht dat ze hun werktempo verhogen om dezelfde productie te halen. Wie zou daar het gelag voor gaan betalen, denk je, als dat kind een razende volwassene is geworden?

11. Als we burgers doodmaken moeten we dat niet 'bijkomende schade' noemen. Als zij burgers doodmaken, noemen we dat terrorisme. Maar wij gooien bommen op Irak en daarbij worden meer dan zesduizend Irakese burgers afgeslacht. En dan verontschuldigen wij ons voor onze 'onnauwkeurigheid'. Al Qaeda bombardeert het World Trade Center en het Pentagon, er worden drieduizend mensen afgeslacht, en dat is terrorisme. Maar met welk recht hebben wij bommen gegooid op de burgerbevolking van Irak? Waren die burgers levensbedreigend voor iemand van ons? Ik dacht dat je iemand anders alleen van het leven mocht beroven als het jouwe op het spel stond – of vergis ik me daarin?

Het is natuurlijk lastig om die burgers te omzeilen als zelfs je slimme bommen stom gaan doen – in Irak raakte gemiddeld één op de tien bommen uit koers, en die blies dan huizen op, markten, en bakkerijen, in plaats van raketafweersystemen. Verdomme zeg, er waren zelfs slimme bommen bij die IRAK niet eens konden raken – die sloegen in in Iran, Turkije en Saoedi-Arabië. Sorry, hoor!

12. Als je de *missie voltooid* verklaart, zorg er dan voor dat dat ook echt zo is. Anders zit je uiteindelijk misschien met nog veel meer dode soldaten. Kennedy, Johnson en Nixon zeiden in de loop van hun carrière allemaal wel eens dat de Vietnamese communisten op de vlucht geslagen waren, verslagen, of vernietigd – en er was altijd 'licht aan het einde van de tunnel'. Ongeveer 58.000 dode Amerikaanse jongens later – om maar niet te spreken van de vier miljoen Vietnamezen, Cambodjanen en Laotianen – kwamen we er eindelijk achter dat er maar één manier was om die 'missie te voltooien' en dat was zo snel mogelijk opdonderen. We hebben nog steeds geen excuses aangeboden voor die massaslachtingen. Ik heb het idee dat die 'missie' door de arme mensen in de wereld nog niet vergeten is.

13. De zekerste manier om het voor ons *echt* veilig te maken houdt in dat we alle massavernietigingswapens zouden vernietigen die nu nog in handen zijn van de natie die er meer mensen mee heeft omgebracht dan alle andere nucleaire grootmachten samen. Yes, laten we *onze* massavernietigingswapens vernietigen, hier, in de VS. En dan roepen we Hans Blix erbij om te controleren of we het echt gedaan hebben. Pas als we al onze atoombommen vermalen hebben tot ploegscharen van verarmd uranium, hebben we het recht om tegen Noord-Korea, India, Pakistan, Israël en de rest te zeggen dat ZIJ zulke wapens niet nodig hebben. Niet alleen geven we daarmee het goede voorbeeld, maar we sparen ook een hoop geld uit. En we houden nog genoeg hightech vuurkracht over om elk volk dat ons niet aanstaat te verassen, of met onze wapens elke schurkenstaat de loef af te steken.

14. We moeten onmiddellijk het preventieve oorlogsbeleid van Bush afzweren. We moeten die krankzinnige Doos van Pandora die Bush en Cheney hebben opengemaakt, weer dichtsmijten – het idee dat het ethisch verantwoord is om mensen te doden *voor het geval dat* zij ons willen aanvallen, is niet de manier om wat ontspanning te krijgen in de rest van de wereld, als ze daar de Amerikaanse vlag in het oog krijgen.

15. We moeten ons niet langer als een dief gedragen die zegt 'handen omhoog, hier dat wapen, en oké, geef nu je olie maar'. Ga dan maar meteen op die olie af en verder geen praatjes over het opbouwen van een natie of over democratie. Natuurlijk, dat zou verkeerd zijn, maar het zou ook goedkoper en eerlijker zijn – en we zouden geen willekeurige burgers aan flarden hoeven te schieten.

16. Terroriseer onze eigen burgers niet langer met die Patriot Act. En als je toch bezig bent, lees dan 1984 van George Orwell, en geef de dingen niet langer het soort naam dat ons aan totalitaire dictators doet denken. Als je geen tijd hebt om het te lezen, dan staan hieronder mijn lievelingspassages. Die kun je op je ijskastdeur plakken:

'De twee doelen van de Partij zijn de verovering van het gehele aardoppervlak, en het voor eens en voor altijd onmogelijk maken van iedere onafhankelijke gedachte.'

'Het enige wat er van ze verwacht werd, was een soort primitieve vaderlandsliefde, waaraan geappelleerd kon worden telkens als het nodig was om ze langere werkuren of kleinere rantsoenen te laten accepteren.'

'Men kon ze zover krijgen dat ze de meest flagrante schendingen van de realiteit accepteerden, want ze konden nooit helemaal bevatten hoe gruwelijk datgene was wat er van ze verwacht werd, en ze waren niet genoeg geïnteresseerd in publieke gebeurtenissen om op te merken wat er gaande was.'

'De kapitalisten bezaten alles in de wereld, en verder was iedereen hun slaaf. Ze bezaten al het land, alle huizen, alle fabrieken, en al het geld. Als iemand ongehoorzaam was, konden ze hem in de gevangenis gooien, of ze namen hem zijn baan af en lieten hem verhongeren. Als iemand van het gewone volk tegen een kapitalist sprak, moest hij voor hem kruipen en buigen, en zijn pet afnemen en "Sir" tegen hem zeggen.'

17. Ga de mensen met een blanke huidskleur maar eens platbombarderen. Want kijk, nu lijkt het net of we bevooroordeeld zijn of zo, doordat we alleen landen aanvallen met gekleurde, niet-christelijke mensen. Toen Frankrijk en Duitsland ons razend maakten, hadden we ze meteen moeten platbombarderen!

18. En ten slotte dit... laten we het goede voorbeeld geven. Weet je die wijze raad nog over dat je andere mensen net zo moest behandelen als je zelf graag behandeld wilde worden? Zo is het nog steeds! Als je mensen goed behandelt, doen ze in 99,9 procent van de gevallen net zo terug. Denk je eens in dat ons hele buitenlandbeleid uit zou gaan van dat concept? Hoe zou het zijn als we bekendstonden als het land dat altijd direct probeert om mensen te helpen, en dat dus niet meteen kijkt of het die mensen kan uitbuiten, via hun goedkope arbeid of hun natuurlijke hulpbronnen? Hoe zou het zijn als we bekendstonden als het land dat zijn ongelofelijke rijkdom deelde – en dat we in dat delen zover zouden gaan dat we het zonder bepaalde luxeartikelen zouden moeten stellen waar we nu aan gewend zijn? Wat zouden de arme en wanhopige mensen in de wereld dan van ons vinden? Zou daarmee de kans niet afnemen dat wij het slachtoffer worden van terroristische aanslagen? Zou het niet over de hele linie een betere wereld worden om in te leven? Is dat niet wat we eigenlijk zouden moeten doen?

Maar het zit in feite zo: het aantal mensen dat bereid is om zichzelf op te blazen om *jou* daarmee dood te krijgen is ontzettend klein. Ja, eenieder die klaarstaat om te sterven voor zijn zaak, kan dat vroeg of laat voor elkaar krijgen, maar zulke mensen heb je overal – en die zijn er ook altijd geweest. De 'Oorlog tegen Terreur' zou geen oorlog moeten zijn tegen Afghanistan of Irak of Noord-Korea of Syrië of Iran of welk land dan ook dat we uiteindelijk zullen binnenvallen. Het zou een oorlog moeten zijn tegen onze eigen duistere ingevingen.

We moeten allemaal eens even pauzeren en een stapje terug doen. Wat moet er gebeuren voor jij bereid bent om iemand dood te maken? Of drieduizend mensen dood te maken? Of vier miljoen? Juist ja – daar zou iets afschuwelijks voor nodig zijn, waar jij volkomen door in de war zou moeten raken. Als je nu weet hoe je terroristen kweekt, en als je doorhebt dat jij en ik degenen zijn die ze kweken, zou het dan niet verstandiger zijn als we daarmee ophielden?

Daarmee wil ik niet zeggen dat Osama, of wie dan ook, gewoon vrij moet blijven rondlopen. Dat was in feite mijn eerste punt – *grijp die rotzak!* Maar wat kun je bereiken met een oorlog waardoor Al Qaeda-leden over de hele wereld verspreid raken? En wat voor boodschap richt je tot de moslimvolkeren die onder tirannieke regimes hebben geleefd waaraan *jij* ooit steun hebt verleend?

Ja, ja, het is lente in het land van de terreur, en wij leggen er de kiem voor in een hele regio. Maken we de wereld zo veiliger?

De enige echte veiligheid bestaat eruit dat alle volkeren, hier en overal op aarde, in staat zijn om in hun basisbehoeftes te voorzien en te dromen van een beter leven. En we moeten er tenminste voor zorgen dat wij het niet zijn die die droom van ze afnemen.

6

Jezus W. Christus

HALLO, DIT IS GOD AAN HET WOORD.

Ik hoop dat je het niet erg vindt dat Ik Mikes boek even onderbreek, maar Ik, de Almachtige Schepper, ben nu eenmaal God, dus wie houdt Me tegen?

Je hebt Mijn naam de laatste tijd waarschijnlijk regelmatig te pas en te onpas horen noemen en als er iets is waar Ik een hekel aan heb, is het lichtzinnigheid. Waar Ik ook vreselijk, oudtestamentisch chagrijnig van word, is het ijdel gebruik van Mijn naam, en er is één bepaald individu die Mij bij iedere gelegenheid aanroept. Hij beweert Mijn persoonlijke boodschapper te zijn. Vergeet niet dat Ik *alles* zie en hoor, waaronder ook de volgende uitspraken van hem:

'Ik zou geen gouverneur kunnen zijn als ik niet in een goddelijk plan zou geloven dat alle menselijke plannen tenietdoet.'

'Ik geloof dat God wil dat ik president ben.'

'Ik voel me gesterkt en getroost door het feit dat letterlijk miljoenen Amerikanen die ik nooit zal ontmoeten [...] dagelijks mijn naam noemen in hun gebeden en God vragen mij te helpen... Mijn vriend Jiang Zemin in China heeft ongeveer anderhalf miljard mensen, maar ik denk niet dat hij dat kan zeggen. En mijn vriend Vladimir Poetin vind ik aardig, maar hij kan dat ook niet zeggen.'

Niet te geloven toch, zo'n imbeciel? Ik mag Poetin en Jiang toevallig graag. Denk je dat Ik zoveel Russen en Chinezen zou maken als Ik ze niet zou mogen?

Ik moet je iets bekennen: soms maak Ik er een potje van. Niet al Mijn scheppingen zijn perfect en in het geval van de mens George W. Bush, is het echt even aan Mijn aandacht ontsnapt.

Ik weet niet zeker hoe dat nu zo gekomen is. Ik houd me aan een vrij strenge scheppingsprocedure en het komt niet vaak voor dat wat Ik schep zo'n miskleun is. Maar als het misgaat, gaat het goed mis ook. Neem nu Pompeii. Ik weet nog steeds niet wat daar gebeurd is. Ik zat wat te experimenteren met een nieuwe mengeling van zwavel, dioxide en suikervrije cola en voor Ik het wist: BOEM! Nou ja, het is goed voor het toerisme (in tegenstelling tot Atlantis, dat was echt een flater). En dan heb je Bangladesh. Toen Ik bezig was het land- en waterniveau in balans te brengen, maakte Ik een rekenfout, waardoor Ik het niet passend kon krijgen. Je hebt wel eens dat als je het bed aan het opmaken bent, je net een stukje niet gladgestreken krijgt, wat je dan maar gewoon instopt. Zo zit dat ook met Bangladesh. Het hele geval ligt onder de zeespiegel. Al die overstromingen waren nooit als toorn-Mijns bedoeld.

Ik wou ook dat Ik jullie ogen van achteren had gegeven. Foutje in het ontwerp. En jullie hebben gelijk, de dagen zijn niet lang genoeg. Toen Ik hemel en aarde schiep, had Ik jullie as iets anders moeten laten draaien en jullie ten minste vijf uur licht erbij moeten geven om jullie de tijd te geven om al jullie klusjes te doen en ook nog op tijd thuis te zijn voor de barbecue. En wie kan er 's nachts niet een uurtje of twee extra slaap gebruiken? Andere zaken die Ik anders zou doen zijn bijvoorbeeld: Ik zou niemand de hersens geven om kunstgras uit te vinden, Ik zou Tony Blair tot rede brengen en Ik zou die hele indoor-American-footballcompetitie afschaffen.

Geloof me, als ik de kans krijg om het over te doen (nadat jullie de wereld hebben opgeblazen), komt het helemaal goed.

Maar wat doe Ik in de tussentijd met die kerel van Bush? Ik hoor hem steeds zeggen dat hij uit naam van Mij handelt, maar laat één ding duidelijk zijn: deze vent spreekt noch voor Mij, noch voor iemand anders hierboven. Ik kan Mijn eigen woordje wel doen en als Ik moe ben, stuur Ik een profeet die het voor Me doet. Ik heb ook Mijn Zoon eens gestuurd, maar dat heeft alleen maar een hoop ellende veroorzaakt waar we nog steeds niet vanaf zijn. Het ging Hem niet zo goed en eerlijk gezegd heeft onze relatie er nog steeds een beetje onder te lijden. Hij heeft Me in niet mis te verstane termen meegedeeld dat Hij nooit meer naar de aarde gaat, wederkomst of geen wederkomst. 'Stuur Gabriël maar,' zegt Hij als Ik over het onderwerp begin.

Ik zou niet graag zelf naar beneden komen om de zaak in orde te brengen, want als Ik kom, is dat niet zo mooi. Ik heb George W. Bush nooit een enkele missie gegeven. Hij is niet gestuurd om Saddam te verwijderen, hij is niet gestuurd om de een of andere as van het kwaad te bestrijden en hij had ook geen president moeten zijn. Ik heb geen idee hoe hij dat geworden is. Eerst liet Ik al jullie gebeden in vervulling gaan door zijn vader te laten aftreden en toen diens zoon acht jaar later op het toneel verscheen, heb Ik weer jullie gebeden verhoord door ene Gore de meeste stemmen te geven. Ik rekende evenals jullie niet op de tussenkomst van andere hogere wezens of hogere gerechtshoven. Bovendien stak Lucifer in de vorm van iemand die zich Katherine Harris noemt zijn lelijke kop op. Hoe vaak heb Ik jullie al niet gezegd dat Beëlzebub vele verschijningen kent (Jim Baker, Antonin Scalia) en op een listige, misleidende manier te werk gaat?

In het begin maakte Ik Me geen zorgen om die jonge Bush, want Ik schiep hem volgens Mijn goddelijk plan als een van jullie rijkeluisparty-boys. Ik stop van alles en nog wat in de Grote Universummix en schep ongeveer twee- tot driehonderd party-boys per dag (iets meer tijdens de krokusvakantie). Jullie hebben ze even hard nodig als de raketwetenschappers en cellisten die Ik jullie stuur. Die jongens houden het feest aan de praat, ze maken de mensen aan het lachen, ze laten de band aantreden en kopen drankjes voor minderjarigen. Na het feest moeten ze af en toe iemand doodrijden, omdat Ik hier regelmatig nieuwe zielen nodig heb. Zo werkt het en Georgie deed het prima totdat het misging door dat twaalfstappenplan.

Man, Ik heb een pesthekel aan al die 'anonieme' groepen: de AA, NA, OA, GA, noem maar op. En allemaal roepen ze Mijn naam aan om van de drank af te komen, om niet meer te eten of op te houden met gokken. Plotseling zijn er geen zondaars meer! Zo werkt het NIET! Ik heb zondaars nodig die zondigen, boete doen, dan weer zondigen en dat onder Mijn hoede, zodat ze berouw hebben en eens wat nuttigs doen. Als ze niet meer zondigen en zich 'overgeven' aan een 'hogere macht', werkt dreigen met vagevuur en verdoemenis als ze Mijn wil niet doen helemaal niet meer.

Maar dat is er met onze party-boy gebeurd. Voor Ik een sprinkhanenplaag kon organiseren, lapte W. het goddelijke plan al aan zijn laars. Ik heb Mijn best gedaan om zijn leven zo rottig mogelijk te maken. Ik heb ervoor gezorgd dat al zijn zakenplannen de mist in gingen en zijn honkbalteam ongelofelijk slecht was. Ik ben zelfs tijdens een droom aan hem verschenen en heb hem ervan overtuigd om Sammy Sosa te verkopen. Toen hij dat eenmaal gedaan had, heb Ik om wraak te nemen van Sammy de koning van de homerun gemaakt.

Maar George W. was onverbeterlijk, dus zette Ik zijn vader in het Witte Huis. Ik dacht: hoe zal Georgie dat overleven? Zijn broer Neil raakte in het s&l-schandaal verwikkeld en zijn broer Marvin dook onder.

George deinsde er echter niet van terug en ontdekte zelfs manieren om er zijn voordeel mee te doen. Voor Ik het wist, was hij gouverneur van Texas en besliste hij over leven en dood. DAT IS NOG ALTIJD MIJN TAAK! Misschien word Ik oud en ben Ik niet meer zo snel, maar wat Ik ook probeerde, het werkte niet, zelfs niet toen Ik ervoor zorgde dat hij de verkiezingen verloor.

Algauw was hij de machtigste man ter wereld en verlieten velen van jullie de kerk. Jullie hielden op met bidden en begonnen te vloeken, en dat doet pijn. Ik ben ook niet van steen! Tot wie kan Ik Mij wenden in barre tijden? Tot de Heilige Geest? Vergeet het maar, die is nooit thuis en laat ook nooit een adres achter.

Laat Mij daarom degenen die nog enig vertrouwen in Mij hebben overtuigen van het volgende:

1. Ik ben de Heer uw God en HIJ is de zoon van George, niet van Mij. Zodra Ik hem te pakken krijg, zal Ik hem voor altijd auto's laten parkeren op de VIP-parkeerplaats bij de hel.

2. Ik heb Bush niet opgedragen om andere landen binnen te vallen. Het is nog altijd verkeerd om andere mensen te doden. Tenzij ze een groot mes op je keel hebben gezet en alle smeekbeden en waarschuwingsschoten zijn genegeerd. Mensen doden is Mijn taak en Ik geniet ervan. Jullie hebben Me zo kwaad gemaakt, dat Ik erover denk om vannacht nog maar tienduizend van jullie soort om zeep te helpen!

3. Ik wil niet dat er gebeden wordt op school. Bewaar dat maar voor de kerk en voor het naar-bed-gaan, dat is wel genoeg voor die kleine bloedjes. Als je ze blijft dwingen om tot Mij te bidden, gaan ze een hekel aan Me krijgen. Hou ermee op!

4. Een embryo is een embryo, een foetus is een foetus en een baby is een baby. Zo heb Ik dat geregeld. Pas als het een baby is, is het een mens. Jullie mensen zijn al moeilijk genoeg en Ik heb niemand eerder nodig dan noodzakelijk is. En nu we het er toch over hebben: Ik maak me *echt* niet druk om jullie seksleven, als je het maar niet tegen je wil doet en als jullie allebei maar volwassen zijn. Hou het gewoon voor jezelf, oké?

5. Nog iets op het gebied van schepping: laat het eens en voor altijd duidelijk zijn dat Ik het 'creationisme' niet heb uitgevonden en dat ook niet goedkeur. Het is een totaal vals begrip, net zoiets als alcoholvrij bier. Ik houd van evolutie, ondanks wat de Neanderthalers in Mijn naam beweren. Wie denk je is de schepper van de wetenschap? Alleen een Hogere Macht kan zoiets wonderlijks en ingewikkelds bedenken.

6. Ik houd niet van gedenkplaten en andere monumenten met de Tien Geboden of andere religieuze teksten in openbare gebouwen. Mijn weinig bekende Elfde Gebod? Hou religie voor jezelf.

7. Wat betreft die andere religies: twee punten ter verduidelijking. Ten eerste: er wachten hier geen 72 maagden op je. We hebben hier geen maagd meer gehad sinds de moeder van Jezus, en daar kun je niet aan tippen. Dus hou dat dynamiet en die aan stukken gereten lichaamsdelen maar thuis, want bij Mij is er geen plek voor je. Ten tweede: er is geen 'beloofd land'. En die lading zand die Ik op dat rot stukje land tussen de Middellandse Zee en de Jordaan gestort heb? Daar had N I E M A N D moeten wonen, laat staan erover vechten tot de wereld eraan ten onder gaat. Ik heb dat land niet aan de Israelieten gegeven en ook niet aan Mohammed. En als iedereen Mij als de eigenaar blijft aanwijzen, zal Ik dit conflict voor altijd uit de wereld ruimen, dus stop ermee.

8. Hou ten slotte ook eens op met die 'God zegen Amerika'-onzin. Waarom denk je dat Ik alleen jullie zou zegenen? Ik houd niet van voortrekken. Je hoort in Djibouti toch ook niemand zeggen: 'God zegen Djibouti'? En Ik heb ook nooit iemand 'God zegen Botswana' horen zeggen. Ze weten wel beter. Laat dit duidelijk zijn: God zegent noch Amerika, noch iemand anders. God heeft het veel te leuk op het golfterrein en heeft helemaal geen tijd voor deze patriottische onzin. Doe het zelf maar en hou ermee op Mijn naam te

gebruiken als excuus voor jullie superioriteitsgevoel. Jullie zijn hele-maal niet superieur, jullie zijn zelfs een van de stomste volken op deze planeet. Je denkt van niet? Hoe heet de president van Mexico? Zie je wel? Vraag welke wereldburger dan ook hoe de leider van het buurland heet, en ze weten het. God zegen Amerika? God tegen Amerika zul je bedoelen.

Luister, Ik vraag alleen maar om wat hulp. Ik ben me ervan bewust dat Ik vlak na de aanvallen van 11 september, toen George W. in de natio-nale kathedraal verkondigde dat het nu zijn taak was om de wereld 'van het kwaad te ontdoen', een einde aan de gekte had moeten ma-ken. De mensen geloofden dat hij het ging doen, maar je kunt het 'kwaad' in de wereld niet uitroeien, omdat het kwaad nodig is om aan te geven wat goed is. Als er geen kwaad zou zijn, zou Ik er ook niet zijn. Het kwaad is een noodzakelijk element in jullie mensenlevens. Het is een van Mijn manieren om jullie te testen, om jullie uit te dagen en om jullie de kans te geven om zelf tussen goed en kwaad te kiezen.

Als jullie wat kwaad willen uitroeien, begin dan met het kwaad dat jullie *zelf* hebben aangericht. Mensen dakloos op straat laten wonen is slecht, miljoenen kinderen honger laten lijden, dat is slecht, einde-loos naar realiteit-tv kijken terwijl je geweldige seks met je geliefde zou kunnen hebben, *dat* is slecht.

Wil je een slechterik aanpakken? Straf jezelf een uurtje stevig af en ga dan naar buiten om de duivel in het grote witte huis te verslaan.

Dat is je missie en als je Mij in de steek laat, ben je er gloeiend bij.

Dat is alles. God heeft gesproken.

Nu terug naar de rest van dit boek...

7
Weg met Horatio Alger

Het grootste succes van de oorlog tegen het terrorisme is dat het de natie heeft afgeleid van de oorlog van de zakenwereld tegen ons. In de twee jaar na de aanvallen van 11 september is de Amerikaanse zakenwereld zwalkend aan de rol gegaan, waardoor miljoenen gewone Amerikanen hun spaargeld verloren, hun pensioen kwijtraakten en hun hoop op een zorgeloze toekomst voor hun oudere familieleden de bodem ingeslagen werd. De zakenbandieten (en hun politieke handlangers) die onze economie verwoest hebben, hebben geprobeerd dat in de schoenen te schuiven van de terroristen, van Clinton en van ons. De verwoesting van onze economische toekomst is echter totaal te wijten aan de hebzucht van de corporatieve moedjahedien. Ze hebben een *master plan*, vrienden, ieder bedrijf heeft er een en hoe eerder je ophoudt jezelf te vertellen dat je het niet moet geloven of je zorgen te maken dat je daarmee tot de gekken gerekend wordt die in allerlei samenzweringstheorieën geloven, hoe eerder we de kans hebben om ze een halt toe te roepen. Hun enige doel is om ons leven zodanig te beheersen dat we geen trouw zweren aan een vlag of een vaag idee van vrijheid en democratie, maar aan bedrijven als Citigroup, Exxon, Nike, GE, GM, P&G en Philip Morris. Hun bazen hebben nu de touwtjes in handen en je kunt stemmen en protesteren en de belastingdienst zoveel beduvelen als je wilt, maar laten we eerlijk zijn: jij hebt het niet meer voor het zeggen. En dat weet je ook best. Zij trouwens ook, en het enige wat nog resteert is de dag waarop het allemaal officieel op papier gezet wordt: de Verklaring van de Corporatieve Staten van Amerika.

'Wij beschouwen de volgende waarheden als vanzelfsprekend: alle mannen, vrouwen en hun minderjarige kinderen zijn gelijk geschapen voor het dienen van de Onderneming, zij leveren arbeid zonder vragen te stellen, accepteren elk loon zonder te klagen en consumeren alle door de Onderneming geproduceerde producten zonder erbij na te denken. De Onderneming draagt op haar beurt zorg voor het algemeen welzijn en de defensie der natie en ontvangt het merendeel der belastingen...'

Zo absurd klinkt dat toch niet meer? De overname heeft zich voor onze eigen ogen voltrokken, terwijl we versuft waren door een paar sterke medicijnen om ons koest te houden terwijl losbandige bendes C E O's ons de kleren van het lijf roofden. Het ene medicijn heet Angst en het andere heet Horatio Alger.

Het angstmedicijn werkt als volgt. Je krijgt herhaaldelijk te horen dat je vermoord zult worden door slechte, enge mensen, dus vertrouw op ons, jullie bedrijfsleiders, want wij zullen jullie beschermen. Maar omdat wij weten wat goed voor jullie is, moeten jullie niet moeilijk gaan doen als we jullie laten opdraaien voor *onze* belastingverlaging, of als we in jullie ziektekostenverzekeringspakket snijden of de kosten van het kopen van een huis opjagen. En als je je kop niet houdt, niet braaf doet wat er van je gevraagd wordt en je een ongeluk werkt, sturen we je de laan uit. En probeer dan nog maar eens aan een baan te komen, in deze economie!

Dit is allemaal zo eng dat we natuurlijk doen wat ons gezegd wordt, altijd beleefd zijn en met onze Amerikaanse vlaggetjes zwaaien om de baas te laten zien dat we in zijn oorlog tegen het terrorisme geloven.

Het andere medicijn is wat vriendelijker. We kregen het als kinderen al toegediend in de vorm van een sprookje, maar dan een sprookje dat waarheid kan worden. Het is de mythe van Horatio Alger. Horatio Alger was een van de populairste Amerikaanse schrijvers van het einde van de negentiende eeuw (een van zijn eerste boeken, voor jongens, heette *Ragged Dick*). Zijn verhalen gingen over arme mensen die door durf, wilskracht en hard werken een succes werden in het land van de onbeperkte mogelijkheden. De boodschap was dat iedereen in Amerika wat kan bereiken, *veel* kan bereiken.

Dit land is verslaafd aan deze blije van-armoe-naar-rijkdom-mythe. Mensen in andere industriële democratieën zijn al blij als ze genoeg kunnen verdienen om hun rekeningen te kunnen betalen en hun kinderen te kunnen opvoeden, maar heel weinig van hen willen per se steenrijk worden. Ze zijn relatief tevreden als ze een baan hebben waarbij ze na zeven of acht uur werken naar huis kunnen en standaard vier tot acht betaalde vakantieweken per jaar hebben. En omdat hun regeringen bovendien voor goede gezondheidszorg, goede, gratis scholen en een goed pensioen zorgen, zijn ze helemaal gelukkig.

Natuurlijk zijn er mensen die ervan dromen om heel veel geld te verdienen, maar de meeste mensen buiten de VS leven niet in dromenland. Ze staan midden in de realiteit. Er zijn maar een paar rijken, maar jij bent er niet een van en je zult dat nooit worden ook. Dus wen er maar aan.

De rijken in die landen doen er natuurlijk alles aan om dat zo te houden, maar hoewel er hebzuchtige lui tussen zitten, zijn ze wel enigszins aan banden gelegd. Britse CEO's in het fabriekswezen verdienden bijvoorbeeld vierentwintig keer zoveel als hun gemiddelde werknemer. Dit is het grootste inkomensverschil tussen werkgever en werknemer in Europa. Duitse CEO's verdienen maar vijftien keer meer dan hun werknemers en Zweedse CEO's krijgen dertien keer zoveel. In de VS verdient de gemiddelde CEO echter 411 keer het salaris van zijn arbeiders. Rijke Europeanen betalen maximaal 65 procent belasting en ze laten het wel uit hun hoofd om daar te hard tegen te protesteren, want anders laten de mensen hen nog meer betalen.

In de Verenigde Staten zijn we bang om ze ervan langs te geven. We sturen onze CEO's niet graag naar de gevangenis als ze de wet overtreden. We zijn maar al te blij om hun belasting te verlagen, ook al moet die van ons omhoog.

Waarom dat is? Omdat we de goedkope limonade gedronken hebben. Wij geloven in het medicijn, in de leugen dat ook wij ooit rijk kunnen worden, dus willen we niets doen wat ons kan benadelen op de dag dat wijzelf miljonair worden. We rennen ons hele leven het Amerikaanse lokkertje achterna en geloven constant dat we het bijna te pakken hebben.

Het is zo geloofwaardig omdat we het hebben zien gebeuren; iemand die vanuit het niets iets opbouwt. Er zijn nu meer miljonairs dan ooit tevoren, wat heel handig is voor de rijken, omdat het betekent dat er in elke gemeenschap wel iemand rondloopt als het kind van de armoe-tot-rijkdom-poster met de weinig subtiele boodschap "T IS MIJ GELUKT, DAT KAN JIJ OOK!'

Deze verleidelijke mythe heeft er ook toe geleid dat miljoenen arbeiders in de jaren negentig in de aandelenmarkt geïnvesteerd hebben.

Ze zagen hoe rijk de rijken werden in de jaren tachtig en dachten hé, dat kan ik ook!

De rijken deden er alles aan om dit te bevorderen. In de jaren tachtig bezat namelijk maar twintig procent van de Amerikanen een aandeel. Wall Street was iets voor de rijke man, niet iets voor de gemiddelde Jan met de pet en daar was een goede reden voor: Jan met de pet zag het voor wat het was: een risicovol spelletje. En als je iedere dollar die je verdient probeert te sparen voor de scholing van je kinderen, stop je je hardverdiende geld niet in risicovolle spelletjes.

Aan het eind van de jaren tachtig boekten de rijken echter niet meer zulke belachelijk grote winsten en wisten ze niet meer hoe ze de markt moesten laten groeien. Ik weet niet of het het idee was van een of ander genie bij een beleggingsmaatschappij of een goed georganiseerde samenzwering van de kapitaalkrachtigen, maar het spelletje werd veranderd in 'hé, laten we de middenklasse ervan overtuigen om *hun* geld aan ons te geven, zodat *wij* nog rijker worden!'.

Het leek wel of iedereen die ik kende opeens aan het aandelen kopen mee moest doen en zijn geld in beleggingsmaatschappijen stopte. Ze lieten hun vakbonden al hun pensioengeld in aandelen investeren en de media hadden het ene na het andere verhaal over hoe gewone mensen als bijna-miljonairs met pensioen konden gaan! Het was net een virus dat iedereen besmette. Niemand wilde achterblijven. Zodra ze betaald waren, belden de arbeiders hun effectenmakelaar met de opdracht om nog meer aandelen te kopen. Hun effectenmakelaar! Ooo, wat voelde dat goed... Na je een hele week in het zweet gewerkt te hebben in een of ander ondankbaar rotbaantje had je toch nog het gevoel dat je heel slim een stap verder was, want je had *je eigen effectenmakelaar*, net als de rijken!

Algauw wilden ze niet eens meer gewoon betaald worden, maar in aandelen! Bel m'n effectenmakelaar maar!

Daarna zat je iedere avond de aandelenoverzichten in de krant te bestuderen met op de achtergrond het geblèr van zo'n 24-uur-per-dag-financieel-nieuws-televisiezender en je kocht computerprogramma's om je strategie mee te bepalen. Natuurlijk waren er downs, maar het waren toch hoofdzakelijk ups en je kon jezelf horen zeggen: 'Mijn aandeel is 120 procent gestegen! Ik ben drie keer zoveel waard!' Je verzachtte de pijn van het dagelijks leven met de droom van een prach-

146

tige villa waar je na je pensionering zou gaan wonen of de sportwagen die je morgen zou kunnen kopen als je je aandelen van de hand zou doen. Of nee, niet verkopen, ze stijgen nog steeds! Nog even wachten! Luilekkerland, ik kom eraan!

Maar het was allemaal nep, een truc van de hoge zakenpieten die nooit van plan waren om jou tot hun club toe te laten. Ze hadden alleen je geld maar nodig om het volgende niveau te bereiken, namelijk dat waarop ze geen vinger meer uit hoeven te steken om geld te verdienen. Ze wisten dat de grote successen van de jaren negentig niet blijvend waren, en dus hadden ze jouw geld nodig om de waarde van hun bedrijven kunstmatig te verhogen, waardoor hun aandelen zo gigantisch in prijs stegen, dat ze voor de rest van hun leven binnen waren, hoe slecht het ook met de economie ging.

En dat is ook gebeurd. Terwijl de gemiddelde sukkel naar al die branieschoppers op CNBC luisterde, die hem zeiden dat hij nog meer aandelen moest kopen, trokken de superrijke bazen zich stilletjes uit de markt terug, waarbij ze eerst de aandelen van hun eigen bedrijf verkochten. Tegelijkertijd vertelden ze het publiek en hun eigen loyale werknemers dat ze nog meer in hun bedrijf moesten investeren, omdat volgens de vooruitzichten de aandelen nog meer zouden stijgen.

In september 2002 publiceerde het blad *Fortune* een gigantische lijst van zulk soort corporatieve zwendelaars die er als bandieten vandoor gingen, terwijl de aandelenprijzen van hun bedrijf tussen 1999 en 2002 met 75 procent of meer daalden. Ze wisten dat het tij zou keren, dus streken deze bazen zonder er ruchtbaarheid aan te geven hun winst op terwijl hun eigen werknemers en gewone aandeelhouders juist meer aandelen kochten ('Kijk, schat, we kunnen nu heel goedkoop GM-aandelen kopen!') of hun snel in 'waarde' dalende aandelen behielden in de hoop dat de koers wel weer zou stijgen ('Dat moet wel, dat is in het verleden ook steeds gebeurd! Ze zeggen dat je aandelen voor de lange termijn moet kopen!').

Boven aan deze lijst van boosdoeners stond Qwest Communications. Toen de prijs van hun aandelen op zijn hoogst was, werd er bijna 40 dollar voor betaald. Drie jaar later kostten diezelfde aandelen 1 dollar. Tijdens die periode streken de directeur van Qwest, Phil Anschutz, voormalig CEO Joe Nacchio en de andere bazen 2,26 miljard op, gewoon door alles te verkopen voordat de prijs ging kelderen.

Mijn eigen bazen bij AOL Time Warner vulden hun zakken met 1,79 miljard. En Bill Joy, Ed Zander en hun vrienden bij Sun Microsystems? 1,03 miljard. Charles Schwab van – yep – Charles Schwab ging met iets meer dan 350 miljoen naar huis. De lijst gaat maar door en er staan namen uit alle sectoren van de economie op.

De markt kreeg een flinke dreun doordat hun mannetje Bush in het Witte Huis zat en de economie tot het uiterste was gedreven. Eerst werd hij gemasseerd met het bekende zalfje 'de markt volgt een cyclus, niet verkopen mensen, want de prijzen zullen als altijd weer stijgen'. Dus luisterde de gemiddelde investeerder naar het belabberde advies en verkocht zijn aandelen niet. En de prijzen maar dalen, dalen, dalen. Zover, dat je wel achterlijk was als je je aandelen verzilverde. De bodem moest nu wel bereikt zijn, dus houd vol. En toen daalden de prijzen nog meer, meer, meer en voor je het wist was je geld weg, weg, weg.

Er ging op de aandelenmarkt vier triljoen dollar verloren en er verdween nog eens een triljoen aan pensioengelden en schenkingen aan universiteiten.

Wat er nog wel is: rijke mensen. Ze zijn er nog steeds en ze doen het beter dan ooit. Ze lachen zich een kriek om de truc van het millennium. Het is ze – meestal op legale wijze – gelukt en als ze hier en daar de wet overtreden hebben, dan is dat geen probleem. Op het moment dat ik dit schrijf zit er niet meer dan een handjevol van hen achter de tralies. De rest zit op een privé-strand met mooi schoongehouden zand.

Ik vraag me dus af waarom de rijken na het kaalplukken van de Amerikaanse medeburgers en het in de grond slaan van de grote-geld-droom van de meeste arbeiders een flinke pakkerd van het Congres kregen in de vorm van een recordbelastingverlaging – in plaats van bij zonsopgang gevierendeeld en opgehangen te worden bij de stadspoort – en waarom niemand daar iets over zegt. Hoe kan dat?

Ik denk omdat we nog steeds aan dat fictieve Horatio Alger-medicijn verslaafd zijn. Ondanks alle geleden schade en bewijs van het tegendeel, wil de gemiddelde Amerikaan nog steeds geloven dat hij of zij (meestal hij) heel misschien toch rijk wordt. Dus val die rijken niet af, want ooit *zou ik dat kunnen zijn!*

Zakenwereld gestoord

Als CEO's wier gedrag als crimineel aangemerkt kan worden geen zaken zouden doen, zouden ze volgens een psychoanalyticus als sociopaten worden beschouwd.

'Als je ze als individu zou analyseren, zouden ze gemakkelijk als sociopaat gezien kunnen worden,' zei Kenneth Eisold, voorzitter van de International Society for the Psychoanalytic Study of Organisations tijdens een lezing voor psychiaters over topmensen als Kenneth Lay van Enron en Dennis Kozlowski van Tyco. 'Maar binnen een groep die hen nooit kritisch bejegent, wordt hun onethisch handelen de norm, ze hebben intern geen conflict.'

Doordat we tijdens de economische hoogtijdagen van de jaren negentig, toen veel Amerikanen van de aandelenmarkt profiteerden, ethische vraagstukken negeerden, 'kregen we de CEO's die we verdienden', zei Eisold.

Luister vrienden, zie de waarheid onder ogen: *jullie zullen nooit rijk worden*. De kans dat je het zult worden is ongeveer één op een miljoen. En dat niet alleen, je zult je de rest van je leven rot moeten werken om alleen al de televisierekening en de muziek- en kunstnijverheidslessen van je kind op de openbare school, waar ze gratis waren, te kunnen betalen.

En het wordt alleen nog maar erger, want de sociale voorzieningen die er nu nog zijn, worden een voor een opgeheven. Geen pensioen meer, geen uitkering en je kinderen kunnen ook niet voor je zorgen als je oud bent, want ze hebben tegen die tijd nauwelijks geld om voor zichzelf te kunnen zorgen. En een vakantie kun je helemaal wel vergeten, want de kans is groot dat je baan na terugkomst aan iemand anders is gegeven. Voor jou zo een ander, je hebt geen rechten en eh... 'wat is een vakbond?'.

Ja, ik weet het wel, velen van jullie denken dat het zo erg niet zal worden. Natuurlijk zullen er minder goede tijden komen, maar je denkt dat je die wel zult overleven. Jij bent net die ene persoon die op een of andere manier aan de gekte zal ontsnappen. Je houdt vol dat het leven ooit beter zal worden en sommigen onder jullie geloven zelfs dat het leven geweldig zal worden.

Nou, ik heb jullie wat te zeggen: jullie mogen zelfs het bord niet aflikken. De autoriteiten zijn er maar voor een paar gelukkigen en daar ben jij er niet een van, nu niet en nooit niet. De staat heeft jullie zo goed weten te manipuleren dat normale, intelligente, hardwerkende mensen als jullie geloven dat er ook voor jullie gezorgd wordt. Het lokkertje is zo dichtbij, dat jullie het kunnen ruiken. En door te beloven dat jullie ooit de beloning krijgen die jullie verdienen, ontstaat er een leger van consumenten en belastingbetalers die zich maar al te graag inzetten voor de rechten van de rijken, of dat nu betekent dat ze miljarden minder belasting hoeven te betalen terwijl jullie je kinderen naar bouwvallige scholen sturen, of dat jullie kinderen moeten vechten in een oorlog om de olie van de rijken te beschermen. Want zo is het, de arbeider/consument offert zelfs het leven van zijn eigen vlees en bloed op om de rijken dik en gelukkig te houden, want de rijken hebben beloofd dat ook zij ooit rijk zullen zijn!

Maar dat zal nooit gebeuren en tegen de tijd dat die hardwerkende sukkel daarachter is, zit ie in een bejaardenhuis bitter te zijn over de autoriteiten en reageert hij het af op de arme medewerker die alleen maar probeert zijn zielige po te legen. Hij had zijn oude dag op een heel wat menswaardiger manier kunnen doorbrengen, maar het geld hiervoor gaf hij uit aan al die geweldige AOL Time Warner- en WorldCom-aandelen. De rest werd door de overheid uitgegeven aan dat wapensysteem voor de ruimte dat nooit echt leek te werken.

Als je nog steeds gelooft dat niet de hele Amerikaanse zakenwereld zo slecht is, ga dan eens zitten voor de volgende drie voorbeelden van wat onze topmensen de laatste tijd in hun schild gevoerd hebben.

Weet je bijvoorbeeld dat jouw bedrijf wellicht een levensverzekering voor je heeft afgesloten? Wat fantastisch van ze, zeg je? Nou, zo fantastisch is het:

Bedrijven als Disney, Nestlé, Procter & Gamble, Dow Chemical, JP Morgan Chase en Wal-Mart hebben de afgelopen twintig jaar geheime levensverzekeringen afgesloten voor hun arbeiders en middenkader *en hebben daarbij zichzelf, de Corporatie, tot begunstigde benoemd*. Inderdaad, als je doodgaat, wordt de polis niet uitgekeerd aan je nabestaanden, maar aan het bedrijf waarvoor je gewerkt hebt. Als je tijdens je loopbaan sterft is dat des te beter, want de meeste levensverzekeringen keren meer uit voor iemand die jong overlijdt. En als je heel oud wordt en al lang niet meer werkt, gaat het geld nog steeds naar het bedrijf. Het geld is niet bedoeld om je rouwende nabestaanden door de moeilijke periode na je dood te helpen en is ook niet voor je begrafenis. Het gaat naar de bazen van je bedrijf. En wanneer je de pijp ook aan Maarten geeft, het bedrijf kan een lening afsluiten tegen jouw polis en de rente van de vennootschapsbelasting aftrekken.

Veel van deze bedrijven gebruiken het geld voor bonussen voor hun topmensen, auto's, huizen en reisjes naar het Caribisch gebied. Jouw dood maakt van je baas een hele blije man in een jacuzzi op St. Barts.

En hoe noemen de Amerikaanse zakenlui deze speciale vorm van levensverzekering onder elkaar?

Dooie-boerenverzekering.

Yep, 'dooie boeren', want zo worden jullie gezien, als boeren. Soms ben je voor hen dood meer waard dan levend. (Soms wordt het ook wel de 'dooie-conciërgeverzekering' genoemd.)

Toen ik dit vorig jaar in *The Wall Street Journal* las, dacht ik dat ik per ongeluk een parodie op deze krant had gekocht. Maar nee, dit was de reguliere krant en de schrijvers van het artikel, Ellen Schultz en Theo Francis, vertelden een paar hartverscheurende verhalen over overleden werknemers wier families het geld goed hadden kunnen gebruiken.

Zo schreven ze over een man die op zijn negenentwintigste aan de gevolgen van aids overleed en zelf geen levensverzekering had. Zijn familie kreeg niets uitgekeerd, maar het bedrijf CF Holdings, het moederbedrijf van de muziekwinkel waar hij werkte, ontving 339.302 dollar.

Het bedrijf sloot ook een levensverzekering af voor een administratief medewerkster die 21.000 dollar per jaar verdiende en aan amyotrofische laterale sclerosis (de ziekte van Lou Gehrig) overleed. Volgens de krant weigerde het bedrijf in te gaan op een verzoek van haar volwassen kinderen die tijdens haar ziekte voor haar zorgden om bij te dragen aan de kosten van een vijfduizend dollar kostende rolstoel, zodat zij hun zieke moeder mee naar de kerk konden nemen. Toen zij echter in 1998 overleed, streek het bedrijf 180.000 dollar op.

Sommige bedrijven, waaronder Wal-Mart, zijn ermee opgehouden. Sommige staten hebben wetten aangenomen die 'dooie-boerenverzekeringen' verbieden en andere denken erover om soortgelijke maatregelen te nemen. Er zijn inmiddels ook talloze processen aangespannen tegen bedrijven door nabestaanden die tot begunstigden van de levensverzekering willen worden benoemd. Veel bedrijven hebben echter nog zulke verzekeringen lopen. Is jouw bedrijf er een van? Dat wil je misschien wel uitzoeken. Het is in ieder geval goed te weten dat jouw lijk na je dood wel eens een nieuwe Porsche voor je baas kan betekenen.

Er nog steeds niet van overtuigd dat de rijken niks om je geven? Hier heb ik nog een voorbeeld van hoe weinig jij voor je bazen betekent zolang ze je stem en gehoorzaamheid maar hebben. Het Congres overweegt een wetsvoorstel aan te nemen waardoor bedrijven minder geld in je pensioenfonds hoeven te storten als je een arbeider bent, omdat je volgens hen als gevolg van de vieze, onveilige werkomstandigheden die ze voor je geschapen hebben toch niet lang zult leven. Dus het bedrijfsleven hoeft geen plannen te maken om je al je pensioengeld uit te keren, want hé, je zult er toch niet meer zijn om er gebruik van te maken. Je bent al lang dood, omdat ze niet genoeg ventilatoren geïnstalleerd hebben of je zo hard hebben laten werken dat je geluk hebt als je tegen je achtenvijftigste geen bloed ophoest. Dus waarom zouden ze al dat pensioengeld voor jou opzij moeten zetten?

Wat nog erger is, is dat deze wetgeving de steun heeft van vakbonden als de UAW, die het geld nu willen gebruiken om hun leden hogere lonen te laten betalen. Maar de cijfers kloppen niet, want arbeiders die lid van een vakbond zijn, leven langer dan in de industrie werkzame niet-leden, omdat zij beter betaald worden en goede gezondheidsvoorzieningen hebben. Mensen met meer geld die van medische voorzieningen gebruik kunnen maken, houden het in het algemeen langer vol in dit leven en hebben dus meer, niet minder geld nodig voor hun pensioenfonds om tijdens hun lange pensioenperiode van te kunnen leven.

Het derde voorbeeld van hoe vervangbaar je bent, komt van onze goede vrienden van de Environmental Protection Agency (EPA) van de regering-Bush. Zij hebben namelijk de 'Senior Death Discount' (korting op de dood van ouderen)-regeling. Bedrijven die het milieu vervuilen klagen al lange tijd over de manier waarop de overheid berekent hoeveel het verontreinigen van de lucht en het water in mensenlevens kost. De EPA stelt haar reglementen en boetes gedeeltelijk vast op basis van het aantal mensenlevens dat als gevolg van de vervuiling verloren gaat. Dus kwamen ze met een bedrag dat de 'waarde' van een mensenleven weergeeft: 3,7 miljoen dollar. (Je bent toch nog miljoenen waard!)

Maar het bedrijfsleven heeft hierover geklaagd. Ze zeiden dat al die zakken echt niet bijna vier miljoen waard zijn! Dus kwam de EPA van Bush met een leuke rekentruc. Ze zeiden: 'Oké, om de kosten en moeite die jullie je getroosten om jullie vervuiling op te ruimen te verminderen, zeggen we vanaf nu dat iedereen die ouder dan zeventig jaar is maar 2,3 miljoen dollar waard is, want die mensen zijn toch al bijna dood. Bovendien produceren ze niks meer voor jullie, dus is hun leven minder waard.'

Critici gingen de regeling toen de 'Senior Death Discount' noemen. De ouderen protesteerden ertegen, waarna EPA-directeur Christie Whitman mededeelde dat het agentschap deze manier van berekenen niet meer zou gebruiken. Vervolgens nam ze haar ontslag.

Je hebt dus je hele leven hard gewerkt, lange dagen gemaakt, je uiterste best gedaan om grote winsten voor het bedrijf binnen te halen, hebt toen je moest stemmen op hun Republikeinse (of Democratische) kandidaat gestemd, precies zoals ze je gevraagd hadden, maar dit is de dank die je er na je pensionering voor kreeg: een ouderenkorting – niet alleen bij de film of bij McDonald's, maar op je leven.

Ik weet echt niet hoe ik het aardiger kan zeggen dan dit, maar die klootzakken die ons land besturen zijn een stelletje samenzwerende, jattende, zelfingenomen schoften die ten val gebracht en verwijderd moeten worden en vervangen moeten worden door een heel nieuw systeem waarvan wij de touwtjes in handen hebben. Dat is toch de bedoeling van een democratie? Wij, het volk, aan de macht. Waar zijn we gebleven? Misschien hebben we het nooit echt voor het zeggen gehad en klonk het alleen maar goed op die hete dag in de Independence Hall in 1776. Als de stichters van Amerika airconditioning en een bedrijfsvliegtuig hadden gehad, hadden ze misschien nooit zoiets geks opgeschreven. Maar dat hebben ze wel gedaan en daar moeten we het mee doen.

Dus waarom hebben we de slechte mensen hun gang laten gaan, degenen die George III teruggehaald hadden als het aan hen gelegen had? Wanneer krijgen wij het in dit land en deze economie voor het zeggen en kunnen we vertegenwoordigers kiezen die de taart eerlijk verdelen en ervoor zorgen dat niemand meer krijgt dan zijn deel?

Wat we in werkelijkheid hebben zijn trieste realiteiten als deze: de twee hartsvrienden George W. Bush (CEO van Amerika) en Kenneth Lay (president-directeur van Enron, het op zes na grootste bedrijf in de VS). Voor het bedrijf instortte, haalde Enron, dat zijn hoofdkwartier in Houston heeft, een monsterlijk bedrag van honderd miljard dollar per jaar binnen, hoofdzakelijk door het wereldwijd handelen in contracten voor grondstoffen als olie, gas en elektriciteit. De steeds meer gedereguleerde energiemarkt was een goudmijn voor het bedrijf, dat bekendstond om zijn agressieve manier van deals sluiten.

Lay, door Bush ook wel 'Kenny Boy' genoemd, stak zijn vriendschappen nooit onder stoelen of banken. Vanaf 1993 heeft Enron Bush 736.800 dollar geschonken. Tussen 1999 en 2001 verzamelde CEO Lay 100.000 dollar voor zijn makker en droeg zelf 283.000 dollar bij aan het Republican Council Committee. Lay liet kandidaat Bush tijdens de verkiezingscampagne ook gebruikmaken van het bedrijfsvliegtuig van Enron, zodat hij zijn gezin het land kon rondvliegen en kon praten over zijn plan om 'de waardigheid van het Witte Huis te herstellen'.

Deze vriendschap kwam duidelijk van twee kanten. Bush onderbrak in april 2000 een belangrijk campagnebezoek en vloog naar Houston terug om Lay de eerste worp te zien doen op de openingsdag van het Astros-baseballtoernooi op het nieuwe Enron-veld. Wie zegt dat mannen niet sentimenteel zijn?

Nadat Bush president geworden was, nodigde hij Lay uit om naar Washington te komen en daar persoonlijk de sollicitatiegesprekken te leiden met mensen die plaats zouden kunnen nemen in de regering-Bush, voornamelijk op hoge posities in het ministerie van Energie, de organisatie die een oogje moet houden op bedrijven als Enron.

Harvey Pitt, destijds voorzitter van de Securities and Exchange Commission, was een voormalig advocaat van de accountant van Enron, Arthur Andersen. Lay en het Andersen-team zorgden ervoor dat accountantsbureaus gevrijwaard werden van allerlei regels en niet aansprakelijk gesteld konden worden voor 'vreemde boekhoudpraktijken', iets wat later goed van pas kwam.

De rest van zijn tijd in Washington bracht Lay door bij de buurman, oude vriend en vice-president Dick Cheney. De twee vormden een 'energy task force', verantwoordelijk voor het uitstippelen van het nieuwe 'energiebeleid', een beleid dat bijna al Enrons zaken zou kunnen beïnvloeden. Cheney en/of zijn medewerkers hebben in deze periode ten minste zes ontmoetingen met Enron-bazen gehad, maar niemand weet wat er precies besproken is, want Cheney heeft geweigerd om de notulen van die besprekingen openbaar te maken. Intussen maakten de gladde jongens van Enron allerlei plannetjes om een energiecrisis in Californië teweeg te brengen, waar zij miljoenen mee zouden verdienen.

Gaat er inmiddels een lampje branden? Je bent het door alle militaire actie die de aandacht van Enron heeft afgeleid misschien vergeten, maar dit was een van de grootste bedrijfsschandalen in de geschiedenis van de Verenigde Staten, waar een van de beste vrienden van de 'president' bij betrokken was. Ik weet zeker dat Bush God nog iedere dag bedankt, want de oorlog tegen het terrorisme, 11 september, Afghanistan, Irak en de as van het kwaad zorgden ervoor dat Enron uit het nieuws en de gedachten van de Amerikaanse kiezers verdween. Dit schandaal had kunnen leiden tot het aanklagen van Bush en zijn voortijdige vertrek uit ons Witte Huis, maar het lot beslist vaak in Bush' voordeel en laat hem aan de consequenties van zijn daden ontsnappen. Zoals ik al eerder gezegd heb, als je zoals hij drie keer met het gezag in aanraking bent geweest en nooit een nacht in een cel hebt doorgebracht, heb je geluk – en dat verandert maar zelden voor mensen zoals hij.

Maar ik zal Enron niet vergeten, en dat zou jij ook niet moeten doen. Deze gebeurtenis gaat verder dan een zakenmisdrijf en is een verwoede poging om onze economie te gronde te richten en politieke werkezels in het zadel te helpen die ze de hand boven het hoofd houden terwijl ze Amerika van binnenuit aanknagen.

Toen het goed ging met Enron, ging het heel erg goed. Lay en andere hooggeplaatste bonzen hadden gigantische salarissen, ruime onkostenvergoedingen en een overdaad aan extra's. Door het goede leven bij Enron konden ze politici van beide grote politieke partijen gulle giften toestoppen, politici die ervoor konden zorgen dat het politiek klimaat zeer gunstig voor Enron bleef. Volgens het Center for Responsive Politics heeft Enron sinds 1989 bijna zes miljoen dollar aan de Republikeinse en de Democratische Partij geschonken, waarvan 74 procent naar de Republikeinen ging. Dit betekent dat toen het Congres Enron begin 2002 onder de loep nam, 212 van de 248 leden van het Huis van Afgevaardigden en de Senaat die zitting namen in de comités belast met het onderzoek naar Enron, campagnebijdragen hadden aangenomen van Enron of zijn foute accountant, Arthur Andersen.

Zelfs de niet tot het kader behorende werknemers van Enron dachten dat ze het geschoten hadden, want ze konden vanuit hun luie stoel hun grotendeels in Enron-aandelen geïnvesteerde pensioenen flink zien groeien.

Maar het grote economische succes was maar tijdelijk en... frauduleus. Een groot deel van Enrons winst werd gegenereerd door het opzetten van lege BV's en dubieuze (mogelijk criminele) boekhoudpraktijken. Het is onduidelijk hoeveel er ooit bekend zal worden over wat er werkelijk gebeurd is, omdat Enron belangrijke documenten heeft versnipperd nog voor de onderzoekers ze konden inzien.

Tegen het najaar van 2001 implodeerde de Enron-piramide en terwijl de rest van het land in shocktoestand was na de aanvallen van 11 september, waren de Enron-bazen druk bezig het vege lijf te redden, hun aandelen te verkopen en hun documenten te versnipperen.

De landelijke crisis weerhield hen er geenszins van om hun vrienden in de regering-Bush om hulp te vragen. Ze belden onder anderen minister van Handel Don Evans en de toenmalige minister van Financiën, Paul O'Neill, om Enron van de afgrond te redden.

Evans en O'Neill zeiden beiden dat ze niets konden doen toen Enron hun over de lege BV's en het dreigende faillissement vertelde, wat de regering trots aandroeg als bewijs dat een van de grootste presidentiële geldschieters geen speciale gunsten had ontvangen.

Hakken en snijden

Bent u een CEO die binnenkort wellicht een papierversnipperaar nodig heeft om te voorkomen dat u de komende tien jaar onder een gevangenisdouche staat? Mag ik u dan een dienst bewijzen en u aanraden om te investeren in een van deze voor industrieel zwaargebruik gemaakte schoonheden, waarmee u snel uw incriminerende documenten vaarwel kunt zeggen:

De DestroyIt Crosscut 5009

Een papierversnipperaar met twee bakken van elk 196,8 liter voor het opvangen van papier, een lopende band, een capaciteit van 500 vellen per keer en een output van 3178 kilo per uur.
Prijs: $26.999
http://www.destroyit—shredders.com

De Ameri-Shred Corp AMS 10000

Met een versnippersnelheid van 53,6 meter per minuut en een output van 4540 kilo per uur. Kan tot 1100 vellen per keer versnipperen. Versnippert ook mylar, microfilm, microfiches, paperclips en nietjes.
Prijs: $88.066
http://machinerunner.com/Industrial-Paper-Shredders-Strip-Cut-2502000-Sheet/Ameri-Shred-Corp-AMS-10000.html

Inderdaad, ze waren er trots op dat ze niets deden terwijl miljoenen Amerikanen van hun geld beroofd werden. En het kaalplukken werd grotendeels mogelijk gemaakt door de gewilligheid van de regering-Bush om Enron zijn gang te laten gaan.

Toen George W. Bush uiteindelijk de pers te woord moest staan, probeerde hij zich van zijn oude vriend te distantiëren en zei in feite: 'Ken Wie?' Bush zei dat zijn makker eigenlijk geen makker was, maar gewoon een of andere zakenman uit Texas. 'Hij [Kenny Boy] steunde tijdens mijn campagne [voor gouverneur] van 1994 Ann Richards.' (In werkelijkheid droeg Lay bijna vier keer zoveel geld bij aan Bush' gouverneurscampagne dan aan die van Richards.)

Toen Enron in december 2001 officieel failliet ging, waren de Wall Street-experts en investeerders overal in het land met stomheid geslagen.

Voor Enron-bazen betekent 'bankroet' echter iets anders dan voor de rest van de bevolking. De faillissementsaanvraag van december 2001 laat zien dat 144 topmensen een totaal van 310 miljoen dollar aan compensatie ontvingen en nog eens 435 miljoen dollar in aandelen. Dat is een gemiddelde van meer dan twee miljoen dollar per persoon aan compensatie en nog eens drie miljoen dollar in aandelen.

En terwijl de hoge pieten hun miljoenen natelden, verloren duizenden werknemers van Enron hun baan en een groot deel van hun spaargeld. Enron had drie spaarplannen voor zijn werknemers en ten tijde van het bankroet hadden twintigduizend van hen een spaarplan. Zestig procent van de spaarplannen bestond uit Enron-aandelen. Toen de waarde van deze aandelen van 90 dollar in augustus 2000 in een paar cent veranderde, hadden deze werknemers bijna niets meer. Het verlies in de vorm van pensioenplannen bedroeg meer dan een miljard dollar.

Maar de kolossale verliezen als gevolg van het Enron-bankroet hadden ook gevolgen voor de duizenden mensen die Enron-aandelen bezaten via hun algemeen pensioenfonds. Volgens een artikel in The New York Times leden deze fondsen een verlies van ten minste 1,5 miljard dollar.

Bovendien leidde het instorten van het Enron-concern ertoe dat de hele aandelenmarkt instortte, waardoor een negatief golfeffect ontstond waarvan de gevolgen nog altijd te merken zijn.

Op het moment dat ik dit schrijf, in de zomer van 2003, zijn er echter minder dan twee dozijn mensen aangeklaagd wegens met Enron verband houdende misdaden. Vijf van hen hebben een schikking weten te treffen en wachten op een uitspraak en vijftien anderen wachten op een rechtszaak.

Er zijn geen aanklachten ingediend tegen de voormalige presidentdirecteur Ken Lay of CEO Jeff Skilling.

Dus wat doen we eraan?

De enige waarde die jouw leven voor de rijken heeft, is dat ze je stem nodig hebben om de politici te krijgen die ze met zoveel geld de politiek in gehaald hebben. Dat kunnen ze niet alleen. Door dat verdomde systeem van ons kan het land door de wil van het volk geregeerd worden en dat is beroerd voor ze, want zij vormen maar 1 procent van 'het volk'. Belastingverlagingen voor de rijken komen er niet als er niet genoeg stemmen voor zijn en daarom hebben ze de pest aan de democratie. Ze zijn absoluut in het nadeel, want ze vormen de allerkleinste minderheid. Dus moeten ze ten minste 50 procent van de mensen zien te overtuigen of af te kopen om de meerderheid te krijgen die nodig is om de dienst uit te kunnen maken, en dat is niet eenvoudig. Het makkelijkste is het afkopen van politici; eerst met campagnedonaties, dan – als ze eenmaal gekozen zijn – met gunsten en allerlei extra's en – als ze de politiek verlaten hebben – met een goedbetaalde adviseursbaan. De beste manier om ervoor te zorgen dat jouw politicus de verkiezingen wint, is om beide partijen geld te schenken, wat bijna elk public-affairscomité in het bedrijfsleven dan ook doet.

Wat veel moeilijker is, is om de meerderheid van de stemmers zover te krijgen dat ze op de kandidaat (of kandidaten) voor de rijken stemmen, maar ze hebben bewezen dat het kan. Een van de manieren waarop ze dit doen is door de media precies te laten herhalen wat ze gezegd hebben en dit als de waarheid te laten presenteren. Wat ook werkt, zoals we gezien hebben, is mensen bang maken en... religie. De rijken hebben zodoende een heel leger conservatieven, rechtse rakkers en christelijk-bloktypes die de kooltjes voor hen uit het vuur halen. Het is een vreemd bij elkaar geraapt stel, want de rijken zijn in het algemeen noch conservatief, noch liberaal, niet links en niet rechts en ze zijn ook geen gelovige christenen of joden. Hun politieke partij heet Hebzucht en hun religie is het kapitalisme, maar ze laten miljoenen arme blanken en nog meer miljoenen mensen uit de middenklasse zonder enig probleem stemmen op degene die – als hij eenmaal gekozen is – deze mensen alleen maar naait.

Aan ons dus de uitdaging, de missie om een manier te vinden om deze werkende mensen te laten zien dat zij voor iemand stemmen die niets met ze op heeft. Pas na het Enron-bankroet werden er duizenden conservatieve Enron-medewerkers, van wie velen met trots op George W. Bush en de Republikeinen gestemd hebben, wakker. Hoeveel van hen zullen bij de volgende verkiezingen op de beste vriend van Ken Lay stemmen? Maar dat is een pijnlijke manier van een oppositiepartij vormen. Deze anders zo goede mensen moeten niet gestraft worden omdat ze dachten dat Rush Limbaugh en Tom DeLay het voor hen zouden opnemen. Ze werden misleid en misbruikt. Ik ben er echt van overtuigd dat als ze achter praktijken als de 'dooie-boerenverzekering' en de korting op de dood van ouderen komen en ze ontdekken wat de nieuwste belastingverlaging ze gekost heeft in de zin van geschrapte voorzieningen en hogere plaatselijke belastingen, ze zich snel zullen bedenken en heel, heel kwaad zullen worden. En als ze zich eenmaal realiseren dat ze nooit Horatio Alger zullen zijn en dat sprookjes voor kinderen zijn, zullen ze hun naïviteit verdomd snel kwijtraken en in opstand komen.

8

Joepie, m'n belasting is verlaagd!

George W. Bush
Bush Ranch
Crawford, Texas

Beste George,

Ik moet toegeven dat toen ik voor het eerst van je recentste belastingverlaging van 350 miljard dollar hoorde, ik evenals vele andere Amerikanen dacht: weer zo'n stunt om z'n rijke vriendjes te helpen.

Maar op een dag vond ik naast de gebruikelijke ongeadresseerde rommel een cheque van mijn uitgever in mijn brievenbus voor alle boeken die vorig jaar van mij verkocht zijn. Daar zat ik dan, George, te staren naar het bedrag op die cheque. Toen pakte ik mijn rekenmachientje en berekende wat die nieuwe belastingverlaging van jou betekende...

Lie-ve he-mel, George! MIJN SCHAAPJES ZIJN OP HET DROGE! Halleluja! Dankjewel! Dankjewel! DANK JE WEL! Goh, had ik je toch *helemaal* verkeerd ingeschat. Ik dacht dat je die verlaging alleen maar voor Cheney, Kenny Lay en jezelf had ingevoerd. Je houdt er dit jaar uiteindelijk toch 33.000 dollar aan over en Dick Cheney kan met een slordige 85.924 dollar naar huis. (Cheney veegt in 2004 echt de boel aan met een belastingverlaging van 171.850 dollar.)

Maar niemand heeft je waarschijnlijk een schouderklopje gegeven voor het feit dat je het eigenlijk voor MIJ deed! Daar zat je dan het afgelopen anderhalf jaar in het Witte Huis, waar je iedere week een samenvatting van het slechte nieuws kreeg: 'De werkloosheid is met 6 procent gestegen meneer, we hebben weer twee miljoen banen verloren, er zijn dertien landen bij gekomen die ons officieel haten,

Texas Rangers is het slechtste honkbalteam ooit in de American League West-competitie, er is *deze* week niet één van uw familieleden gearresteerd en het best verkochte boek van het jaar is nog steeds uh... *Stupid white men*, dat uh... voornamelijk over u gaat en geschreven is door die kerel die bij de Oscars het podium opging en u, Onze Leider, toeschreeuwde.' Tjonge, wat heb ik te doen met de arme sukkel die je dat slechte nieuws moest brengen.

Je had alle reden gehad om de boys van de CIA erbij te roepen om me uit de weg te ruimen, zoals Clinton indertijd ook zevenenveertig mensen op mysterieuze wijze heeft laten vermoorden! Je had alle reden gehad om me het leven afschuwelijk zuur te maken, compleet met een tweejaarlijks bezoek van de belastingdienst en een uitgebreid lichaamsonderzoek iedere keer dat ik het huis verliet. Dat en meer had je allemaal kunnen doen, maar... dat deed je niet.

Wat je wel deed, was tegen je economische adviseurs zeggen: 'We hadden deze belastingverlaging er vorig jaar doorgedrukt kunnen hebben, maar toen had Mike geen cent te makken en zou hij er niet voor in aanmerking zijn gekomen. We zouden ook tot volgend jaar kunnen wachten, wat ons de tijd geeft om via Fox-MSNBC genoeg geruchten over hem te verspreiden om te voorkomen dat iemand ooit nog een boek van hem of een bioscoopkaartje voor zijn film koopt. Het zou echter christelijker zijn om onze belastingverlaging dit jaar in te laten gaan, omdat Mike dit jaar meer verdient dan Cheney en ik bij elkaar verdienen. Laten we onze andere wang toekeren en die zak de grootste cheque die hij ooit gezien heeft sturen!'

Ik weet gewoon niet wat ik moet zeggen, George. Je bent niet degene die ik dacht. In plaats van me te straffen, heb je je hart – en het federale boekje met overschrijvingskaarten – voor me geopend. Voor MIJ!

De Congressional Budget Office heeft het allemaal opgeteld en verwacht dat het regeringstekort voor 2003 meer dan 401 miljard dollar zal bedragen. Dat gaat goed zo, George. Je bent hard op weg om het vorige record van 290 miljard dat je pap in 1992 heeft neergezet te verbreken. USA! USA! En in het begin van 2003 voorspelde het ministerie van Financiën dat de tekorten de komende jaren alleen nog maar groter zullen worden, tot een totaal van 44 *triljoen* dollar. Maar jullie daar in het Witte Huis maakten dit pas bekend nadat het voorstel voor de nieuwe belastingverlaging was aangenomen. Slimme zet!

Aangezien de federale boekhouding overloopt van de rode inkt, kun je mijn dollars beter dan ooit gebruiken. Maar je wilde ze niet, je wilde ze niet hebben. Het was alsof je tegen me zei: 'Nee Mike, houd je geld maar, je kunt het uitgeven aan wat je maar wilt. Wij redden ons wel, maak je over ons maar geen zorgen. De volgende generatie vindt wel een manier om zich uit de schulden te werken, dus kijk een gegeven paard niet in de mond.' Wat een makker!

Deze nieuwe belastingverlaging, de MIKE MOORE-BELASTINGVERLAGING, was ongelofelijk. Je verlaagde niet alleen het percentage dat iemand als ik betaalt van 39 naar 35 procent, maar je deed absoluut niks voor de mensen in de lagere inkomensgroepen. Je loog niet toen je zei: 'Met mijn banen en groeiplan wordt het belastingpercentage voor iedereen die inkomstenbelasting betaalt verlaagd.' Je vertelde alleen de waarheid niet. Mensen die 10 tot 15 procent betaalden, betalen dat nog steeds. Yep, je sloot 1,8 miljoen mensen van je belastingverlaging uit. En waarom ook niet, da's alleen maar meer geld voor mensen zoals jij en ik! Terwijl de arme zwoegers met de laagste inkomens ongeveer honderd dollar per jaar minder hoeven te betalen, houdt de rijkste 5 procent van de bevolking er niet minder dan 50 procent aan over!

Ik begrijp natuurlijk wel dat hier veel mensen onder lijden, maar laten we eerlijk zijn: er moet iemand onder lijden en waarom zou jij of ik dat moeten zijn? Wat geeft het dat deze belastingverlaging iedere staat de komende twee jaar naar schatting 3 miljard dollar kost en 16 miljard over de komende tien jaar? Het is een groot land!

Neem nu die kinderen in Oregon, wier scholen eerder dit jaar moesten sluiten omdat ze geen belastinggeld meer hadden. Ik kan je verzekeren dat we een heleboel jongelui blij hebben gemaakt met een langere zomervakantie! Ik weet zeker dat je ook van die nieuwe staatsbibliotheek in Hawaï gehoord hebt die niet eens open kan omdat er geen belastinggeld meer is. Wat moeten ze ook met een bibliotheek in *Hawaï*? Je gaat daarheen om van het mooie weer te genieten, niet om binnen te zitten en een boek te lezen. Dat weet toch iedereen? Je hebt ook vast gehoord dat ze in Missouri opdracht

Omdat er dankzij George W. zoveel miljonairs zijn die vele miljoenen terugkrijgen van de belasting, heeft de Belastingdienst een apart formulier gemaakt, speciaal voor hen...

164

gegeven hebben om in de meeste overheidsgebouwen elke derde gloeilamp los te schroeven om geld te besparen na de belasting- verlagingen. Elke derde gloeilamp? Zeurpieten! Ze hebben die andere twee toch nog? Ik word echt niet goed van dit soort slap gezeik.

Er zijn heel wat trieste verhalen te vertellen. God weet dat ik er niet zo lang geleden ook zo mijn deel van had. Toen luisterden er niet zoveel, maar moet je nu eens zien! Het is zo gek nog niet om mensen zoals ik, die het moeilijk gehad hebben, te negeren. Vroeg of laat hebben de armen er genoeg van om genegeerd te worden en worden rijk! Ik weet zeker dat je hoofdadviseur Karl Rove dit in gedachten had toen hij zei dat je een 'populist' bent die de omzetbelasting voor de 'kleine jongens' schrapte.

Het meest geniale aan de recente belastingverlaging is misschien wel dat je de Amerikaanse burgers kon vertellen dat 'we gezinnen met kinderen helpen, omdat die direct een belastingverlaging krijgen'. Het probleem was alleen dat jij en de Republikeinen ervoor zorgden dat het wetsvoorstel twaalf miljoen kinderen uitsloot van wie de ouders tussen de 10.000 en 26.000 dollar per jaar verdienen, waaronder een miljoen kinderen van militairen. Degenen die het het meest nodig hadden, werden ervan uitgesloten. Maar wat hebben die mensen met lage inkomens ook aan de Bush-campagne bijgedragen? Het lesje is: als je wat wilt hebben, moet je eerst wat geven.

Maar hé, IK heb er een belastingverlaging aan overgehouden! Wat zal ik ermee gaan doen? Volgens jou, George, zal ik het vrijwillig in onze economie teruggieten, waardoor het vanzelf bij de minder gefortuneerden komt, doordat er meer banen en betere lonen voor hen komen.

Inderdaad, dat is ook precies wat ik ga doen. Ik ga het hele bedrag dat ik niet aan de belastingdienst heb hoeven betalen, besteden aan iets waar degenen die niet van de belastingverlaging hebben kunnen profiteren, degenen die hard werken en er niets voor terugkrijgen en degenen die in jouw oorlogen moeten vechten en eraan sterven, iets aan hebben. Ik heb een idee waardoor Amerika een beter land wordt, de toekomst voor onze kinderen verbetert en onze planeet een kans maakt om de tweeëntwintigste eeuw te halen.

Waar ik mijn belastinggeld aan besteed?

Ik ga het allemaal besteden om jou, George, uit de weg te ruimen!

Inderdaad. Ik zal iedere cent van mijn belastinggeld op je punthoofd laten druppelen in de hoop dat je je na de verkiezingen bij de werklozen kunt aansluiten en je terug wordt gestuurd naar je ranch. Ik zal het maximum toegestane bedrag geven aan de kandidaat die de meeste kans heeft om jou te verslaan en ik geef het maximaal toegestane bedrag aan de Congreskandidaat die de kans heeft om ervoor te zorgen dat de Republikeinen de meerderheid verliezen in het Huis van Afgevaardigden of de Senaat. Ik zal cheque na cheque uitschrijven tot er geen cent van mijn belastinggeld meer over is. Ik zal tevens de lezers van dit boek vragen hoe zij denken dat ik mijn belastinggeld het best kan besteden en welke kandidaten uit hun omgeving ik het best kan steunen. Ik heb een website opgezet (www.SpendMikesTaxCut.com) waar ik mensen op vraag om me te helpen om de duizenden dollars die je me hebt gegeven te besteden om jou eruit te knikkeren. Ik zal anderen die ook zonder hun belastinggeld kunnen vragen om met me mee te doen en hun extra geld te gebruiken om ons land terug te pakken van degenen die alles waar wij voor staan ondermijnen.

Ik hoop dat je begrijpt dat niets van dit alles persoonlijk is en dat ik je nog steeds dankbaar ben voor genoemd cadeau. Het zal het geld dubbel en dwars waard zijn.

Met vriendelijke groet,
Michael Moore

9
Een liberaal paradijs

Er is een land waar ik jullie graag wat over wil vertellen. Het is een land als geen ander en ik weet zeker dat velen van jullie er graag zouden willen wonen.

Het is een heel liberaal, vrijheidminnend en ruimdenkend land.

De mensen hebben er een hekel aan oorlog, de meerderheid van de mannen heeft nog nooit in het leger gezeten en is ook niet van plan om dat te gaan doen. Ze hebben een hekel aan vuurwapens en steunen elke poging om het gebruik ervan aan banden te leggen.

De burgers van dit land hechten veel belang aan vakbonden en werknemersrechten. Ze geloven dat grote bedrijven weinig goeds in de zin hebben en gewantrouwd moeten worden.

De meerderheid van deze burgers gelooft in gelijke rechten voor de vrouw en is tegen elke poging van de regering of religieuze groepen om uit te maken hoe zij met hun voortplantingsorganen omgaan.

De overgrote meerderheid van de mensen in dit land gelooft dat homoseksuelen dezelfde kansen moeten hebben als heteroseksuelen en niet gediscrimineerd mogen worden.

Bijna iedereen in dit land wil de beste bescherming tegen milieuvervuiling en doet zelf dagelijks een aantal dingen om de hoeveelheid afval en de vervuiling te beperken.

Dit land is zo links, dat 80 procent van de inwoners in voor iedereen te betalen gezondheidszorg en etnische diversiteit op de universiteiten gelooft.

Dit land waar ik jullie over vertel houdt zo van vrijheid, blijheid en zo, dat maar een kwart vindt dat drugsgebruikers rechtstreeks de gevangenis in moeten. Dat komt misschien omdat, evenals de president, 41 procent toegegeven heeft ooit zelf drugs gebruikt te hebben! En als het om het huwelijk gaat: het percentage mensen dat samenleeft maar niet trouwt is het afgelopen decennium met 72 procent gestegen en 43 procent van hen heeft kinderen.

Echt, dit land is zo rood, zo 'all you need is love' dat de conservatieven nooit meer dan 25 procent van de stemmen kunnen krijgen en zijn inwoners ofwel lid van de liberale partij of – nog erger – onafhankelijk of anarchistisch zijn (deze laatsten weigeren helemaal om te stemmen).

En waar dit utopia waar ik het over heb, dit land van liberale, linkse, vredelievende boom-omarmers is (en hoe snel jij en ik daar naartoe kunnen verhuizen)?
Is het Zweden?
Tibet?
De maan?
Nee! Je hoeft niet naar de maan, want... *jullie zijn er al*! Dit Paradijs der Linksen is gewoon... de *Verenigde Staten van Amerika*!
Verrast? Je gelooft het niet? Er helemaal van overtuigd dat ik nu echt over de rooie ben? Ik neem het je niet kwalijk. Het is moeilijk om de VS van A anders voor te stellen dan als een land dat geregeerd wordt door de conservatieve meerderheid, een natie wier moraal gedicteerd wordt door het christelijk blok en een volk dat even puriteins is als zijn voorvaderen. Want kijk eens wie er in het Witte Huis zit en hoeveel mensen het met hem eens zijn!

Maar de kille waarheid en het best bewaarde politieke geheim van onze tijd is dat de Amerikanen liberaler dan ooit zijn wat betreft hun levenswijze en opvattingen over de grote sociale en politieke vraagstukken van tegenwoordig. En je hoeft het niet van mij aan te nemen, want de opiniepeilingen tonen het aan en dat zijn gewoon harde cijfers.
Als je dit tegen een liberaal zegt, zal hij vast niet glimlachen (de liberalen lachen al lang niet meer en daar zit deels het probleem), maar zijn hoofd schudden en de mantra herhalen die hij geleerd heeft van de media die er een gevestigd belang in hebben dat hij gelooft dat hij aan de verliezende hand is: '*Amerika is conservatief geworden!*' Als je een liberaal denkend mens in dit land vraagt om dit land te beschrijven, komt hij met een serie krachttermen over een natie van open bestelauto's, geweerrekken en overal wapperende vlaggen. Hij zal het neerslachtig hebben over hoeveel erger het nog zal worden en zich

erbij neergelegd hebben dat er nog wel vier jaar van de onzin die we de afgelopen vier (of veertien, of veertig) jaar gehad hebben bij zal komen.

Rechts roept waarschijnlijk steeds 'hoera!' wanneer ze horen dat links het heeft opgegeven en moedigt het flink aan met iedere moker die ze maar kunnen vinden. Ja, Amerika is voor de oorlog! Ja, Amerika houdt van zijn leider! Ja, heel Amerika zat gisteravond naar *The Bachelor* te kijken! Dus als jij niet bij 'heel Amerika' hoort, hou dan je kop en kruip met de Noam Chomsky-fanclub in een telefooncel. Stomme *loser*!

De reden waarom rechts andere meningen op zo'n agressieve manier de kop probeert in te drukken, is omdat ze achter het smerige geheim gekomen zijn dat links maar niet bevat, namelijk dat *meer Amerikanen het met links eens zijn dan met rechts*. Rechts weet dit, want ze kijken naar de cijfers, lezen de rapporten en leven in de realiteit die de afgelopen tien jaar steeds liberaler is geworden. Ze hebben er de pest aan, dus net als andere propagandisten dat doen, liegen ze. Ze creëren een andere waarheid: AMERIKA IS CONSERVATIEF. Vervolgens hameren ze deze leugen er zo hard en zo vaak in, dat zelfs hun politieke tegenstanders het gaan geloven.

Ik wil graag dat iedereen die dit boek leest ermee ophoudt deze Grote Leugen te verkondigen. Om je te helpen van deze gewoonte af te komen, zal ik je de naakte, ontegenzeggelijke feiten geven. En wat ik te melden heb komt niet van liberale denktanks, de *People's Daily* of mijn publiciteitsagent in Havana (die ik ieder uur bericht), maar uit bronnen die even eerlijk en maatschappelijk aanvaard zijn als de Gallup Organization [opiniepeilers] en even Amerikaans zijn als de leden van de Nationale Vereniging van Vuurwapenbezitters. De peilingen werden gedaan door organisaties als de Harris Poll, *The Washington Post*, *The Wall Street Journal*, USA *Today*, de Universiteit van Harvard, het National Opinion Research Center, *NewsHour with Jim Lehrer* op PBS, *The Los Angeles Times*, ABC News en ja, Fox News (de complete bronnenlijst vind je in het hoofdstuk Noten en bronnen).

Laat me je aan je *mede-Amerikanen* voorstellen:

Zevenenvijftig procent van de Amerikanen vindt dat abortus in alle of de meeste gevallen wettelijk toegestaan moet zijn. Negenenvijftig procent vindt dat de beslissing om tot een abortus over te gaan genomen moet worden door de vrouw en haar arts en 62 procent wil niet dat het Hooggerechtshof de beslissing in de zaak *Roe versus Wade* ongedaan maakt. Een stevige 53 procent vindt zelfs dat de legalisatie van abortus GOED was voor het land (slechts 30 procent vindt het slecht). En wel 56 procent van ons wil dat het even makkelijk als het nu is blijft om een abortus te krijgen of – let op – *dat het makkelijker wordt!*

Geen wonder dat rechts ze ziet vliegen: DE MEERDERHEID VAN DE AMERIKANEN IS EEN BABYMOORDENAAR!

Sinds abortussen in 1973 legaal werden, zijn er in dit land veertig miljoen abortussen gepleegd. Een op de drie vrouwen heeft tegen de tijd dat ze vijfenveertig is een abortus gehad en ongeveer de helft van hen meer dan één.

Wat betekent dit voor de conservatieven? Het betekent dat *vrouwen* beslissen wanneer er een nieuw leven in de wereld komt. Het zijn de *vrouwen* die deze beslissing nemen. Dat is een bittere pil voor de conservatieven, want het is uiteindelijk pas drieëntachtig jaar geleden dat vrouwen het kiesrecht kregen. Dus om ze het recht te geven om te beslissen wie van ons er geboren wordt en wie niet – wow! Dat betekent dat de volgende [rechtse radiopresentator] Sean Hannity op dit moment wel eens in een ziekenhuisemmer zou kunnen belanden. Stel je voor hoe hulpeloos rechtse mannen zich hierdoor voelen. Wij Maken Zwanger, Jullie Beslissen Niet! Zo was het tot een paar jaar geleden en zo'n multi-millenniumverandering is wel even wennen.

Een ongelofelijke 86 procent van de Amerikaanse burgers zegt dat ze het 'eens zijn met de doelstellingen van de burgerrechtenbeweging'. Vier van de vijf Amerikanen zeggen: 'Het is belangrijk dat universiteiten een etnisch diverse studentenpopulatie hebben.' Zelfs het Amerikaanse Hooggerechtshof is hiervan overtuigd geraakt! Meer dan de helft van ons vindt bovendien dat mensen wie in het verleden deze kansen ontzegd zijn, een voorkeursbehandeling moeten krijgen. Vierenzeventig procent is het *oneens* met: 'Ik heb niet veel gemeen met mensen met een andere etnische achtergrond en van een ander ras.' Dat is een hoger percentage dan het percentage dat op dezelfde vraag 'oneens' antwoordde in Groot-Brittannië, Frankrijk, Duitsland en Rusland. Zevenenzeventig procent van de Amerikanen zou een kind van een ander ras adopteren en 61 procent zegt dat ze vrienden of familie hebben die een partner van een ander ras hebben. Het aantal interraciale huwelijken is de afgelopen twintig jaar zelfs meer dan verdubbeld, van 651.000 tot 1,46 miljoen.

INDERDAAD! WIJ AMERIKANEN ZIJN EEN STELLETJE RASSENMIXERS EN RASSENVERRADERS!

Je kunt het conservatieve bloed wel zien koken hè? Hoe zit dat met 'je plaats kennen' en 'soort zoekt soort'? J.Lo, die is hier verantwoordelijk voor! Zij verleidt alle goede blanke mannen. Voor je het weet krijgen ze kinderen en weten we niet hoe we ze op basis van hun ras moeten onderscheiden. Als dat gebeurt, beseffen we misschien hoe stom dit rassengedoe is en gaan we wat aan de echte problemen doen, en daaronder, beste vrienden, valt maar weinig wat op de rechtse agenda staat.

Drieëntachtig procent van de Amerikanen zegt dat ze het eens zijn met de doelstellingen van de milieubeweging. Driekwart van ons denkt dat milieuproblemen een grote bedreiging van de kwaliteit van het leven in de Verenigde Staten zijn. Vijfentachtig procent maakt zich zorgen over de vervuiling van meren en rivieren, 82 procent maakt zich zorgen over giftig afval en vervuild drinkwater, 78 procent maakt zich zorgen over luchtvervuiling en 67 procent maakt zich zorgen over schade aan de ozonlaag. Negenentachtig procent van de bevolking doet aan recycling en 72 procent kijkt op het etiket om er zeker van te zijn dat het geen giftige producten koopt. Zestig procent heeft liever dat de regering meer aan energiebesparing doet dan dat ze de productie van olie, gas en kolen verhoogt. Als de Amerikanen de keus krijgen tussen 'economische groei' en 'milieubescherming', aannemend dat je de een niet zonder de andere kunt krijgen, kiezen ze voor 'milieubescherming'. Eén opiniepeiling toont zelfs aan dat tweederde van de Republikeinen een kandidaat zou kiezen die zich voor het milieu inzet, in plaats van een die dat niet doet. En als het gaat om de vraag wie beter weet wat goed is voor het milieu, hebben vier keer zoveel Amerikanen meer vertrouwen in een milieubeweging dan in de regering.

INDERDAAD, AMERIKANEN ZIJN ECOGEKKEN! Ze geven meer om het in stand houden van een of andere gevlekte zeeslak dan om een paar dollar meer per week. Hoe misleid men is? Hebben ze het dan echt niet door? Dit is ONZE planeet en we kunnen ermee doen wat we willen! Geef een Amerikaan de kans om een zuinigere auto te kopen (experts uit de auto-industrie verwachten dat hybrides binnenkort 10 tot 15 procent van de in totaal in een jaar verkochte auto's uitmaken) en hij rent naar de showroom! Waar gaat dat naartoe? Een betere wereld?

Vierennegentig procent van de Amerikanen wil dat de productie en het gebruik van handvuurwapens moet voldoen aan door de regering opgestelde veiligheidsvoorschriften en 86 procent wil dit ook als dit betekent dat deze wapens daardoor duurder worden! Drieënzeventig procent van de Amerikaanse burgers wil dat iedereen die een vuurwapen koopt, verplicht een antecedentenonderzoek ondergaat. Ze willen een wachttijd van vijf dagen voor je het handvuurwapen in je bezit krijgt en vinden dat je een politievergunning nodig hebt om een handvuurwapen te kunnen bezitten. Ze vinden ook dat wapens kindveilig moeten zijn en dat als je je echtgen(o)ot(e) slaat, je geen wapen moet kunnen bezitten. In staten als New York wil 59 procent van de bevolking een direct verbod op handvuurwapens.

Tijdens de verkiezingen van 2000 wist de Brady Campaign to Prevent Gun Violence negen van de twaalf kandidaten op hun 'Gevaarlijke Twaalf-lijst' van gekozen politici die diep in de zak van de wapenlobby zaten te verslaan. De NRA (Nationale Vereniging van Vuurwapenbezitters) gaf dat jaar meer dan twintig miljoen dollar uit en richtte zich voornamelijk op de twee grootste jachtstaten in het land: Michigan en Pennsylvania, in de hoop dat daar gouverneurs die pro-vuurwapen zijn gekozen zouden worden en dat Al Gore verslagen zou worden. Maar wat gebeurde er? Gore won in beide staten en de bevolking van Michigan en Pennsylvania koos gouverneurs die de NRA als anti-vuurwapen had bestempeld. Dit gebeurde twee jaar nadat de door de NRA gesteunde Republikeinse kandidaat in Michigan, Senaatslid Spencer Abraham, door de anti-vuurwapencampagne was verslagen.

De NRA heeft zelfs met haar eigen aanhang weinig voeling, want toen de in Michigan woonachtige leden door marktonderzoeksbureau EPIC-MRA uit Lansing werden ondervraagd, kwam het volgende naar voren:

– 64 procent van de NRA-leden was voor het verplicht melden van de aankoop van handvuurwapens;

– 59 procent was voor het bekrachtigen van het vereiste dat vuurwapens ongeladen moeten worden bewaard;

– 68 procent was voor het opstellen van uniforme veiligheidsvoorschriften voor in eigen land geproduceerde en geïmporteerde vuurwapens;

– 56 procent was voor een wet die een wachttijd voorschrijft van vijf dagen voordat men een vuurwapen aanschaft;

– 55 procent was voor het verbieden van geweermagazijnen met een groot laadvermogen.

DE AMERIKANEN WILLEN DAT DE VUURWAPENS UIT HUN KOUDE, DODE HANDEN WORDEN GEHAALD! Slechts 25 procent van de Amerikanen bezit een vuurwapen en de meerderheid weet dat ze minder veilig zijn met een wapen in huis. Waarom? Omdat er sinds de moord op Kennedy meer dan een miljoen Amerikanen met een vuurwapen zijn vermoord. We hadden nog niet zoveel landgenoten kunnen doden als we nog vijftien keer de Vietnam-oorlog hadden gevochten! Dit betekent dat *iedereen* iemand kent die ooit neergeschoten is. En je weet wat er gebeurt als zoveel mensen met eigen ogen de tragiek van het wapengeweld zien: ze gaan wapens haten! Het is de meerderheid in ons land.

Acht van de tien Amerikanen vindt dat iedereen in het land recht heeft op een ziektekostenverzekering en 52 procent zegt meer belasting of verzekeringspremie te willen betalen om dit te bewerkstelligen. Het is geen wonder dat we een nationale ziektekostenverzekering willen, want we geven per hoofd van de bevolking al 4200 dollar per jaar aan gezondheidszorg uit. In landen waar wel iedereen medische verzorging kan krijgen, betaalt men veel minder: 2400 dollar in Duitsland, 2300 dollar in Canada en 1400 dollar in het Verenigd Koninkrijk.

AMERIKANEN ZIJN SOCIALISTEN EN ZE WILLEN SOCIALE GEZONDHEIDSZORG! Waarom? Omdat ze af en toe wel eens ziek zijn! Wie wordt dat niet en wie wil er dan niet beter worden? Kom op, hier hoeft toch niet over nagedacht te worden? Er zijn zoveel miljoenen mensen die al hun spaargeld aan een ongeluk of afschuwelijke ziekte hebben zien opgaan. Het kan ze nu echt niet schelen wat het kost, ze willen gewoon dat er wat aan gedaan wordt. Kijk maar eens hoe snel we universele gezondheidszorg krijgen als de gewrichten van de babyboomers pijn gaan doen van de artrose en ze een testikel of twee verliezen. De enige reden waarom we het al niet hebben is dat de politici die ertegen zijn zelf uigebreide ziektekostenverzekeringen hebben, waardoor ze nooit iets hoeven te betalen. Ze hebben bijna nooit een doktersrekening betaald en zijn niet van plan om jou van je betaalverplichtingen te ontdoen. Er lijkt niets wreder of ironischer dan dat die rijken, die nooit een cent betalen voor hun dure psychologen of reflexologiebehandelingen, degenen die gewoon een tumor uit hun uterus gehaald willen hebben een stelletje communisten noemen. Nou, de revolutie is ophanden en ik hoop dat al die communisten zonder ziektekostenverzekering de rijken zo'n koppijn bezorgen, dat een hele fles Advil nog niet genoeg is.

Tweeënzestig procent van de Amerikanen wil dat de huidige wetten zodanig veranderd worden, dat er minder geweldloze wetsovertreders naar de gevangenis worden gestuurd. Yep, ze willen dat de criminelen op straat lopen! Tachtig procent wil dat wetsovertreders vaker een taakstraf krijgen en 76 procent gelooft dat ze beter buiten de gevangenis hun slachtoffers schadeloos kunnen stellen, dan dat ze opgesloten worden. Vierenzeventig procent heeft liever dat geweldloze drugsovertreders behandeld of voorwaardelijk in vrijheid gesteld worden.

AMERIKANEN ZIJN SOFT WAT MISDAAD BETREFT! Het zijn een stelletje slapperds en ze zijn zelf ook drugsgebruikers! Viernenegentig miljoen Amerikanen hebben ten minste eenmaal in hun leven een illegaal verdovend middel gebruikt. Geen wonder dat ze jointdraaiers op vrije voeten willen stellen!

Vijfentachtig procent van de Amerikanen vindt dat homoseksuelen dezelfde kansen op het werk moeten hebben als heteroseksuelen en 68 procent wil een wet die discriminatie tegen homoseksuele werknemers strafbaar maakt. Drieënzeventig procent vindt het goed dat er wetten zijn tegen uit haat gepleegde misdaden tegen homoseksuelen en discriminatie in de toewijzing van woningen. De helft zegt nu dat homoseksuele stellen dezelfde rechten zouden moeten hebben als getrouwde stellen en 68 procent denkt dat homoseksuele stellen recht hebben op een uitkering. Zeventig procent is voorstander van een ziektekostenverzekering voor de partner van een homoseksuele werknemer waaraan de werknemer zelf bijdraagt. De helft van de Amerikanen vindt het bovendien geen probleem als homoseksuele stellen kinderen adopteren.

DE AMERIKANEN ZIJN EEN STELLETJE SLAPPE HOMO-LOVERS. Het land gaat naar de flikkers! Het Amerikaanse Hooggerechtshof heeft zojuist seks tussen consensuele homoseksuelen wettig verklaard. Wat zal er nog volgen? Homoseksuele priesters? Hoe krijgen we onszelf macho genoeg voor de volgende oorlog als onze mannen aardig worden voor homo's?

Volgens een opiniepeiling van Gallup uit 2002 is 58 procent van de Amerikanen voorstander van vakbonden. Een peiling van AFL-CIO wees uit dat 56 procent vakbonden goedkeurt en zelfs een eerlijke en evenwichtige peiling van Fox News (oeps, ga me er niet voor vervolgen, of nee, *vervolg me maar!*) wees uit dat de helft van het land een positieve indruk heeft van vakbonden (slechts 32 procent was tegen). Omdat maar 13,2 procent van de werkende bevolking lid is van een vakbond, moet de rest van de stemmen komen van niet-leden die als ze de kans zouden hebben, graag lid van een vakbond zouden willen worden. Tweeënzeventig procent gelooft verder dat Washington te weinig rekening houdt met de werkende Amerikaan.

De gemiddelde werkende Amerikaan heeft totaal geen vertrouwen meer in het bedrijfsleven. Achtentachtig procent heeft weinig of geen vertrouwen in bedrijfsleiders, 68 procent denkt dat deze bedrijfsleiders minder eerlijk en betrouwbaar zijn dan ze tien jaar geleden waren en 52 procent heeft heel weinig of geen vertrouwen in bedrijfsboekhoudingen, tegen 31 procent die enig vertrouwen heeft. Vijfenzestig procent vindt dat het Amerikaanse bedrijfsleven hervormd moet worden en 74 procent denkt dat de problemen van het Amerikaanse bedrijfsleven veroorzaakt worden door hebzucht en een gebrek aan moraal. Ze weten dat die schoften constant verkeerd bezig zijn en ieder moment van de dag in de gaten moeten worden gehouden.

AMERIKANEN HATEN MANNEN! Vooral baas-mannen! Ze vinden dat ze een eerlijk aandeel moeten krijgen en dat de plaats waar ze werken niet de plaats moet zijn waar ze sterven. Ze vinden dat hun werkgevers gedwongen moeten worden om zich behoorlijk te gedragen.

Zoals je ziet, wonen we in een land waar de mensen geloven in rassengelijkheid, gelijke rechten voor vrouwen, vakbonden, een schoon milieu en een eerlijke behandeling van homoseksuelen. Zelfs als het gaat om dat ene punt waarover de Amerikanen conservatief denken, de doodstraf, is het aantal voorstanders de afgelopen vijf jaar flink afgenomen (wat ten dele te danken is aan het werk van de studenten van de Northwestern University, die ten minste elf onschuldige mensen vonden onder de tot de dood veroordeelde gevangenen in Illinois). Vroeger geloofde meer dan 80 procent van de Amerikanen in de doodstraf en nu is dat 64 procent. Toen er gevraagd werd wat ze van de doodstraf vonden als een moordenaar levenslang zou krijgen, zakte het aantal voorstanders zelfs naar 46 procent. Dit is een verbazingwekkende afname van voorstanders voor een van de vreemdste en wreedste activiteiten die plaatsvindt in ons land en in niet één ander westers geïndustrialiseerd land voorkomt. Een recente opiniepeiling van CNN wees zelfs uit dat 60 procent van de Amerikanen vindt dat alle executies moeten worden uitgesteld zolang een commissie onderzoekt of de doodstraf met recht wordt toegepast.

Hoe dat zo gekomen is? Dat is zo gekomen omdat de Amerikaanse mensen een goed hart en een geweten hebben. De meerderheid zal nooit voor het doden van onschuldige mensen zijn, ook al geloven ze in het idee van de doodstraf. Daarom zal het ook niet lang meer duren voor de doodstraf wordt afgeschaft. De mensen leren dat er wellicht onschuldige mensen gedood worden, waardoor ze zullen ophouden voorstanders van zoiets riskants te zijn.

Het is deze goedheid waar ik in geloof die de Amerikanen op het liberale pad zet. Ze willen niet dat andere mensen lijden, ze willen dat iedereen gelijke kansen heeft, ze willen dat ook hun kleinkinderen nog van de planeet kunnen genieten.

De conservatieven weten dat dit het echte Amerika is en ze vinden het vreselijk om in zo'n liberaal land te leven. Je kunt ze iedere dag van de week op de radio of de televisiezender Fox News horen: schreeuwende, schuimbekkende conservatieven. Heb je je wel eens afgevraagd waarom ze allemaal zo *kwaad* zijn? Je zou ze eens moeten horen. Ze doen niets anders dan gal spuwen over verraders, liberalen, homo's, liberalen, gluiperds, liberalen, de Fransen en liberalen. Ik maak me wel eens zorgen dat ze in hun eigen gif zullen stikken en iemand een behandeling voor mensen die stikken in haat moet uitvinden. Hier zijn een paar voorbeelden van wat onze heilige radio- en televisiegolven ons gebracht hebben:

'O, JE BENT ZO'N HOMO. IK HOOP DAT JE AIDS KRIJGT EN ERAAN DOODGAAT, VARKEN. WAT VIND JE DAAR-VAN? WAAROM PROBEER JE ME NIET TE VERVOLGEN, VARKEN. HEB JE NIKS BETERS TE DOEN DAN ME TE BEKRITISEREN, VUIL STUK VRETEN? HEB JE NIKS TE DOEN VANDAAG, EET DAN EEN STUK WORST EN STIK ERIN.'
– Michael Savage

'ALLES WAT [DE LIBERALEN] KUNNEN VERZINNEN OM HET CHRISTENDOM EN JUDAÏSME ZWART TE MA-KEN VINDEN ZE GOED, OMDAT ZE MENTAAL NIET GOED ZIJN. LIBERALISME IS GEEN FILOSOFIE, LIBE-RALISME IS EEN GEESTELIJKE AFWIJKING.'
– Michael Savage

'GOD ZEGT: "DE AARDE IS VAN U. NEEM HEM. PLUN-DER HEM. HIJ IS VAN U."'
– Ann Coulter

'WE MOETEN MENSEN ALS JOHN WALKER EXECUTE-REN OM DE LIBERALEN FYSIEK TE INTIMIDEREN DOOR ZE TE LATEN BESEFFEN DAT OOK ZIJ VER-MOORD KUNNEN WORDEN, ANDERS WORDEN HET REGELRECHTE VERRADERS!'
– Ann Coulter

'WE MOETEN HUN LANDEN AANVALLEN, HUN LEI-
DERS VERMOORDEN EN ZE TOT CHRISTENEN BEKE-
REN.'
— Ann Coulter (over de terroristen van 11 september)

'IK ZEG JULLIE DAT ALS MICHAEL MOORE ZEGT DAT
DEZE PRESIDENT EEN ONWETTIGE PRESIDENT IS, HIJ
OVER DE SCHREEF GAAT, HIJ GAAT OVER DE
SCHREEF... HIJ GAAT DE SCHREEF OVER EN GAAT DE
ANARCHIE IN.'
— Bill O'Reilly

'HET IS WAAR DAT ALS JE ARM BENT EN GEEN GOEDE
ADVOCAAT KUNT BETALEN, DE KANS DAT JE DE GE-
VANGENIS IN GAAT HEEL GROOT IS. MAAR WEET JE,
DAT IS DAN JAMMER!'
— Bill O'Reilly

'HET FEMINISME IS UITGEVONDEN OM ONAANTREK-
KELIJKE VROUWEN MAKKELIJK AAN HET OPENBAAR
LEVEN TE LATEN DEELNEMEN!'
— Rush Limbaugh

'JULLIE LINKSEN, JULLIE WAREN ER NIET TIJDENS
DE KOUDE OORLOG EN JULLIE ZIJN ER NU OOK NIET.
ALS WE NAAR JULLIE ZOUDEN LUISTEREN, BUIGEN
WE BINNENKORT ERGENS AAN DE VOETEN VAN EEN
OF ANDERE DICTATOR!'
— Sean Hannity

'HET IS EEN STELLETJE RUGGENGRAATLOZE
LAFAARDS!'
— Sean Hannity (over linksen uit Hollywood)

'CANADA IS EEN LINKS, SOCIALISTISCH, HOPELOOS
GEVAL. WAT ZIJN DAT NOU VOOR VRIENDEN?'
— Sean Hannity

Op een dag had ik een gesprek met de acteur Tim Robbins, die vaak het onderwerp is van het twistzieke gebabbel van rechts en hij zei: 'Waarom zijn ze altijd zo kwaad? Ze maken toch al de dienst uit, in het Witte Huis, de Senaat, het Huis van Afgevaardigden, het Hooggerechtshof, Wall Street, alle praatprogramma's op de radio en drie van de vier nieuwszenders op de kabel? Ze hebben hun oorlog, ze hebben hun belastingverlaging en hun opperbevelhebber heeft als waarderingscijfer een 7! Je zou denken dat ze blij zouden zijn, maar dat zijn ze niet.'

Het lijkt me wat ziekelijk om ontevreden te zijn als je op bijna alle fronten de touwtjes in handen hebt. Stel je voor wat wij zouden doen als Jesse Jackson president zou zijn, de liberale Democraten de meerderheid in beide huizen van het Congres zouden hebben, Mario Cuomo en Ted Kennedy in het Hooggerechtshof zaten en *The Nation* het meest bekeken nieuwsprogramma op de televisie zou hebben. Man, we zouden in de zevende, nee achtste! hemel zijn, je zou de blijdschap in onze stemmen horen en de glimlach op onze gezichten zien.

Toen ging er opeens een lampje bij me branden: rechts is zo van streek omdat *ze weten* dat ze in de minderheid zijn. Ze weten dat de Amerikaanse burgers het eigenlijk helemaal niet met hen eens zijn en dat ze dat ook nooit zullen zijn. Net als de meeste andere mensen houden Amerikanen zich niet graag op met mensen die vol zitten met haat en bekrompenheid. Daarom zijn ze zo kwaad, omdat ze weten dat ze een uitstervend ras zijn. Ze weten dat de potten, Hispanics en homo's het roer zullen overnemen en richten daarom zoveel mogelijk schade aan voordat hun politieke ras uitgestorven raakt. Ze janken het gejank van een stervende hond en brullen zoals de dinosauriërs dat tijdens hun laatste dagen gedaan moeten hebben. In plaats van met ze in de clinch te gaan, moeten we medelijden met ze hebben.

De meeste Amerikanen zouden zich natuurlijk nooit 'liberaal' noemen, want dit is de afgelopen twee decennia het vieste woord in de Amerikaanse politiek geworden. Een Republikein hoeft een tegenstander alleen maar 'een liberaal' te noemen en dat zou dan het einde van die *loser* moeten zijn. Het hielp ook al niet dat de liberalen ze in de kaart speelden door zelf de term niet meer te gebruiken en vervolgens zo weinig mogelijk liberaal te zijn. De liberalen hebben zich inmiddels zo vaak conservatief gedragen en conservatief gestemd, dat ze de term 'sul' een nieuwe betekenis hebben gegeven.

Daarom stemmen de Amerikanen meestal niet graag op liberalen. Een 'liberale leider' is vaak een megasukkel. Liberalen leiden niet, ze volgen. De conservatieven zijn leiders. Ze worden gedreven door hun overtuiging. Ze buigen niet, ze breken niet en ze geven nooit toe. Ze streven meedogenloos hun idealen na. Ze kennen geen angst en laten zich door niemand koeioneren. Met andere woorden: ze *geloven* ergens in. Wanneer was de laatste keer dat jij een liberaal of Democraat tegenkwam die zich aan een principe hield gewoon omdat dat goed was?

Daarom hebben de meeste Amerikanen geen vertrouwen in liberalen. Je weet nooit met welke wind ze zullen meewaaien. Met een conservatief of Republikein is wat je ziet tenminste ook wat je krijgt en in deze bange tijden vinden miljoenen mensen dat heel geruststellend.

Het andere probleem is dat veel liberalen niet erg leuke mensen zijn en er ook niet uitzien of ze het naar hun zin hebben. Wie wil daar nou bij horen?

De definitie van het woord 'liberaal' in *Webster's Collegiate Dictionary* luidt als volgt: 'Niet klein of bekrompen van geest; niet egoïstisch' en 'niet gebonden aan orthodoxe principes of gevestigde vormen in politieke of religieuze filosofie; onafhankelijk van mening; niet conservatief; voorstander van grote vrijheid in het instituut of het beleid van de regering...' Liberaal wordt ook gedefinieerd als vrijgevig 'en impliceert een ruimheid van geest in het geven, beoordelen, handelen, enz.'.

En dit is nou precies hoe de meerderheid van de Amerikanen tegenwoordig denkt en handelt. Hoewel ze het woord zelf niet gebruiken, zijn ze in hun woorden en daden de levende definitie van liberaal. De meeste onafhankelijke, vrijdenkende vrouwen gebruiken ook nauwelijks nog het woord 'feministisch', want hun daden zeggen meer dan de afwezigheid van een benaming, maar feministisch is wat ze zijn.

Laten we dus niet aan die termen blijven plakken. De meeste Amerikanen benaderen de wereld niet met etiketten, maar met hun gezond verstand. De meeste Amerikanen vinden het logisch dat het water en de lucht niet vervuild moeten worden, dat de regering niks te maken heeft met de slaapkamer of genitaliën van een volwassene en dat het niet goed is mensen gelijke kansen te weigeren vanwege hun huidskleur. De Amerikanen zien dit niet als politieke kwesties, maar als gewone logica. Deze houding mag dan typisch liberaal zijn, maar laten we deze culturele verandering eens tegen een heel ander licht houden.

Laten we het volgende stellen: Het land wordt geregeerd door een nieuwe *meerderheid die het gezond verstand gebruikt*. Getuigt het van *gezond verstand* om toe te staan dat 75 miljoen mensen het grootste deel van of zelfs de hele afgelopen twee jaar geen ziektekostenverzekering hadden? Natuurlijk niet, dat is *onverstandig*. Getuigt het van *gezond verstand* om maar vijf bedrijven alle grote nieuws- en informatiebronnen in Amerika te laten bezitten? Zeker niet. Getuigt het van *gezond verstand* om ervoor te zorgen dat iedereen een baan heeft en tenminste een minimuminkomen verdient? Reken maar, dat is heel *verstandig*.

Welk redelijk denkend mens is hier geen voorstander van? Wij moeten bepalen wat er op de gezond-verstand-agenda komt en de touwtjes in handen nemen. Het kleine groepje conservatieven dat het nu wat betreft de meeste aspecten van ons leven voor het zeggen heeft, behoort tot de onverstandige of onzin-minderheid. *Zij vertegenwoordigen de overgrote meerderheid van dit land niet.*

Je denkt misschien: als dat waar is, waarom krijgt Bush dan zo'n hoog waarderingscijfer?

Ik denk dat het antwoord hierop eenvoudig is. Amerika werd aangevallen. Er stierven meer dan drieduizend mensen. Het ligt in de menselijke aard om, als je bent aangevallen, je achter je leider te scharen, *wie die leider ook is*. Bush' hoge waarderingscijfer betreft niet zijn beleid, maar is de reactie van een bang land dat geen andere keus heeft dan de man te steunen die de taak heeft hen te beschermen. Amerika is *niet* verliefd geworden op George Bush, het is meer een kwestie van 'houd van degene die je (tegen wil en dank) hebt'.

Laat ik het nog eens zeggen: de overweldigende steun voor de oorlog in Irak kwam pas *nadat* de oorlog begonnen was. Voor de oorlog begon, vond de meerderheid van de Amerikanen dat we Irak niet moesten aanvallen tenzij we de steun en toezegging tot deelname hadden van al onze bondgenoten *en* de Verenigde Naties. Maar toen de oorlog eenmaal begonnen was, wilde de gemiddelde Amerikaan de soldaten steunen en wilde hij dat die soldaten weer levend thuiskwamen. Het waren uiteindelijk *hun* kinderen die daar naartoe gestuurd werden. Wat moesten ze anders tegen die enquêteur die ze opbelde zeggen – het was wel *hun* zoon of dochter of de kinderen van *hun* buren die in gevaar waren.

Er is eigenlijk helemaal niet zoveel steun voor George Bush. De economie is er slecht aan toe en veel mensen hebben dagelijks moeite de touwtjes aan elkaar te knopen. Bush kan onmogelijk al deze mensen en zijn rijke vriendjes tegelijk te vriend houden. Hoewel de Amerikaanse burgers van hun land houden en de regering willen steunen, is het enige waar ze aan denken als ze naar de stembus gaan een baan die de rekeningen betaalt.

Dus houd moed en kijk eens om je heen. Je woont in een land vol progressieve, liberaal gezinde, goedhartige mensen. Geef jezelf een schouderklopje – jij hebt gewonnen! Wij hebben gewonnen! Laten we een vreugdedansje maken en dan aan de Grote Wansituatie gaan werken, namelijk dat in een land van linksen rechts op alle fronten aan de macht is. Zij vertegenwoordigen de wil van het volk niet, en daar moet verandering in komen. Ga jullie als overwinnaars gedragen en eis dit land, dat toch echt van ons is, op.

10

Hoe je met je conservatieve zwager praat

Je weet precies hoe het gaat. Het Thanksgiving-diner. De hele familie zit weer met elkaar aan tafel om gezellig met elkaar te eten. De cranberry's zijn rijp, de vogel is bruingebraden en die zwager van je aan de andere kant van de tafel is weer eens bezig. 'Die belastingverlaging van Bush zet dit land weer op het spoor van de welvaart!' Het wordt ongemakkelijk stil in de kamer en iemand probeert het onderwerp van gesprek te veranderen. De zwager, een weetal die aardig is tegen je zus maar desalniettemin een vervelende zeikerd is, zet zijn betoog gewoon voort en werkt de gebruikelijke klachtenlijst af: 'er zijn veel te veel klaplopers onder degenen met een uitkering', 'positieve discriminatie is discriminatie' en 'ze moeten meer gevangenissen bouwen en de sleutel weggooien'. Je nicht Lydia, die thuis is van Antioch College, heeft er nu genoeg van en noemt hem een 'racist' en een 'lul'. Plotseling vliegt oma's speciale aardappelpuree met dille over de tafel als een Amerikaanse raket op een zonnige morgen in een woonwijk van Bagdad en de genoeglijke familiebijeenkomst is een culinaire versie van het tv-programma *Crossfire* geworden.

Laten we eerlijk zijn, bijna iedere familie heeft zijn eigen rechtse reactionair en je kunt er maar weinig aan doen. Het is statistisch zeker dat voor iedere twee liberalen er één persoon is die terugverlangt naar de dagen van Strom Thurmond en wettelijk geaccepteerde verkrachtingen tijdens afspraakjes.

Het lijkt wel of ik ze het afgelopen jaar allemaal ben tegengekomen. Veel van hen hebben me lange, vurige brieven geschreven die je maar weinig tegenkomt aan onze kant van het politieke hek. Sommigen spreken me op straat aan en proberen een verhit debat met me aan te gaan. Een enkele keer heb ik zo iemand uitgenodigd om een kop koffie met me te gaan drinken (hoewel ik helemaal geen koffie drink en zijzelf er duidelijk veel te veel van op hebben). Ik ga dan niet met hen in discussie, maar luister naar hun geschreeuw over Bush, liberalen en bijstandskoninginnen. Het is een hele show die ze opvoeren. Hun opsomming van klachten is lang en het is opvallend hoe eender ze klinken, alsof ze hun discussiepunten rechtstreeks uit *Conan de Barbaar* hebben. Het enige wat ze willen is om overal waar ze homoseks hebben, de planeet van softe multi-culturalisten ontdoen.

Maar als je lang en goed genoeg luistert, kun je een zwakke roep om hulp horen. Het is duidelijk dat ze aan een unieke ziekte lijden waardoor ze langzaam gek worden. Diep in hun hart zijn deze mensen heel, HEEL bang. Ze zijn bang omdat ze onwetend zijn, ze weten maar weinig van de wereld buiten hun eigen kringetje en hebben bijvoorbeeld geen idee hoe het is om zwart te zijn, of heel arm, of hoe het is om iemand van je eigen sekse te willen kussen. Deze onwetendheid leidt tot een permanente en overweldigende staat van angst. Deze angst uit zich al snel als haat, wat uiteindelijk tot iets heel slechts leidt. Het enige wat ze nog willen is anderen kwaad doen, zoniet eigenhandig (ze zijn meestal te bang om het zelf te doen), danwel via de staat: 'STOP HUN UITKERINGEN! ONTNEEM ZE HUN BANEN! AFSCHIETEN DIE LUI!'

En die haat krijgt niet alleen een politiek maar ook een persoonlijk tintje, zoals iedereen die met zo'n persoon getrouwd is geweest of hem als familielid, buurman of baas heeft gehad, weet. Je hebt een moeilijke weg te gaan als je de dag begint door kwaad te zijn op iedereen die niet op JOU lijkt.

Voorzover ik weet is er geen enkele school of therapie die deze ziekte kan genezen en geen enkel farmaceutisch bedrijf dat een medicijn voor deze conservatieve razernij heeft gevonden. (In wezen hebben de medicijnproducenten deze Republikeinse stemmen hard nodig om ervoor te zorgen dat ze niet door te veel regels aan banden worden gelegd, dus is het in hun eigen belang dat deze boze blanke mannen nooit genezen worden.)

Ik geloof er heilig in dat we veel van deze conservatieven kunnen laten inzien dat ze op de verkeerde weg zijn. We kunnen ze aanmoedigen om anders te denken over de onderwerpen die ons bezighouden, zodat ze de dingen gaan zien op een manier die noch als dreigend wordt ervaren, noch iets verandert aan de intrinsieke waarden waar ze in geloven. Ik denk dat veel mensen verstrikt zijn geraakt in hun eigen boosheid en gemanipuleerd zijn door propaganda die hun bloed doet koken. De zakenwereld en religieuze en politieke leiders weten precies wat ze doen moeten om verder normale, goedbedoelende mensen aan hun kant te krijgen.

Ik denk dat er wat aan te doen is, dat we die zwager van je kunnen *bekeren*.

'O, hé, wacht even, ik ben geen missionaris!' zeg je misschien. 'Niet als ik me met zulk soort idioten moet ophouden!'

Maar wil je dan niet dat het nog tijdens jouw leven echt en blijvend verandert? Wil je die conservatieve beweging die het Congres met zoveel Republikeinen infecteert niet onderuit halen? Wil je niet een beetje lol hebben?

Ik heb het niet over een poging om de permanent gestoorden van gedachten te doen veranderen. Ik heb het niet over het overhalen van uiterst rechts. Die zijn al te ver heen, bovendien zijn ze zo in de minderheid dat ik me daar niet druk over wil maken.

Nee, ik heb het over de mensen die je kent en, jawel, liefhebt. Ze zorgen goed voor hun kinderen, onderhouden hun huis netjes, doen vrijwilligerswerk in de kerk en – hoe is het toch mogelijk – stemmen altijd op de Republikeinen. Je snapt het niet. Hoe kan het nou dat zo'n aardige vent bij de partij van Atilla de Hun wil horen?

Dit is wat ik denk: deze mensen zijn niet echt Republikeins, ze gebruiken gewoon het woord omdat het met traditie, het gezond verstand en geld sparen geassocieerd wordt. Dus noemen ze zichzelf Republikein, want wie was uiteindelijk de eerste Republikein waar je in de geschiedenisles van hoorde? Die eerlijke Abe Lincoln, de man die goed genoeg was om op zowel de penny als het biljet van vijf dollar terecht te komen! Bovendien had je dankzij hem een dag vrij van school.

Deze mensen zijn alleen maar Republikein in naam; RIN's. Stel ze maar eens een paar vragen, bijvoorbeeld: wil je een schoon milieu? Zou je in een wijk gaan wonen waar zwarten wonen? Geloof je in oorlog om onze geschillen met anderen op te lossen? De meesten geven geen typisch Republikeinse antwoorden. Ik heb een vriendin die zichzelf Republikeins noemt, maar als ik haar vraag of vrouwen hetzelfde betaald moeten worden als mannen, zegt ze: 'We zouden meer moeten krijgen!' Als ik haar vraag of het toegestaan moet worden dat er afval in het meer in haar buurt gegooid wordt, herinnert ze me eraan dat ze lid is van de plaatselijke natuurbeschermingsraad. En als ik haar vraag hoe het sinds ze van 'die leugenaar Clinton' af is met haar aandelen gaat, zegt ze: 'Hou maar op.'

Dus, zeg ik tegen haar, als Bush de economie de nek omdraait, wat je duizenden dollars per maand kost, als de Republikeinen het eenvoudiger willen maken om afval in je meer te storten en als je denkt dat vrouwen dezelfde rechten moeten hebben als mannen, waarom noem je jezelf dan in vredesnaam een Republikein?!

'Omdat de Democraten de belastingen verhogen,' antwoordt ze zonder aarzelen.

Dit is nu de RIN-mantra. Hoewel deze 'Republikeinen' duidelijk weinig met het Republikeinse beleid op hebben en ze weten dat de Republikeinen hun leven op vele fronten slechter maken, blijven ze zich om slechts één reden Republikein noemen: ze denken dat de Democraten op hun zuur verdiende geld uit zijn.

Zoals ik al zei, geloof ik dat we in een land wonen waar de meerderheid liberaal is, maar als we permanent iets wezenlijks willen veranderen, moeten we een paar miljoen van die RIN's aan onze kant zien te krijgen. Ze staan op ons te wachten en willen graag komen, zolang ze hun geld maar mee mogen nemen.

Ik heb een paar ideeën over hoe we onze meerderheid kunnen vergroten door onze RIN-vrienden en -familie over te halen zich bij ons te voegen. Sommige voorstellen vragen wat nederigheid van je, maar ik ben ervan overtuigd dat de meeste werken. Het is tijd dat we die enorme groep zachte voorstanders van conservatief rechts die rechts zo lang gehad heeft, daar weghalen.

En mocht het toch mislukken, dan heb je in ieder geval een veel gezelliger Thanksgiving-diner:

1. Verzeker je conservatieve vrienden of familie er ten eerste van dat je niet op hun geld uit bent. Je wilt niet dat ze minder gaan verdienen dan jij of dat ze hun geld verliezen. Laat ze direct weten dat je het prima vindt dat ze van hun geld houden, want dat doe jij ook (alleen is het een ander soort liefde).

2. Ten tweede moet ieder politiek onderwerp dat je aansnijdt over hen gaan en voor hen zijn. Al hun beslissingen draaien om 'wat is het voordeel daarvan voor MIJ?'. In plaats van dit egoïsme te bestrijden, kun je er beter in meegaan en het voeden. Ja, zeg je dan, dat is *goed* voor JOU. De conservatief leeft in de eerste persoon enkelvoud: IK, MIJ, MIJN en als je wilt dat ze naar je luisteren, moet je deze taal spreken.

3. Leef je in in de gedachten van de conservatief. Als je wilt dat de bekering succesvol is, moet je je op het donkere terrein van het conservatieve brein begeven. Wat je daar tegenkomt, is angst: angst voor misdaad, angst voor vijanden, angst voor verandering, angst voor mensen die anders zijn dan zij en – natuurlijk – angst dat ze ergens geld aan kwijtraken. Als ze het niet kunnen zien (er wonen geen etnisch gemengde stellen in hun buurt), zijn ze er bang voor. Als ze het niet aan kunnen raken (driehonderd jaar slavernij, dat was lang geleden), kunnen ze niet begrijpen waarom de dingen zijn zoals ze zijn. En als ze het niet kunnen ruiken (er staan geen industriële verbrandingsovens bij hen in de buurt), denken ze dat de planeet er goed aan toe is.

4. Respecteer hen zoals je zelf gerespecteerd wilt worden. We vragen ze om zich fatsoenlijk te gedragen en zich om andere dingen te bekommeren dan alleen hun geld, maar als we ons zelf niet fatsoenlijk gedragen, vooral wat betreft de manier waarop we met ze omgaan en tegen ze praten, wat vragen we dan van ze? Dat ze worden zoals wij? Ik hoop van niet.

5. Vertel ze op welke punten je het met hen *eens* bent. Wees nou eerlijk, er zijn heel wat zaken waarover we hetzelfde denken als de conservatieven, hoewel we dat meestal niet hardop durven te zeggen. **Zeg het hardop** tegen je conservatieve zwager. Zeg tegen hem dat jij ook bang bent om het slachtoffer van een misdaad te worden en wilt voorkomen dat criminelen niet voor hun daden gestraft worden. Zeg tegen hem dat als Amerika aangevallen wordt, jij de eerste bent die de weerlozen zal verdedigen en zeg dat jij ook niet van klaplopers houdt, vooral niet van die huisgenoot die je tijdens je studie had die nooit een vinger uitstak en overal een rotzooi van maakte.

Dan ziet hij in dat jij in sommige opzichten op hem lijkt.

Zeg ook hoe betrouwbaar conservatieven zijn. Als er iets gerepareerd moet worden, bel je je rechtse zwager, nietwaar? Je kunt zelf helemaal niks maken en die zeurderige liberale vrienden van je ook niet. En als je werk nodig hebt, wie neemt je dan in dienst? Precies, de conservatieve eigenaar van het bedrijf. Je gaat toch niet je dienstweigerende, liberale zwager om een baan vragen? En als je iemand nodig hebt die die pestkop die jou steeds lastigviel eens flink afranselt, ga je het toch echt niet aan die oom die bij de Unitariërskerk is vragen? Je weet maar nooit wanneer je dat conservatieve familielid nodig hebt.

Conservatieven zijn ordelijk, punctueel, efficiënt, netjes gekleed en consistent. Dit zijn allemaal goede eigenschappen en we zouden willen dat wij daar wat meer van hadden. Kom op, geef toe, waar zijn wanordelijk, inefficiënt, slordig, chaotisch en altijd te laat goed voor geweest? Nergens! Zeg waar de RIN goed in is, en je zult zien dat hij meer geneigd is om te luisteren naar wat je verder nog te zeggen hebt.

6. Geef toe dat links ook fouten heeft gemaakt. Au! Dit is een moeilijke. Ja, ik weet het, laat ze doodvallen, *wij* zijn niet degenen die wat moeten opbiechten! Maar als je toegeeft dat je ook wel eens fouten hebt gemaakt, is het makkelijker voor de ander om te vertellen welke fouten hij heeft gemaakt. Bovendien kom je zo menselijker en minder zakkerig over. Ik heb twee hele dagen naar mijn computerscherm zitten staren voor ik mezelf ertoe kon brengen om over onze fouten verder te gaan, maar dit is een begin:

– Mumia heeft die vent waarschijnlijk wel vermoord. Zo, ik heb het gezegd, maar dat betekent nog niet dat hij geen recht heeft op een eerlijk proces of dat hij ter dood gebracht moet worden. Maar omdat we niet willen dat hij of iemand anders geëxecuteerd wordt, hebben we bij zijn verdediging misschien over het hoofd gezien dat hij die politieagent echt vermoord heeft. Dat neemt niet weg dat hij zich heel goed schriftelijk en mondeling kan uitdrukken en dat hij een belangrijke plaats heeft ingenomen in de internationale politieke arena. Maar hij heeft waarschijnlijk wel die man vermoord.

– Drugs zijn slecht. Ze verpesten je gezondheid, maken je sloom en maken een puinhoop van je leven. Nancy Reagan kan mijn kont kussen, maar je moet gewoon nee zeggen.

– Mannen en vrouwen zijn verschillend. We zijn niet van dezelfde sekse. Moet ik je de tekeningen laten zien? Ons gedrag is zodanig bepaald dat, of dat nu door onze natuur of onze omgeving komt, we onze eigen eigenaardigheden, verlangens en gewoonten hebben. De kunst is om ervoor te zorgen dat die eigenaardigheden de andere sekse niet te veel storen. Er zijn bijvoorbeeld maar weinig vrouwen die iemand op straat neerschieten. De kans dat je vanavond op weg naar huis door een vrouw met een vuurwapen beroofd wordt, is nul. Deze eigenaardigheid is typisch iets van mijn sekse. Evengoed zijn er maar weinig mannen wie het wat kan schelen of het bed opgemaakt is of niet. Waarom zou je je bed opmaken? Wie ziet het? Moeten we de lakens soms afschermen voor iets wat ze niet mogen zien terwijl wij aan het werk zijn?

– Het is echt geen goed idee om seks te hebben voor je achttien bent. Oké, ik ben misschien gewoon jaloers omdat ik tot mijn tweeëndertigste moest wachten, maar de prijs die je voor tienerseks betaalt is behoorlijk hoog: ongewilde zwangerschappen, ziektes en oorvergrotingen, omdat je altijd een oor te luisteren moet leggen om te horen of je ouders soms vroeger thuiskomen. Wat heb je eraan? Als het enigszins kan, moet je niet aan baby's beginnen tot je in de twintig of dertig bent, want het is in onze op slavenwerk gebaseerde economie bijna onmogelijk om dit zonder veel pijn en misère tot een goed einde te brengen.

– MTV is waardeloos. De slechtste manier om een middag door te brengen is door naar achterlijke beelden van vrouwen, geweld en acteurs uit The Real World die zelf te veel afleveringen van The Real World gezien hebben te kijken. Dan kun je nog beter tienerseks hebben en daarna samen een boek lezen.

– Krokante muesli is slecht voor je. Het zit vol suiker en vet. Er is één studie waaruit blijkt dat veel merken krokante muesli meer verzadigde vetten en suiker per portie bevatten dan vijf chocoladekoekjes of één stuk sinaasappel-worteltaart. Vegetarisme is ongezond. Mensen hebben proteïnen nodig, veel proteïnen. Dus weg met die spruitjes, neem een biefstuk!

– De zon is goed voor je. Je huid heeft ten minste tien minuten direct zonlicht per dag nodig voor die broodnodige vitamine D. Hou op met je kinderen steeds met zonnecrème in te smeren. Als je je echt zoveel zorgen over UV-stralen en huidkanker maakt, vraag je dan eens af wanneer je voor het laatst een Greenpeace-bijeenkomst hebt bijgewoond om de zaak te verbeteren.

– Mensen die geweldsdelicten plegen moeten opgesloten worden. Gevaarlijke mensen horen niet op straat te lopen. Ze moeten geholpen worden, ze moeten rehabiliteren en we moeten proberen de oorzaken van deze delicten weg te nemen, maar niemand heeft het recht om je aan te vallen of op te lichten. En als je jezelf er niet toe kunt brengen om ook maar een beetje kwaad te zijn op degenen die jou kwaad willen doen, vinden de meeste normale mensen je een watje of een idioot. Ik zou je zelfs meteen willen afranselen!

–Je kinderen hebben geen recht op privacy en je kunt ze beter in de gaten houden. Terwijl jij dit zit te lezen, zijn zij iets aan het doen. Wat doen ze? Zie je wel, je hebt geen flauw idee! Leg dit boek neer en ga meteen naar boven!

–Niet alle vakbonden zijn goed, veel ervan zijn zelfs slecht. Ze hebben hun leden het pensioenplan van hun bedrijf aangesmeerd en toen – poef!–verdween het geld. Ze zijn nationalistisch geworden en hebben van BuyUSA, een dienst die bedrijven helpt goederen of diensten te exporteren, een racistische beweging gemaakt. Er zijn twee goede vakbonden: SEIU (Service Employees International Union) en UE (United Electrical, Radio and Machine Workers of America). Neem contact met ze op als je je collega's wilt organiseren of, als je wat hulp wilt hebben over hoe je dat moet doen, kijk dan op www.aflcio.org/aboutunions/howto/. Als je lid bent van een van die luie, ineffectieve vakbonden die het bed delen met de bedrijfsleiding of Bush, kun je beter naar de volgende vakbondsvergadering gaan en je kandidaat stellen.

–SUV's (soort terreinwagens) zijn niet slecht. Wat wel slecht is, is dat ze zoveel benzine slurpen, bedoeld zijn als moordwapens en door gladde yuppies door woonwijken worden gereden. De meeste SUV's zijn hartstikke oncomfortabel en rijden helemaal niet lekker.

–'Terug naar de natuur' is een stom idee. De natuur wil jou helemaal niet in de buurt hebben, daarom heeft de natuur steden gebouwd; om je zover mogelijk van haar vandaan te houden!

–Bill O'Reilly heeft een paar goede opmerkingen gemaakt. Hij is tegen de doodstraf, hij neemt het op voor kinderen en hij is tegen de Noord-Amerikaanse Vrijhandelsovereenkomst. Oké, het is een zak, maar zelfs zakken hebben wel eens gelijk.

–Te veel liberalen hebben een arrogante houding ten opzichte van religie en denken dat mensen die religieus zijn, bijgelovige vijftiende-eeuwse onbenullen zijn. We hebben het bij het verkeerde eind. Zij hebben evenveel recht op hun religie als wij het recht hebben geen religie te hebben. Deze arrogante houding is een belangrijke reden waarom de arbeidersklassen altijd op de Republikeinen zullen stemmen.

– Wij zeggen dingen op een slappe manier. Het lijkt wel of we onze eigen taal ontwikkeld hebben en het ergert iedereen van wie we willen dat hij naar ons luistert. Hou op met die politiek correcte onzin, met dat sentimentele gedoe en zeg gewoon wat je denkt. Minder watje en meer wammes!

– Waarom geef je nog steeds af op die rechtse schrijfster Ann Coulter? Ja, ze is zo gek als een deur, maar ze heeft meer lef dan de hele Democratic Leadership Council bij elkaar. Je bent gewoon jaloers omdat wij geen Ann Coulter hebben en hou op naar haar benen te kijken! Daarom ben je zo door haar in de war!

– Dat voorstel van een liberaal radionetwerk? Wat een tijdverspilling. Radio? Ben je gek! In welke eeuw leef jij eigenlijk? Ja zeg, laten we een liberaal expeditiebedrijf met pony's opzetten! Of wat denk je van een liberaal morsealfabet? s-o-s! Hallo, dit is de eenentwintigste eeuw! Zet liever een tv-zender op of een internetorganisatie of laat Snoop Dogg en 50 Cent als presidentskandidaten opdraven!

– Dieren hebben geen rechten. Ze moeten 'menswaardig' behandeld worden en ja, bedrijven die kippen 'oogsten' zijn walgelijk, maar kippen 'bevrijden' van hun legbatterijen is idioot. Ze weten niet hoe ze zich in het wild moeten redden en worden alleen maar door een vrachtwagen aangereden. En houd ook eens op over de melk, hoe slecht die ook voor je is. Je maakt je alleen maar belachelijk als je net als dierenrechtenorganisatie PETA (People for the Ethical Treatment of Animals) op televisie verschijnt en beweert dat bier beter voor je is dan melk. Ik krijg van die onzin gewoon de neiging om m'n hond een schop te geven.

– Nixon was liberaler dan de laatste vijf presidenten. Zijn regering begon gesprekken met China, hij speelde een hoofdrol in het doorvoeren van positieve discriminatie met betrekking tot het in dienst nemen van vrouwen en nam het op voor de rechten van vrouwen. Hij was de eerste president die overeenkomsten tekende ter beheersing van nucleaire wapens, hij was verantwoordelijk voor de wet voor schone lucht van 1970 en zette het ministerie van Natuurlijke Hulpbronnen en de Environmental Protection Agency op. Hij gaf ons Title ix, waardoor er belastinggeld werd vrijgemaakt voor vrouwensporten en probeerde hervormingen op het gebied van welzijnszorg door te voeren die een inkomen voor de armen garandeerden. Nixon had eruit geknikkerd moeten worden en de miljoenen doden in Zuidoost-Azië zullen hem altijd blijven achtervolgen, maar als ik bedenk dat hij de laatste 'liberale' president was, moet ik kotsen.

Nadat je toegegeven hebt dat je niet altijd gelijk hebt, zal je conservatieve vriend veel minder in de verdediging gaan en meer naar je luisteren. Als je dat bereikt hebt, is het tijd om hem of haar ervan te overtuigen dat ze de dingen ook op een andere manier kunnen bekijken. Het is alleen wel belangrijk dat je NOOIT het 'morele' argument aandraagt dat het Pentagon minder geld zou moeten krijgen of dat een ziek kind recht heeft op een dokter. We hebben dit al zo lang geprobeerd en ze werken gewoon niet bij conservatieven. Dus blijf kalm en bedenk dat het over HEN moet gaan. Begin ieder argument met de zin: 'Ik wil dat je meer geld verdient!' en begin dan aan de hand van de volgende stellingen de discussie:

'Je verdient meer geld als je je werknemers meer betaalt!'

Beste zwager, als je je mensen niet genoeg betaalt om voor de elementaire zaken in het leven te zorgen, gaat dat jou en alle andere mensen een hoop geld kosten. Als mensen een tweede of derde baan erbij moeten nemen, presteren ze voor alledrie de banen minder en kunnen ze zich minder goed concentreren op één bepaald doel, namelijk veel geld verdienen voor *jou*! Ze zijn met hun gedachten ergens anders, denken aan hoe ze bij dat andere bedrijf moeten komen om veel geld te verdienen voor die *andere* baas. Je werknemer is daardoor moe, maakt meer fouten, heeft meer ongelukken, gaat vroeger weg en presteert minder goed dan als hij alleen voor jou zou werken. Waarom zou je hem helpen geld te verdienen voor iemand anders? Als je hem een behoorlijk loon zou betalen, zou hij alleen aan *jou* denken!

Als je werknemers niet genoeg verdienen om van te kunnen leven, moeten ze de hulp van de staat inroepen en wie betaalt dat? JIJ. Waarom wil je daar meer belasting voor betalen, als je die mensen direct kunt betalen en zogenaamd de goedhartige man kunt uithangen? Schakel de tussenpersoon uit en tel uit je winst.

Als je je werknemers meer betaalt, wat doen ze dan met het extra geld? In aandelen investeren? Op buitenlandse bankrekeningen zetten? Nee, ze geven het uit! En waar geven ze het aan uit? Aan spullen die jij maakt en verkoopt. De arbeidersklasse is de consumentenklasse die jou je winst bezorgt, want ze sparen niet. Ze gaan de winkels in op zoek naar spullen die ze niet echt nodig hebben. Dus iedere dollar die jij en andere bazen in lonen uitkeren, wordt bijna direct terugverdiend, waardoor je winstmarge wordt vergroot en je aandeel stijgt. Je wordt dubbel beloond.

Als je je mensen peanuts betaalt of ze ontslaat, kunnen ze je spullen niet kopen. Ze worden een last voor de economie, sommigen gaan het criminele pad op en dan willen ze jouw Mercedes, niet die roestbak van hun buurman. Dus waarom zou je jezelf in de positie brengen waarin je het slachtoffer van hun misdaden zou kunnen worden? Betaal ze een fatsoenlijk loon, geef ze opslag en zorg voor goede secundaire arbeidsvoorwaarden. Dan kun je 's avonds met een gerust hart naar je paleis gaan, want je weet dat je blije werknemers niet de versiering van je voorklep staan te slopen, maar bezig zijn hun geld weer in jouw zakken te stoppen.

'Je verdient meer geld als je iedereen een ziektekostenverzekering geeft!'

Zwagerlief, jij bent werkgever en je werknemers hebben geen ziektekostenverzekering. Dit kost je een groot deel van je winst. Zij kunnen niet naar hun werk komen, jij lijdt verlies. Zij zijn langer afwezig, jij lijdt verlies. Anderen werken overtijd om de gaten te dichten, jij lijdt verlies. Zij werken terwijl ze ziek zijn, jij lijdt verlies. Maar werknemers die een ziektekostenverzekering hebben, gaan naar de dokter, krijgen medicijnen en worden sneller beter. Als je ze een paar dagen van hun ziekteverlof doorbetaalt, blijven ze een paar dagen thuis en komen dan snel weer terug om geld voor je te verdienen. En omdat ze goed behandeld worden, hebben ze meer plezier in hun werk, waardoor ze nog harder werken. Werknemers wier ziektekostenverzekering de kosten van een psychiater dekt of die preventieve medicijnen nemen, zijn productiever en dragen meer bij aan het succes van het bedrijf. De kortetermijnuitgave van geld voor een collectieve ziektekostenverzekering heeft grote voordelen op de lange termijn en bespaart je uiteindelijk een hele hoop geld.

'Je verdient meer geld als je voor goede kinderopvang zorgt!'

Afwezigheid veroorzaakt een flinke knauw in ons bruto nationaal product. Volgens schattingen kost het onze economie wel vijftig miljard dollar per jaar. De gemiddelde werkgever verliest bijna achthonderd dollar per werknemer per jaar door ongeplande afwezigheid. Vijfenveertig procent van de afwezigen komt niet opdagen om persoonlijke of familieredenen, wat betekent dat pap of mam niet naar zijn of haar werk is gegaan omdat de oppas niet kwam, of de oppas ziek werd en vroeger naar huis moest, of dat de kinderen ziek waren en naar de dokter moesten, of dat het kind van de oppas op school in moeilijkheden kwam, waardoor de oppas weg moest enz. enz. Dit, mijn conservatieve vriend, kost geld. Voor de prijs van een bedrijfscrèche of -dagverblijf kan het bedrijf meer geld verdienen, kun jij meer geld verdienen en kunnen de oppassen echte banen met echte arbeidsvoorwaarden krijgen. Bovendien kunnen de miljoenen wetsovertreders die hun oppas zwart betalen uit de criminaliteit komen!

'Je verdient meer geld als je werknemers zich bij een vakbond aansluiten!'

Als je een werknemer bent, niet een werkgever, die zichzelf als een conservatief beschouwt en de pest heeft aan vakbonden, heb ik één vraag: waarom? Als je meer geld wilt verdienen, moet je lid worden van een vakbond. Volgens het Amerikaanse ministerie van Arbeid verdienen vakbondsleden gemiddeld 717 dollar per week. Niet-leden zoals jij verdienen gemiddeld 573 dollar per week. Conservatief zijn draait om jou en om zoveel mogelijk geld verdienen als je kunt. Dus waarom geen lid van een vakbond worden? Omdat je geen lid van een groep wilt zijn? Wat heb je tegen democratie? Sommige vakbonden zijn niet democratisch? Word daar dan geen lid van. Begin er zelf een. Dat vrije land waar je het altijd over hebt? Dat betekent het nou, dat je

het recht van samenkomst hebt. Dit recht is zelfs zo belangrijk dat het
het eerste recht is van de eerste tien amendementen op de grondwet.

'Schone lucht en schoon water besparen je geld!'

Er sterven in de vs jaarlijks zeventigduizend mensen aan luchtvervuiling, dat is evenveel als het aantal doden als gevolg van borstkanker en
prostaatkanker bij elkaar. De kosten die de gezondheidszorg heeft als
gevolg van luchtvervuiling worden door de regering geraamd op veertig tot vijftig miljard dollar per jaar.

Een in 2003 uitgevoerde studie toont aan dat mensen die in de
buurt wonen van een van de achtendertig plaatsen in New York die
met behulp van het Superfund schoongemaakt moesten worden, veel
meer last hebben van astma, ziekten van de luchtwegen en kanker. En
als je niet in New York woont, geeft niks, ook dan word je vergiftigd.
Het Superfund werd in 1980 opgericht en bestond uit speciaal opge-
legde (hoofdzakelijk voor grote chemische en olie-industrieën) ven-
nootschapsbelastinggelden, waaruit de schoonmaak van vervuilde
industrieterreinen werd bekostigd. In 1995 werd deze belasting stop-
gezet, dankzij Washingtons heimelijke verstandhouding met lobby-
groepen uit het bedrijfsleven die er genoeg van hadden om voor hun
eigen schoonmaak op te draaien. Doordat er geen geld meer in het
fonds loopt, is het nu bijna leeg en zal het tegen 2004 helemaal leeg
zijn. Dat betekent dat wij, jij en ik, de kosten van het opruimen van
hun gifstortplaatsen betalen. In 1994 betaalden wij 20 procent van de
schoonmaakkosten, de rest kwam uit het Superfund. In 1999 werden
de kosten echter door het Superfund en de belastingbetaler gedeeld.
De kosten voor de belastingbetaler voor dit jaar worden op zevenhonderd miljoen dollar geraamd. Dat geld komt uit *jouw* portemonnee.
Maar laten we het van de zonnige kant zien: Bush probeert het aantal
plaatsen die schoongemaakt moeten worden te beperken. Hierdoor
worden er minder vervuilde plaatsen schoongemaakt en als je boft en
in de buurt van een van de twaalfhonderd vervuilde plaatsen in het
land woont, kun je eraan doodgaan, maar je betaalt misschien wél
minder belasting.

We lopen bij andere geïndustrialiseerde landen achterop wat betreft
het investeren in schone energie. Groot-Brittannië, Denemarken en

Duitsland maken steeds meer gebruik van windenergie, terwijl wij, met de op drie na langste kust ter wereld, bijna niks doen.

Als we het aantal liters per kilometer kunnen verlagen tot zeventien liter per kilometer in 2012, hebben we in 2024 meer olie gespaard dan er in het grote natuurgebied in Alaska zit, waar Bush zo graag wil gaan boren. De enige manier om minder van buitenlandse olie afhankelijk te worden is door *minder buitenlandse olie te gebruiken!* Dit kan makkelijk bereikt worden door auto's te fabriceren die meer kilometers uit een liter olie halen.

Wat geeft het dat het goed is voor het milieu, het bespaart je duizenden dollars – misschien zelfs meer – per jaar!

'Je bespaart geld door op te houden met de oorlog tegen drugs!'

Drugsgebruikers oppakken en in de gevangenis stoppen is een enorme geldverspilling. Een verslaafde opsluiten kost 25.000 dollar per jaar, terwijl een behandeling maar 3000 dollar kost. Zelfs de kostbaarste behandeling kost rond de 14.000 dollar per jaar; nog altijd minder dan een gevangenisstraf. Iedere dollar die aan het behandelen van verslaafden besteed wordt, bespaart jou, de belastingbetaler, drie dollar die niet aan agenten, gevangenissen en het vervangen van die gestolen cd-speler wordt uitgegeven. We geven jaarlijks twintig miljard dollar uit aan drugsbestrijding, een strijd die jaar na jaar verloren wordt. Al die politiehelikopters die over Chico, Californië, vliegen om wietplanten op te sporen, zouden ingezet kunnen worden om de volgende negentien kapers te vangen. Je laat de regering een strijd strijden die ze niet kan winnen.

Bovendien voorkom je door drugs illegaal te houden hun verkoop niet. Het betekent alleen dat jij er als conservatieve ondernemer en investeerder NIKS aan verdient. De hele opbrengst gaat naar tuig en je haat tuig. Dus waarom zou je hen JOUW geld laten incasseren? Haal drugs uit de illegaliteit en denk aan de potten geld die je kunt verdienen aan een gedeprimeerde samenleving die graag verslaafd wil worden. De Amerikanen geven jaarlijks naar schatting 63 MILJARD dollar aan illegale drugs uit en jij hebt ervoor gezorgd dat de wetgeving het onmogelijk maakt om daar wat van mee te pikken! Dus zet je martini neer en doe er wat aan!

'Je verdient geld door veel geld aan openbare scholen te schenken!'

Als onze waardeloze scholen generaties idioten en analfabeten aan de werkende samenleving afleveren, hoe kun je dan in vredesnaam verwachten dat je daar geld mee kunt verdienen? Je kantoor zit vol mensen die niet kunnen spellen, die geen lange deelsommen kunnen maken en die niet weten hoe ze een kist naar Bolivia moeten transporteren, omdat ze geen idee hebben wie Bolivia is!

Vraag je je af waarom je portemonnee gestolen is en het stuk tuig dat voor je staat klaarstaat om je neer te schieten? Wat denk je van deze cijfers: 40 procent van de Amerikaanse gevangenisbevolking is praktisch analfabeet. Jee, hoe is dat zo gekomen, want tussen 1980 en 2000 heeft de staat 32 procent meer geld aan het onderwijs uitgegeven. In diezelfde periode gaf de staat 189 procent meer uit aan gevangenissen. Goed idee! En zorgen die gevangenen ervoor dat er geld in jouw laatje rolt? Nee! Het geld dat aan de productie van nummerplaten verdiend wordt die de gevangenen maken, gaat naar de staat, dus jij wilt die arbeiders op vrije voeten om in jouw gevangenis te kunnen komen werken!

Vijfenzeventig procent van de mensen met een uitkering is analfabeet. Denk je niet dat dit anders zou zijn als ze zouden kunnen lezen en schrijven? Ik bedoel niet anders voor hen, maar voor JOU. Dat zijn een hoop bijstandsmoeders die, in plaats van zich voor JOU in het zweet te werken, in hun analfabetisme gevangen zitten. Leid ze goed op en je zult zien wat een voordeel je daarvan hebt.

Ik snap totaal niet waarom de conservatieven uit puur zelfbelang niet eisen dat onze scholen jonge mensen voorbereiden op het bedrijfsleven of ze zelfs zo voorbereiden dat ze het daar uitstekend doen. Werk zou je geweldige ideeën ingeven en je stinkend rijk maken, maar onze werknemers zijn alleen maar bezig om uit te vogelen hoe ze het nieuwste album van hun favoriete groep kunnen downloaden. Dit is het resultaat van het jaren roepen van 'laat geen kind achterop lopen' en de eis dat je deelstaat kinderen verplichte examens oplegt. Leraren en leraressen leren de kinderen niks nuttigs meer, maar bereiden ze alleen maar voor op hun examen. Dit heeft ertoe geleid dat veel kinderen weten hoe ze het examen moeten maken, maar daarnaast bijna niks. Ik heb een jongen op kantoor die dacht dat het Verenigd Koninkrijk Rusland was, die nog nooit van de bekende Democraat George McGovern had gehoord en dacht dat een *legal pad* [gelinieerd kladblok] voor het bewaren van juridische documenten is – en hij is de slimste hier! HELP!!!

'Je verdient bakken geld door nooit meer op een Republikein te stemmen!'

Luister, ik begrijp dat Republikein zijn en op een Republikein stemmen ooit veel geld betekende, maar zo werkt het niet meer. Dertig jaar geleden was je rijk als je het equivalent van vijftigduizend dollar verdiende. Je woonde in een prachtig groot huis en er waren honderden, zoniet duizenden Amerikanen zoals jij. Door Roosevelts New Deal was er een enorme middenklasse ontstaan en was het gat tussen arm en rijk tussen 1947 en 1968 met 7,4 procent geslonken. Het was niet zo moeilijk om van de arbeidersklasse naar de middenklasse over te stappen, of van de middenklasse naar de welgestelden. De afstand tussen deze groepen was niet zo groot meer en daarom hoefde je destijds alleen maar het zoontje van een huisarts, tandarts, advocaat, accountant, makelaar, eigenaar van een groentewinkel of midden-managementman te zijn om rijk te zijn. Dit begon te veranderen in de jaren zeventig, toen de inkomensverschillen groter begonnen te worden.

Tegenwoordig is, zoals ik al eerder zei, de kans dat je rijk bent nul. Op dit moment bestaat de rijkste 0,01 procent uit dertienduizend families, die samen even rijk zijn als twintig miljoen van de armsten. En hoewel de inkomens van de allerrijkste 1 procent de afgelopen twintig jaar met 157 procent gestegen zijn, kreeg de middenklasse maar 10 procent meer. Maar 10 procent, voor de groep die de afgelopen twintig jaar voor de explosie van rijkdom gezorgd heeft! De dokter kan nauwelijks meer de touwtjes aan elkaar knopen, de advocaat probeert genoeg scheidingszaken te vinden om rond te komen en de midden-managementman bakt nu tortilla's bij Del Taco.

De Republikeinen, van wie jij zegt dat je er één bent, willen niks meer met je te maken hebben. Ze hebben je baan ingekort, ze hebben je ontslagen of ze laten je het werk van twee of drie mensen tegelijk doen. Ze hebben je overgehaald je geld in aandelen te stoppen, hebben het laten verdwijnen en hebben belastingverlagingen doorgevoerd waar alleen die 1 procent wat van merkt. Je bouwt geen echt grote spaarsom op, je moet meer lokale en staatsbelasting gaan betalen en tegen de tijd dat je van middelbare leeftijd bent, zijn er veel minder staatsvoorzieningen. Ze geven jouw belastinggeld aan de ene na de andere nutteloze zaak uit, alleen om hun vrienden te verrijken.

Met andere woorden, ze nemen een loopje met je. Ze laten je de gebruikelijke afgezaagde waarheden verkopen, terwijl ze in de tussentijd je portemonnee uit je broekzak halen. Wees toch niet zo'n sukkel! De Republikeinen hebben de pest aan je, verachten je en willen hun tent echt niet groter maken om jou er ook nog bij te laten. Wakker worden!

Dit wil nog niet zeggen dat de Democraten alle antwoorden hebben en als ik het voor het zeggen had, zouden we meer partijen hebben om op te stemmen dan alleen hen. Maar zeg nou eerlijk, had je het niet beter als conservatief onder Clinton? Ja, je haatte zijn knappe smoel en charme, en het feit dat hij bijna ongestraft bleef voor dat pijpen, maar laat toch zitten. Je wilt het gewoon niet toegeven, omdat je geen stom figuur wilt slaan.

Maar je slaat geen stom figuur. Niemand geeft je de schuld. Iedereen is bij de neus genomen. Houd toch op met al die Republikeinse onzin, verklaar jezelf onafhankelijk en ga op zoek naar een verkiesbare persoon of verkiesbare partij die je helpt om meer geld te verdienen. Iemand die ervoor zorgt dat onze scholen en bibliotheken prioriteit krijgen, dat iedereen medische hulp kan krijgen, die erop staat dat we niet in een samenleving van analfabeten hoeven te leven, die ieder wetsvoorstel steunt dat de lonen verhoogt en die de rijken belasting laat betalen omdat ze het hele land aan de rand van het bankroet hebben gebracht. Op zo iemand moet je stemmen, daar moet je voor werken want uiteindelijk is dat in *jouw* voordeel.

Republikeins zijn is jezelf de strop omdoen.

Kom op, zwager, durf eens een beetje. Het is niet allemaal even slecht. Bovendien is het dan misschien eens echt gezellig tijdens het Thanksgiving-diner!

11

Bushverwijdering en andere schoon-maakklusjes

Ons land kent waarschijnlijk geen grotere noodzaak dan het verslaan van George Bush in de verkiezingen van 2004. Alle wegen naar de ondergang gaan via hem en zijn regering. Nog vier jaar van dit krankzinnige gedoe en Canada lijkt opeens niet meer zo koud. Nog vier jaar? Ik houd het geen vier minuten meer uit.

Ik heb het afgelopen jaar duizenden e-mails ontvangen en allemaal stellen ze dezelfde wanhopige vraag: 'Wat gaan we doen om van hem af te komen?'

Wat tot de nog veel angstaanjagender vraag leidt: 'Hoe gaan de Democraten dit in vredesnaam klaarspelen?' Niemand, maar dan ook helemaal niemand heeft er vertrouwen in dat de Democraten dit aankunnen. Het zijn professionele losers, ze kunnen zichzelf nog niet uit een herentoilet laten stemmen en als ze de verkiezingen toch winnen, zoals ze in 2000 deden, verliezen ze NOG! Hoe bedroevend is dat?

Tijdens de tussentijdse verkiezingen in 2002 waren er 196 Republikeinen die hun zetel in het Huis van Afgevaardigden moesten verdedigen. De Democraten konden maar in twaalf districten een serieuze bedreiging voor deze Republikeinen vormen en de Democraten wisten maar drie van zulke plaatselijke verkiezingen te winnen. Er zijn bijna 210 miljoen kiesgerechtigde Amerikanen, maar de Democraten konden maar twaalf mensen vinden die ze goed genoeg vonden om zich kandidaat te stellen. Wat geeft hun het recht om zichzelf ook maar een partij te noemen? Waarom is er voor hen een plek gereserveerd op ieder stemformulier in Amerika? Mijn krantenjongen kon op maar één krantenronde al twaalf kandidaten vinden.

Daarom zijn we zo bang, omdat we weten dat de Democraten het niet aankunnen.

Dus wat doen we eraan? Als het om passie en toewijding gaat, zijn de Groenen veel beter, maar laten we eerlijk zijn, dit is niet het jaar van de Groenen (zelfs de Groenen weten dat).

De Democraten hebben twee jaar verspild met jammeren en zeuren over de Groenen en het zwartmaken van Ralph Nader en zijn mensen. Dat is *het* kenmerk van de verliezer: iemand anders de schuld geven van je eigen fouten.

In een poging om wat wonden van 2000 te genezen en wat bruggen te slaan heb ik een paar Democratische leiders benaderd, in de hoop een Democratisch-Groene alliantie voor 2004 te vormen. Gore en Nader kregen samen 51 procent van de stemmen, genoeg om een verkiezing te winnen. Ik heb de Democraten voorgesteld dat de Groenen op een Democratische presidentskandidaat zouden stemmen die voorstander is van de hoofdpunten op de Groene agenda en dat de Democraten in districten waar zij geen sterke kandidaat voor het Congres hebben, op een Groene kandidaat zouden stemmen.

Ik heb maar weinig enthousiaste reacties op dit voorstel gekregen en wat ik ontdekte, was zelfs nog erger: de leiders van de Democratische Partij hebben me iets verteld wat ze nooit in het openbaar zullen toegeven, namelijk dat ze 2004 eigenlijk al afgeschreven hebben, dat ze er weinig kans in zien om George Bush te verslaan. Ze bewaren hun energie liever voor 2008, wanneer Hillary of een van hun andere populaire namen – wie dat dan ook wezen mag – kandidaat zal zijn en zal winnen.

Jij en ik moeten deze defaitistische houding van die zielige, onmachtige Democraten afwijzen. De beslissing is uiteindelijk niet aan hen. Wij, het volk, kunnen niet nog vier jaar met Karl Roves poppenkastpop doorstaan en we kunnen ook niet wachten tot de zogenaamde oppositiepartij, de Democraten, eindelijk haar werk eens gaat doen.

Dus wat doen we? Zoals Jesse Ventura heeft laten zien, weten we dat de kiezers ook op onafhankelijke kandidaten stemmen. Perot deed het fantastisch – kun je nagaan wat een normaal persoon kan bereiken! Maar we hebben de komende paar maanden geen tijd om een sterke derde partij naar voren te schuiven. Dat werk had de afgelopen twee jaar gedaan moeten worden, maar is niet gedaan en nu is er geen tijd meer voor.

Onze enige hoop is een half-fatsoenlijk iemand die in alle vijftig staten op die afschuwelijk zelfingenomen en totaal ongerechtvaardigde Democratische plaats op het stemformulier wil staan en die Bush kan verslaan.

Op het moment dat ik dit boek schrijf, zijn er twee 'op het oog' fatsoenlijke mensen die zich presidentskandidaat stellen: Dennis Kucinich en Howard Dean. Kucinich is sterker op de hoofdpunten, maar Dean, die tijdens vorige verkiezingen de steun van de Nationale Vereniging van Vuurwapenbezitters kreeg en voorstander van beperkte toepassing van de doodstraf is, is op andere punten sterker. Ik wil graag geloven dat het een van deze twee kan lukken.

Maar ik heb er genoeg van altijd in deze hoek te moeten zitten en ik ben zeker de enige niet. Zou het nou niet eens fijn zijn om te winnen, vooral als je bedenkt hoe liberaal de meeste Amerikanen zijn? Het is tijd dat we eens wat ruimer gaan denken. Laten we er bijvoorbeeld mee ophouden te menen dat de president blank moet zijn. Blanke mannen behoren tot een steeds kleiner wordende minderheid in dit land – ze vormen maar 38 procent van de stemgerechtigden. Bovendien hebben alle Democraten die sinds Franklin Roosevelt (met uitzondering van de grote overwinning van Lyndon Johnson in 1964) tot president gekozen zijn, de verkiezingen gewonnen door niet de stem van de blanke mannen te krijgen. Ze hebben gewonnen door een overweldigend aantal stemmen van blanke vrouwen en zwarten en Hispanics (mannen en vrouwen).

Als de Democraten nu eens op zouden houden hun stellingen te vertroebelen, zodat ze de stemmen van de blanke mannen krijgen, zouden ze winnen. De vrouwen vormen 53 procent van het electoraat en zwarte en Hispanic-mannen vormen bijna 8 procent. Dat betekent dat vrouwen en de mannen van deze minderheden ongeveer 60 procent van het totale electoraat vormen, een enorme meerderheid en een sterke, winnende combinatie.

De Amerikanen zijn klaar voor een vrouwelijke president. Wat vind je bijvoorbeeld van een van onze vrouwelijke gouverneurs of senatoren? De kiezers stemmen graag op vrouwen. In iets meer dan een decennium is het aantal vrouwelijke Senaatsleden van twee naar veertien gestegen. Het electoraat heeft genoeg van altijd maar dezelfde moeie, oude mannen die eruitzien als een stelletje sjacheraars en leugenaars. Is er niet één vrouw onder de 66 miljoen kiesgerechtigde vrouwen in dit land die die corpsbal kan verslaan? Niet één?

Ik denk ook dat het land klaar is voor een zwarte president. We hebben er al een op de televisie in het programma 24, een van de meest bekeken shows van Fox, en Morgan Freeman speelde de president in de film *Deep Impact*. (De laatste keer dat ik hem zag, speelde hij God in *Bruce Almighty*! Hollywood zou God niet door een zwarte man laten spelen als ze dachten dat de film dan niet in Pittsburgh gedraaid zou worden.) Bovendien kozen twaalf *miljoen* Amerikanen in 2003 een zwarte man, Ruben Studdard, tot 'American Idol'.

Of het nu om de verkiezingen van 2004 of toekomstige verkiezingen gaat, het is belangrijk dat we nieuwe kandidaten vinden die die Republikeinen flink van repliek kunnen dienen. Ik ga ervan uit dat een presidentskandidaat een senator of gouverneur moet zijn, want als de kandidaat geen politicus is maar een burger, zoals Al Sharpton, neemt niemand hem serieus (hoewel Sharpton in zijn campagne de scherpste en grappigste dingen heeft gezegd).

Wat wij nodig hebben is iemand die Bush eens flink om de oren kan slaan, iemand die nu al geliefd is bij het Amerikaanse publiek, zodat we tegen de tijd dat de nieuwe president ingezworen wordt, in 2005, we van die Grijns af zijn. Iemand die onze Reagan is, een bekend iemand die met zijn of haar hart leidt en de goede mensen kiest voor het dagelijks werk.

Wie kan ons naar het beloofde land leiden?

Haar naam is Oprah.

OPRAH!

Inderdaad, Oprah Winfrey.

Oprah kan Bush verslaan. Met gemak. Kom op, je weet dat ze het kan. Amerika ligt aan haar voeten. Ze heeft goede politieke ideeën, ze heeft een goed hart en we zullen door haar allemaal om zes uur opstaan om onze oefeningen op jazzmuziek te doen! Dat kan toch niet slecht zijn. Ook zouden we eens per maand een boek lezen. ('Goedenavond, ik ben uw president. Deze maand gaan we allemaal *Brave New World* lezen.') Dat zou *cool* zijn!

En er is nog een voordeel: Oprah is niet corrupt. Ze is al miljardair! Stel je voor, een president die niks verschuldigd is aan lobbyist of oliemaatschappijen of Ken Lay. Ze is alleen Steadman verantwoording schuldig! En ons! Met een salaris van vierhonderdduizend dollar per jaar zou het presidentschap financieel gezien een flinke stap terug zijn voor Oprah, maar ik zou het best goed vinden als ze naast het presidentschap ook haar programma zou blijven doen. Elke middag om vier uur zouden we in een live-uitzending uit de East Room van het Witte Huis president Oprah kunnen zien praten met een groep gemiddelde Amerikanen over wat ze meemaken en nodig hebben. In tegenstelling tot Oprah's huidige programma *Oprah at 1600 Pennsylvania Avenue*, dat uitgezonden wordt vanuit Chicago, zou ze de problemen van de mensen echter direct kunnen oplossen. Je kunt je rekeningen niet betalen? President Oprah laat de creditcardbazen arresteren die de belachelijk hoge rentetarieven vaststellen. Zijn je kinderen weer lastig? Niet meer nadat ze naar de Oval Office gehaald zijn en daar eens flink toegesproken zijn. Schenkt je echtgenoot geen aandacht meer aan je? Misschien doet hij dat wel als zijn gezicht verschijnt op een '*Mannen die hun kop niet houden en niet luisteren*'-poster op het postkantoor.

Ik ben drie keer in het programma *Oprah* geweest en heb daar met eigen ogen kunnen zien hoe mensen op haar reageren. Mannen en vrouwen van alle rassen vinden haar aardig. Ze is Bruce Springsteen, Moeder Teresa en prinses Di tegelijk. Ik heb volwassen mensen zien huilen nadat ze haar de hand konden schudden. Waarom zo'n reactie? Ik denk omdat Oprah een echt mens is die niet bang is om te zeggen wat ze denkt en om te zijn wie ze wil zijn. Zij is een van ons die het gemaakt heeft en wij houden ervan als iemand van ons team wint! Ze probeert gewoon haar best te doen, is iemand die zegt: 'Ik heb m'n ups en downs, maar ik probeer het gewoon iedere dag opnieuw.'

Een voorbeeld van Oprah's geloof in de macht van het individu om de wereld te veranderen, is haar campagne om mensen aardige dingen voor elkaar te laten doen, wat een golfeffect heeft dat verder reikt dan alleen de persoon voor wie iets aardigs is gedaan.

De cynici onder jullie vinden dit misschien allemaal zoetsappige onzin, maar niets *anders* heeft gewerkt! Waarom zouden we niet wat nieuws proberen? Waarom zouden we niet iemand steunen die werkelijk om mensen geeft? Iemand die het de gewone man of vrouw een beetje makkelijker probeert te maken in de wereld van vandaag, alleen die van vandaag, een wereld die steeds wreder, gecompliceerder en leger wordt.

Ik weet wel dat je waarschijnlijk denkt dat ik dit stuk over Oprah gewoon voor de lol heb geschreven, maar dat is niet zo. Ik ben bloedserieus. Dit is het moment dat er grote stappen genomen moeten worden, het moment waarop we op een nieuwe manier moeten gaan denken, anders winnen we nooit en verandert er niks. Oprah kan Bush verslaan. Stel je de debatten voor; Oprah en Bush! Ze zal hem zo in de war brengen, dat hij niet weet hoe hij het heeft. Ze zal rechtstreeks in de camera kijken en de Amerikanen vertellen: 'Ik zal voor jullie zorgen. Ik zal jullie beschermen en jullie kunnen me daarbij helpen. Ik zal de juiste mensen aantrekken om ervoor te zorgen dat niemand in dit land meer mishandeld wordt en dat de rest van de wereld ons als een grootmoedig, vredelievend volk gaat zien.' Daarna richt ze zich tot W. en zegt dat hij weer naar zijn backstagekamer kan en binnenkort een afspraak met Dr. Phil heeft.

Ze wint met een overgrote meerderheid.

Maar wat moeten we doen om Oprah ervan te overtuigen om zich kandidaat te stellen? Ik zal beginnen met een 'kies Oprah'-petitie op mijn website. Toen ik dit idee begin 2003 voor het eerst opperde, vroegen de media haar om een reactie, waarop ze glimlachend zei: 'Men zegt: "Je weet maar nooit." ' Maar als het om politiek gaat, zei Oprah verder, 'kan ik zeggen: "Nooit." ' 'Wij kunnen haar echter van gedachte laten veranderen. Je kunt haar schrijven via www.oprah.com. Ze zal dit idee waarschijnlijk aanvankelijk niet zo waarderen, en ik zal voorlopig wel niet uitgenodigd worden om in haar show te verschijnen, maar ik hoop dat ze zal ingaan op onze roep om ons land uit de misère te halen. Oprah! Oprah! Oprah!

Oké, Oprah wil zich geen kandidaat stellen – en wat dan nog? Wie hebben we nog meer die nu al zo populair en geliefd zijn dat zij zich morgen kandidaat zouden kunnen stellen en in november Bush kunnen verslaan? Het zijn niet allemaal zwarte vrouwen, maar we hebben andere Oprahs in de coulissen, klaar om op te treden. Wat dacht je bijvoorbeeld van Tom Hanks? Iedereen houdt van Tom Hanks! Hij is een van de *good guys*, hij geeft om mensen en houdt van zijn land. Hij zou Bush de grond in boren.

Dan hebben we natuurlijk ook nog Martin Sheen. Iedereen bewondert hem in zijn televisierol als president, dus laat hem ophouden met acteren en *echt* president worden!

Of wat vind je van Paul Newman? Hij zou Bush ook verslaan. Reagan kon het indertijd op zijn leeftijd, dus stel je voor hoe gaaf het zou zijn om een ouder staatshoofd als Paul Newman aan het roer te hebben – en Joanne Woodward als *First Lady*! Nee, wacht, Joanne Woodward als president!

Of Caroline Kennedy? Een Kennedy zonder schandalen! Een edelmoedige, fatsoenlijke vrouw die ook nog moeder is!

Of een van de Dixie Chicks! Niemand heeft rechts banger gemaakt dan de Dixie Chicks! Zij zeiden wat ze dachten toen dat nog niet populair was. Ze hebben durf en zingen liedjes over het aan de kant zetten van nutteloze vriendjes en echtgenoten die je verlagen. Het kan niet anders dan dat ze dat van alle vrouwelijke stemmen verzekert. Laten we hen weer trots op hun Texaanse afkomst laten zijn! Ze zouden elkaar kunnen afwisselen en ieder een jaar president kunnen zijn. In het vierde jaar kunnen ze de scepter dan aan hun vice-president Oprah overhandigen!

Maar laten we ervan uitgaan dat geen van deze beroemdheden hun fijne leven wil opgeven om in een wespennest te gaan wonen en wie geeft ze ongelijk? Dus wat doen we nu?

Vele maanden geleden, in de periode voor de invasie in Irak, zat ik te zappen en kwam op CNN een generaal tegen. Ik nam aan dat dit weer zo'n militair ex-hoofd was van wie er toen plotseling veel op televisie verschenen en was klaar om verder te zappen, maar plotseling zei hij iets waardoor ik mijn oren spitste. Hij betwijfelde of het wel wijs was van Bush om Irak aan te vallen. Lang voordat bekend werd dat Bush en zijn mensen het Amerikaanse volk opzettelijk misleidden over 'massavernietigingswapens' in Irak, vroeg hij zich af of Irak werkelijk een bedreiging vormde voor de Verenigde Staten. Hé, wie was deze man?

Zijn naam is Wesley Clark. Generaal Wesley Clark. De beste in zijn klas op de militaire academie (West Point), een student in Oxford met een Rhodes-beurs, voormalig opperbevelhebber van de geallieerde Navo-troepen en een Democraat geregistreerd in Arkansas. Ik begon wat onderzoek naar zijn achtergrond te doen en dit is wat ik vond:

– Hij is voorstander van vrije keus inzake abortus en een groot voorvechter van vrouwenrechten. Toen hem in het programma *Crossfire* gevraagd werd of hij vond dat abortus legaal moet blijven, antwoordde hij eenvoudig en ter zake: 'Ik ben een voorstander van vrije keus.'

– Hij is tegen de belastingverlaging van Bush. Dit is wat hij zei: 'Ik dacht dat dit land op het principe van progressieve belasting was gebaseerd. Met andere woorden, het gaat er niet alleen om dat hoe meer je verdient, hoe meer je betaalt, maar dat je *proportioneel* meer betaalt, want als je niet zoveel geld hebt, heb je het nodig voor de gewone levensbehoeften. Als je wat meer geld hebt, kun je dat aan luxe besteden. [...] Een van de privileges die we hebben, is dat we in dit geweldige land leven. Dus ik denk dat de belastingverlaging oneerlijk was.'

– Hij is tegen de antiterreurwet Patriot Act II en wil dat de eerste opnieuw bekeken wordt. Hij zei: 'Een van de risico's die je bij deze operatie loopt, is dat je de belangrijkste redenen waarom we in Amerika gerechtigheid, vrijheid en recht hebben opgeeft. Ik vind dat je heel erg voorzichtig moet zijn als je die rechten gaat bijstellen om de oorlog tegen terroristen te kunnen voeren.'

– Hij is een voorstander van vuurwapenbeperking. Clark: 'Ik heb in het algemeen zo'n twintig vuurwapens in huis. Ik jaag graag. Ik ben met wapens opgegroeid en heb er mijn leven lang mee geleefd, maar mensen die van militaire wapens houden, die moeten bij het Amerikaanse leger gaan, wij hebben ze.'

– Hij is een voorstander van positieve discriminatie. Over de petitie die hij indiende bij het Amerikaans Hooggerechtshof om zijn steun te betuigen aan de Universiteit van Michigan, die pogingen deed om positief te discrimineren, zei hij: 'Ik ben een voorstander van het principe van positieve discriminatie... Wat je niet moet hebben, is een maatschappij waarin we niet erkennen dat er een probleem is in de maatschappij met rassendiscriminatie... We hebben de voordelen van positieve discriminatie in het Amerikaanse leger gezien. Het was nodig voor het herstel van de integriteit en effectiviteit van het leger.'

– Hij is er niet voor om troepen naar Iran te sturen of door te gaan met die 'as van het kwaad'-onzin. 'Ten eerste,' zegt Clark, 'moeten we gebruikmaken van multilateralisme. Als je multilateralisme effectief gebruikt, kan het grote economische en diplomatieke druk uitoefenen. Ten tweede denk ik dat we heel voorzichtig moeten zijn met het te snel overgaan tot militaire actie, vooral in geval van Iran, want we kunnen het regime daar misschien omverwerpen en we kunnen zeker wat faciliteiten opblazen, maar dat wil nog niet zeggen dat daarmee het probleem is opgelost.'

– Hij is voor een schoon milieu: 'Mensen zijn zeker van invloed op het milieu. Je hoeft maar over de Andes te vliegen en naar de verdwijnende gletsjers daar beneden te kijken om te zien dat er zoiets als het broeikaseffect is – en dit is nog maar het begin nu China en India gaan moderniseren.'

– Hij werkt liever met onze bondgenoten samen dan ze pissig te maken: '[Dit is] een regering die onze bondgenoten niet gerespecteerd heeft... Als je werkelijk bondgenoten wilt hebben, [moet je] naar hun opinies luisteren, moet je ze serieus nemen, moet je met hun problemen werken.'

Dus mijn vraag aan die slappe Democraten is: *'Waarom stel je deze vent in vredesnaam niet verkiesbaar?'* Omdat ie zou kunnen WINNEN? Dat zou nog eens bizar zijn, hè, winnen! Daar moeten jullie niks van hebben.

Nou, als jullie op zoek zijn naar een strategie om Bush de deserteur te verslaan, zou ik een viersterrengeneraal tegen hem inzetten! Bush maakt geen enkele kans. Het is misschien wel de enige manier om Bush te verslaan, hem op eigen terrein verslaan. Bush' politiek adviseur Karl Rove zal het Amerikaanse volk ervan proberen te overtuigen dat dit oorlogsverkiezingen zijn en in een tijd van oorlog wil je toch niet van president wisselen? Daar rekenen ze op, dat ze de Amerikaanse mensen bang genoeg kunnen maken om een tweede regering-Bush te krijgen. Als ze de kiezers er echt van kunnen overtuigen dat er een vijand op de loer ligt, kunnen wij zulke schade mogelijk niet ongedaan maken. Waarom gaan we niet gewoon met deze gedachte mee en vertellen de Amerikanen dat er inderdaad een vijand op de loer ligt? Maar dan vragen we er wel bij wie ze liever hebben om hen te beschermen: een vent die ervandoor ging en zich in Omaha verstopte, of een van onze topgeneraals? Clark heeft een Zilveren Ster, de Bronzen Ster, het Paarse Hart en de Presidentsmedaille voor de vrijheid en dankzij de Britten en de Hollanders ook nog een paar ereridderschappen.

Ja, ik weet dat velen van jullie geschokt zijn. 'Mike, hoe kun je nou voor een generaal zijn?!'

Ten eerste: op het moment dat ik dit schrijf, ben ik voor niemand (behalve voor Oprah. Doe het Oprah, doe het!). Kijk, ik zie het zo: ik heb vier jaar de tijd gehad om een groenenpartij of ander onafhankelijk alternatief te helpen opbouwen, maar dat heb ik niet gedaan, niemand heeft dat gedaan. Ja, ik heb wel mijn bijdragen geleverd, maar dat was niet genoeg. Op het moment dat ik hier zit te typen, staat de Groene Partij nog steeds niet op de meerderheid van de stemformulieren. En nu hebben we een nog grotere taak: George Bush ervan weerhouden om de grondwet, met de vrijheden waar wij zo aan gehecht zijn, te ontmantelen. We zitten met een dilemma en soms moet je in wanhopige tijden wanhopige maatregelen nemen.

Als er een generaal voor nodig is die een voorstander van abortus en een schoon milieu is, die voor nationale gezondheidszorg is en die vindt dat oorlog nooit de eerste reactie in een conflict moet zijn om die zakken te verwijderen en te doen wat de Democraten al in 2000 hadden moeten doen, dan ben ik bereid om hem te steunen. Ik moet hier wel een groot compromis voor sluiten. Zijn de watjes die de Democratische Partij leiden bereid om toe te geven dat ze fouten hebben gemaakt en om miljoenen mensen zoals ik tegemoet te komen? Of het nu Kucinich of Dean is, Oprah of Hanks, of de goede generaal, ik ben klaar voor de overwinning.

Wie doet er met me mee?

We kunnen het deze verkiezingen niet aan de Democraten overlaten en ze weer zien verliezen. We zullen allemaal actief moeten zijn om ons land terug te krijgen. Ik schrijf dit zo goed en zo persoonlijk mogelijk aan iedereen die *Stupid white men* gelezen heeft (meer dan twee miljoen Amerikanen), *Bowling for Columbine* (meer dan dertig miljoen mensen) gezien heeft en mijn website bezocht heeft (meer dan een miljoen per dag). Dat is genoeg voor een klein legertje en dus wil ik Mikes Militia oproepen om de Invasie van de Bushies tegen te gaan. Ja, we hebben niet het geld of de media die zij aan hun kant hebben, maar wij hebben de steun van het volk en tenzij ze de staat van beleg afkondigen, de verkiezingen schorsen of Katherine Harris in alle vijftig staten stemformulieren likt, is er geen enkele reden waarom wij ze niet zouden kunnen verslaan.

Als jullie opperbevelhebber draag ik jullie hierbij op om te beginnen met de 'operatie tien-minuten-olieverwijdering'. Door iedere dag iets tien minuten lang te doen, kun je de olievlek van Bush en zijn oliekameraden van het Witte Huis verwijderen. Ik vraag ieder van jullie daarom om vanaf vandaag tot november 2004 de volgende guerrilla-activiteiten uit te voeren. Je hebt er dagelijks maar tien minuten voor nodig:

1. **Praat tegen iedereen die maar wil luisteren** over alle redenen waarom Bush zo slecht is voor het land en voor de mensen. Deze verkiezingen zijn evenals andere verkiezingen met functionarissen meer een referendum over de functionaris dan over de tegenstander. Als het electoraat ervan overtuigd raakt dat de functionaris het land of het huishoudboekje van de gemiddelde burger geschaad heeft, stemmen de kiezers meestal op zijn tegenstander. Overtuig de mensen die je kent er dus eerst van dat er iets moet veranderen.

2. **Steun de campagne** van degene van wie je gelooft dat hij de meeste kans heeft om Bush te verslaan. Als je nog niet weet op wie je wilt stemmen, steun dan meerdere campagnes.

3. Download een **poster** van de website van jouw kandidaat en hang hem voor het raam of in de tuin. Bestel een bumpersticker en plak hem op je auto.

4. **Geef je als kandidaat-afgevaardigde voor jouw kiesdistrict op** (als er nog tijd is voor de verkiezingsbijeenkomsten en voorverkiezingen van 2004. Zo niet, kijk dan of je bij de verkiezingsbijeenkomsten of partijconventie in jouw provincie kunt zijn). Vind een manier om tussen de mensen terecht te komen die uiteindelijk de kandidaat voor de landelijke partijconventie kiezen.

5. Er is nog tijd om je kandidaat te stellen voor de komende **plaatselijke verkiezingen**. Waarom J I J niet? Er staat echt geen legertje intellectuelen klaar om in de dorpsraad te komen. Doe het gewoon!

6. Koop een paar exemplaren van **de volgende boeken** en geef ze aan je familie, vrienden en conservatieve zwagers: The Best Democracy Can Buy; Permanente oorlog voor permanente vrede; Bushwhaked!; Thieves in High Places; The Great Unravelling en Lies and the Lying Liars Who Tell Them. Ze bevatten stuk voor stuk heel bruikbare informatie die, wanneer mensen met een gezond verstand er kennis van nemen, Mikes Militia alleen maar zal doen groeien.

7. Iedereen die dit boek leest moet beloven om **vier zaterdagen** in oktober 2004 **op te offeren** om zich in te zetten voor de kandidaten die een eind gaan maken aan het Bush-regime in Washington, D.C. Slechts vier zaterdagmiddagen voor je land. Ik weet dat dit meer is dan de tien minuten waar ik het net over had, maar je bent er nu al te veel bij betrokken om nog terug te krabbelen! Je kunt een aantal dingen doen: ga de deuren langs en maak reclame voor een kandidaat voor het Congres, deel pamfletten uit op straat, bel vanuit het hoofdkantoor van jouw kandidaat de kiezers op, zet reclameborden neer, plak postzegels, verstuur e-mails, bel praatprogramma's op de radio, belaag de tegenstander, houd rally's of organiseer maaltijden voor de buurtbewoners. Het gaat in deze verkiezingen maar om één ding: ervoor zorgen dat de mensen gaan stemmen.

8. De toegewijden onder jullie kunnen naar een **kiesdistrict reizen** waarvan onbekend is welk kandidaat-Congreslid de meerderheid van de stemmen zal krijgen en waar een kans is om de Republikeinse afgevaardigde eruit te knikkeren. Veel van jullie draaien je hand er niet voor om, om duizenden kilometers naar Washington, D.C. te reizen voor een demonstratie, dus waarom niet naar Paducah of Kentucky om een week of weekend te werken voor een kandidaat die kans heeft om te winnen? Jouw aanwezigheid kan het verschil uitmaken. Het is niet veel moeilijker dan een bord dragen of slogans roepen, maar het resultaat kan de moeite waard zijn. (Op mijn website kun je de kiesdistricten vinden waarvan ik denk dat ze je hulp nodig hebben.)

9. Op de dag van de verkiezingen: neem iemand die niet van plan is om te stemmen mee uit eten – en mee naar het stembureau! Als iedereen die van plan is om in 2004 te gaan stemmen nu eens **één persoon** die dat niet van plan is ervan overtuigt om met hem mee te gaan naar het stembureau? Probeer niet iemand te overtuigen die zeker weet dat hij niet zal stemmen, dat werkt niet. De meeste mensen trouwen geen tweede keer met hun eerste echtgeno(o)t(e) en gaan meestal niet twee keer naar dezelfde film. Dus laat het morele argument of dat praatje over een goede burger zijn maar achterwege en zeg gewoon tegen Bob, die heeft lopen kankeren over alles van Bush tot zijn pensioenplan: 'Hé, ik ga stemmen, loop effe mee!' Als je bij het stembureau bent, vraag dan of hij met je mee naar binnen gaat, **het kost maar tien minuutjes**. Echt, dan gaat hij mee. Het is net als iemand die tegen je zegt: 'Hé, hier heb je een biertje.' Je bent niet altijd in de stemming, maar je wilt je vriend niet teleurstellen. Bovendien kan het toch geen kwaad? Jouw taak is om tussen nu en de volgende verkiezingen een vriend, familielid, collega of medestudent te vinden die soortgelijke opvattingen als jij hebt, maar die waarschijnlijk geen moeite zal doen om te gaan stemmen, tenzij je met hem of haar mee naar het stembureau gaat. In veel plaatselijke verkiezingen wordt de verkiezingsuitslag bepaald door maar een paar duizend stemmen. Als ik bof, wordt dit boek op dit moment door meer dan een miljoen van jullie lezers gelezen. Maar tien procent van jullie hoeft een of meer van jullie niet-stemmende vrienden mee naar het stembureau te nemen om het machtsevenwicht naar de andere kant te laten doorslaan. Zo simpel is het.

10. Als laatste is hier nog een **idee om nog meer niet-stemmers naar de stembureaus te krijgen.** Wij deden dit wel in mijn thuisstad Flint. Iedereen die stemt, krijgt (in de meeste staten) nadat het stemformulier in de stembus is gestopt een stembewijs met een nummer erop. (In sommige staten krijg je bovendien een sticker met 'ik heb gestemd' erop.) Organiseer op de avond van de verkiezingen een groot feest of concert bij jou in de stad, waarbij het stembewijs dat iedereen die stemt krijgt als toegangskaartje dient. Kondig vervolgens aan dat er met die stembewijzen een loterij gehouden wordt en dat de winnaar krijgt wat jij en je maten bedacht hebben. (Onze eerste prijs bedroeg duizend dollar, maar er was ook een jaar waarin iemand met een auto aan kwam zetten om weg te geven.) Dit werkte vooral om jonge mensen aan het stemmen te krijgen en ik heb gezien dat het in zwarte en Hispanic-gemeenschappen ook gewerkt heeft om mensen over te halen die het gevoel hadden dat zij geen recht hadden om te stemmen. Zorg er wel voor dat je de plaatselijke verkiezings- en loterijreglementen niet overtreedt, maar als je het probeert, zul je zien hoe goed het werkt. Het zou natuurlijk fijn zijn als mensen gewoon gingen stemmen omdat het hun goed recht is, maar laten we wel zijn, we leven nu eenmaal in het Amerika van de eenentwintigste eeuw en tenzij het gaat om een telefonische stemming voor *Total Request Live*, heeft de meerderheid helemaal geen zin om te stemmen. Ik ben een voorstander van alles wat deze mensen een duwtje in de goede richting geeft.

Dat is het dan, doe je best! Stel me niet teleur, en jezelf ook niet. Ze zijn ons de vorige keer te slim af geweest en zij zijn nota bene de *stupid white men*! Laat het niet nog een keer gebeuren. We zijn gewoon met een te groot aantal om niet de verkiezingsuitslag te krijgen die we willen. We houden van ons land en geven om de wereld eromheen. Er is geen enkele reden om verstrikt te raken in wanhoop of cynisme. Er is zelfs alle reden om dit boek direct neer te leggen, de telefoon te pakken, naar buiten te lopen en iets aan te pakken.

Waar jouw Amerika gebleven is? Je hoeft maar naar buiten te gaan en je ziet het om je heen, wachtend tot jij het weer het jouwe maakt.

Noten en bronnen

2. De leugen regeert

President Clinton, met aan zijn zijde zijn vrouw en de vice-president, ontkende boos dat hij ontrouw was geweest op 26 januari 1998, na een lezing over het beleid ten aanzien van kinderopvang in het Witte Huis. De tekst van zijn verklaring is opgenomen in de National Archives and Records Administration en kan online gelezen worden op: http://clinton4.nara.gov/WH/New/html/19980126-3087.html.

De meeste opmerkingen van president Bush in dit hoofdstuk zijn te vinden op de officiële website van het Witte Huis op: www.whitehouse.gov. Wel lastig om onder die leugens uit te komen, zelfs de kleintjes, als de een of andere ambtenaar ieder woord dat je zegt opschrijft en op internet zet, zodat iedereen het kan lezen!

– De verschillende versies van de vaak herhaalde leugen van de president over de dreiging van Iraks massavernietigingswapens kunnen in hun geheel nagelezen worden. Zie hiervoor: 'President Bush Meets with Leading Economists', 21 januari 2003; 'President's remarks at the United Nations General Assembly', 12 september 2001; 'President's Radio Address', 8 februari 2003.
– Tijdens een rede voor aspirant-Congreslid John Cornyn tijdens een liefdadigheidsdiner in Houston op 26 september 2002 hintte Bush over een persoonlijke vendetta tegen Saddam: 'Er bestaat geen twijfel dat zijn haat voornamelijk tegen ons gericht is. Er bestaat geen twijfel dat hij ons niet uit kan staan. Dit is zelfs een vent die mijn vader probeerde te vermoorden.'
– Bush kwam tijdens een op televisie uitgezonden toespraak, gehouden in Cincinnati op 7 oktober 2002, zelf met de verhalen dat Irak geprobeerd had om verrijkt uranium te kopen in Afrika en aluminium pijpen om faciliteiten voor nucleaire wapens te bouwen: 'President Outlines Iraqi Threat.'

–Tijdens zijn in meerdere staten gevoerde campagne om steun te krijgen voor een oorlog tegen Irak in oktober en november 2002, bracht de president Saddam Hoessein in verband met Al Qaeda. Zie hiervoor: 'Remarks by the President at New Mexico Welcome', 28 oktober 2002; 'Remarks by the President in Colorado Welcome', 28 oktober 2002; 'Remarks by the President at South Dakota Welcome', 31 oktober 2002; 'Remarks by the President at New Hampshire Welcome', 1 november 2002; 'Remarks by the President in Florida Welcome', 2 november 2002; 'Remarks by the President in Minnesota Welcome', 3 november 2002; 'Remarks by the President at Missouri Welcome', 4 november 2002; 'Remarks by the President at Arkansas Welcome', 4 november 2002; 'Remarks by the President in Texas Welcome', 4 november 2002.

Meer informatie over de bedrijven die de contracten krijgen voor Iraks wederopbouw, die honderden miljarden dollars waard zijn, en over de financiële giften van die bedrijven aan George W. Bush en de Republikeinse Partij, is te krijgen bij het Center for Responsive Politics. Lees vooral het rapport 'Rebuilding Iraq–The Contractors', op www.opensecrets.org/news/rebuilding-iraq.

De kwalificaties van ambassadeur Joseph Wilson staan beschreven in zijn biografie, die te krijgen is bij het Middle East Institute, een denktank in Washington, D.C. Wilson diende over een periode van drie decennia in verschillende functies in de Nationale Veiligheidsraad, het Amerikaanse leger, de buitenlandse dienst en het ministerie van Binnenlandse Zaken en was de laatste officiële Amerikaan die Saddam Hoessein ontmoette voor het begin van 'Desert Storm'. Wilsons eigen verslag van zijn reis naar Niger in 2002 is gepubliceerd door de New York Times: 'What I didn't find in Africa', 6 juli 2003.

Andere verslagen over Wilsons onderzoek en de ondanks bewijs van het tegendeel steeds door de Amerikaanse regering herhaalde verhalen over Iraakse nucleaire wapens, zijn: Nicholas D. Kristof, 'White House in Denial', New York Times, 13 juni 2003; Richard Leiby, 'Retired Envoy: Nuclear Report Ignored; Bush cited alleged Iraqi purchases, even though CIA raised doubts in 2002', Washington Post, 6 juli 2003; 'White House knew Iraq-Africa claim was false; Bush administration forced into contrition by discovery of paper trail', ABC World News Tonight, 22 juli 2003; Dana Priest en Karen DeYoung, 'CIA questioned documents linking Iraq, uranium ore', *Washington Post*, 22 maart 2003; Michael Isikoff et al., 'Follow the yellowcake road', *Newsweek*, 28 juli 2003; Walter Pincus, 'Bush faced dwindling data on Iraq nuclear bid', *Washington Post*, 16 juli 2003 en Evan Thomas et al., '(Over)selling the World on War', *Newsweek*, 9 juni 2003.

Tweeënzestig miljoen mensen zagen Bush zijn ultieme pleidooi voor oorlog maken tijdens zijn State of the Union-toespraak van 2003. *Washington Times*-journaliste Jennifer Harper schreef hierover: 'Bush's speech resonates with public, polls show', 30 januari 2003. De speech is online te lezen op de website van het Witte Huis: 'State of the Union Address', 28 januari 2003.

De 'verantwoordelijkheid' die CIA-directeur George Tenet nam voor de vals gebleken informatie die George Bush tijdens zijn State of the Union-toespraak gaf, waaruit bleek dat Irak op zoek was naar uranium in Afrika, is te lezen op www.cia.gov.

De onthulling over de oktobermemo's, waaruit blijkt dat de CIA het Witte Huis gewaarschuwd heeft dat het Irak-Niger-uraniumverhaal op foute informatie berustte, werd op 23 juli 2003 gedaan door David E. Sanger en Judith Miller van de *New York Times* in 'After the War: Intelligence; National Security Aide Says He's to Blame for Speech Error', door Tom Raum, 'White House official apologizes for role in State of Union speech flap', Associated Press en door Walter Pincus, 'Bush team kept airing Iraq allegation; officials made uranium assertions before and after President's speech', *Washington Post*, 8 augustus 2003.

De toespraak die minister van Binnenlandse Zaken Colin Powell voor de VN hield waarnaar hier verwezen wordt, werd gehouden op 5 februari 2003. Een officiële kopie van de tekst van de toespraak is op internet gezet door de Amerikaanse afvaardiging bij de VN: www.un.int/usa.

Het verslag over de twee aanhangwagens die in Noord-Irak gevonden zijn, waarin waterstof geproduceerd werd om ballonnen mee op te blazen, niet om chemische wapens mee te maken, zoals de president beweerde, komt uit de Britse krant *The Observer* en werd geschreven door Peter Beaumont et al., 'Iraqi mobile labs nothing to do with germ warfare, report finds', 15 juni 2003. Het bericht werd bevestigd toen de Defense Intelligence Agency, onderdeel van het ministerie van

Defensie, tot dezelfde conclusie kwam, zoals blijkt uit een artikel van Doughlas Jehl, 'Iraqi trailers said to make hydrogen, not biological arms', *New York Times*, 9 augustus 2003.

De opmerkingen van luitenant-generaal James Conway over het feit dat de Amerikaanse troepen geen chemische wapens vonden in Irak, werden bericht door Robert Burns van de Associated Press, 'Commander of US marines in Iraq cites surprise at not finding weapons of mass destruction', 30 mei 2003.

De informatie over de Amerikaanse samenwerking met Irak in de oorlog tegen Iran en het gebruik van chemische of biologische wapens door Irak in dat conflict komt uit verscheidene bronnen, waaronder: Patrick E. Tyler, 'Officers say US aided Iraq in war despite use of gas', *New York Times*, 18 augustus 2002; 'Chemical weapons in Iran: confirmation by specialists, condemnation by Security Council', *UN Chronicle*, maart 1984; Henry Kamm, 'New Gulf War issue: Chemical Arms', *New York Times*, 5 maart 1984; Reginald Dale, 'US and Iraq to resume diplomatic relations', *Financial Times*, 27 november 1984.

De lijst van chemische stoffen die tussen 1985 en 1990 door Amerikaanse bedrijven aan Saddam Hoessein zijn verkocht, is opgenomen in het Senaatsrapport 'US Chemical and Biological Warfare-Related Dual Use Exports to Iraq and their possible impact on health consequences of the Gulf War'. Het rapport werd geschreven door Senaatsvoorzitter Donald W. Riegle Jr. en hooggeplaatst Senaatslid Alphonse M. D'Amato van het 'Committee on Banking, Housing and Urban Affairs' en refereerde aan het exportbeleid. United States Senate, 103e Congress, 2e sessie, 25 mei 1994.

Lees voor meer informatie over de export van chemische en biologische middelen door Amerikaanse bedrijven aan Irak, waaronder een lijst van bedrijven, William Blums hoofdartikel in *The Progressive* van april 1998, 'Anthrax for Export', en Jim Crogans verslag van 25 april-1 mei 2003 in de *LA Weekly*, 'Made in the USA, Part III: The Dishonour Roll'.

De informatie over de export van op tweeërlei wijze te gebruiken technologieën van Amerika naar Irak komt uit een rapport van de regerings eigen waakhond, de United States General Accounting Office: 'Irak: US military items exported or transferred to Iraq in the 1980s', vrijgegeven op 7 februari 1994, maar al gepubliceerd in 1992.

De moeite die de regering-Reagan zich getroost heeft om ervoor te zorgen dat Irak van Iran zou winnen, is uitgebreid gedocumenteerd door de volgende bronnen: Seymour M. Hersh, 'us secretly gave aid to Iraq early in its war against Iran', *New York Times*, 26 januari 1992; een onder ede afgelegde verklaring voor de rechtbank van de voormalig medewerker van de National Security Council, Howard Teicher van 31 januari 1995 en Michael Dobbs, 'us had key role in Iraq buildup; trade in chemical arms allowed despite their use on Iranians and Kurds', *Washington Post*, 30 december 2002.

De informatie over de wapenleveranties van Saoedi-Arabië aan Irak in de jaren tachtig komt uit het rapport van de General Accounting Office van februari 1994 (zie boven).

Een goede bron voor de geheime geschiedenis van het Amerikaanse beleid inzake Irak is het National Security Archive, een non-profitonderzoeksinstituut en bibliotheek met niet langer geheime documenten die het verkregen heeft op basis van de Freedom of Information Act. Zo bezit het archief bijvoorbeeld documenten waaruit blijkt dat het Witte Huis tegen pogingen van het Congres was om Irak te straffen voor het gebruik van chemische wapens, omdat het onder andere potentiële contracten voor de wederopbouw wilde veilig stellen: 'Iraqgate: Saddam Hussein, us policy and the prelude to the Persian Gulf War, 1980-1994', *The National Security Archive*, 2003. Een groot deel van de documenten van het archief is te vinden op www.gwu.edu/~nsarchiv.

Rumsfelds pogingen om de aanvallen van 11 september met Saddam Hoessein in verband te brengen, werden op 4 september 2002 bericht door cbs News, 'Plans for Iraq attack began on 9/11'. Generaal Wesley Clark sprak over de druk die er op hem uitgeoefend werd om 11 september met Saddam Hoessein in verband te brengen in een optreden in *Meet the Press* van nbc News, 15 juni 2003.

De bbc berichtte op 5 februari 2003 voor het eerst dat de Britse inlichtingendienst geconcludeerd had dat er op dat moment geen relatie bestond tussen Saddam Hoessein en Al Qaeda: 'Leaked report rejects Iraqi al-Qaeda link', bbc News.

De achtergrondinformatie over de vermeende Al Qaeda-basis in Noord-Irak is afkomstig van Jeffrey Fleishman, 'Iraqi terror camp cracks its doors', *Los Angeles Times*, 9 februari 2003 en Jonathan S.

Landay, 'Alleged weapons site found deserted', *Philadelphia Inquirer*, 9 februari 2003.

Onder de vele opiniepeilingen die aantoonden dat de Amerikanen geloofden dat Saddam Hoessein met de aanvallen van 11 september te maken had, waren: de peiling van *Newsweek*, 24-25 juli 2003; de Program on International Policy Attitudes/Knowledge Networks Poll, juli 2003; de Harris Interactive Poll, 18 juni 2003; de CNN/USA Today/Gallup Poll van 9 juni 2003 en 9 februari 2003; de *Christian Science Monitor* Poll, 9 april 2003; een CBS News/New York Times Poll van 10 februari 2003 en de Knight-Ridder Poll, 12 januari 2003.

Saddams vervreemding van fundamentalisten (als Osama bin Laden) door een seculiere staat te creëren, is uitgebreid beschreven door onder anderen: John J. Mearsheimer en Stephen M. Walt, 'An unnecessary war; US-Iraq conflict', *Foreign Policy*, 1 januari 2003; Warren P. Strobel, 'Analysts: No evidence of Iraq, al-Qaeda cooperation', *Knight Ridder Washington Bureau*, 29 januari 2003; Paul Haven, 'Saddam, al-Qaeda would be unusual allies', Associated Press, 29 januari 2003; Patrick Comerford, 'Will Christians of Iraq be denied the promise of peace?', *Irish Times*, 6 januari 2003; Daniel Trotta, 'Safe under Saddam, Iraqi Jews fear for their future', *Fort Lauderdale Sun-Sentinel*, 4 juli 2003; Matthew McAllester, 'New fear for Iraq Jews', *Newsday*, 9 mei 2003.

De informatie over Amerikaanse medeplichtigheid met Pol Pot en de Rode Khmer in Cambodja is afkomstig van: John Pilger, 'The Friends of Pol Pot', *The Nation*, 11 mei 1998; Philip Bowring, 'Today's friends, tomorrow's mess', *Time International*, 8 oktober 2001; Andrew Wells-Dang, 'Problems with current US Policy', *Foreign Policy in Focus*, 30 juli 2001.

De Amerikaanse rol in de staatsgreep die in Zaïre tot de dood van Patrice Lumumba leidde en Mobuto aan de macht bracht, staat beschreven in: Howard W. French, 'An anatomy of autocracy: Mobutu's Era', *New York Times*, 17 mei; Peter Ford, 'Regime Change', *Christian Science Monitor*, 27 januari 2003; Ian Stewart, 'Colonial and Cold War past fuels anti-West anger in Congo', Associated Press, 24 augustus 1998 en Stephen R. Weissman, 'Addicted to Mobutu: why America can't learn from its foreign policy mistakes', *Washington Monthly*, september 1997.

De achtergrondinformatie over de afzetting van Joao Goulart in Brazilië is te vinden in een artikel van 15 juni 2001 in de *National Catholic Reporter*, 'It's time for a good national confession; Truth commissions to heal war atrocities'. Zie ook het artikel van A.J. Langguth, 'US Policies in hemisphere precede Kissinger and Pinochet', *Los Angeles Times*, 15 juli 2001.

Over Amerika's betrokkenheid in Indonesië bij het afzetten van een gekozen president en de invasie in Oost-Timor, is bericht door: Jane Perlez, 'Indonesians say they suspect CIA in Bali Blast', *New York Times*, 7 november 2002; James Risen, 'Official history describes US policy in Indonesia in the 60s', *New York Times*, 28 juli 2001; 'East Timor Revisited', *National Security Archive*, 6 december 2001; 'CIA Stalling State Department Histories', *National Security Archive*, 27 juli 2001; Seth Mydans, 'Indonesia Inquiry: Digging up agonies of the past', *New York Times*, 31 mei 2000.

Lees voor een algemeen overzicht van de mensenrechten in China het 'World Report 2003: China and Tibet' van *Human Rights Watch* en 'Report 2003: China' van *Amnesty International*. Richard McGregor schreef over het aantal *fast food*-restaurants in China in 'KFC adds fast food to fast life in China', *Financial Times*, 20 januari 2003. Informatie over Kodak en de groeiende Chinese markt is te vinden in een artikel van Joseph Kahn, 'Made in China, Bought in China', *New York Times*, 5 januari 2003. De uitgebreide handelsbetrekkingen tussen Wal-Mart en China zijn beschreven in een artikel van Michael Forsythe, 'Wal-Mart fuels US-China trade gap', *Bloomberg News*, 8 juli 2003.

Het gebruik door China van mobiele executiewagens werd bericht door Amnesty International, 'Chinese use mobile death van to execute prisoners', en door Hamish McDonald, 'Chinese try mobile death vans', *The Age* (Melbourne), 13 maart 2003.

Informatie over alle landen in de wereld die te lijden hebben onder het regime van een dictator of autoritaire regering en over de verbetering van de mensenrechtensituatie in een bepaald land, is te krijgen bij het International Centre for Human Rights and Democracy, www.ichrdd.ca; Human Rights Watch, www.hrw.org en Amnesty International, www.amnesty.org.

Paul Wolfowitz werd geïnterviewd door de journalist Sam Tannenhaus voor *Vanity Fair* in mei 2003. Het ministerie van Defensie maakte bezwaar tegen Tannenhaus' versie van het gesprek en publiceerde zijn eigen afschrift van de conversatie. Omdat de versie van het ministerie Wolfowitz niet beter doet uitkomen dan die van Tannenhaus, heb ik besloten om de versie van het ministerie te gebruiken.

Professor Fatin Al-Rifai verscheen in het programma *Nightline* van ABC op 14 juli 2003, waarin ze haar twijfels uitte over het Amerikaanse beleid in Irak. De berichten over het groeiende politieke aanzien van geestelijken zijn afkomstig uit: David Rohde, 'GI and Cleric vie for hearts and minds', *New York Times*, 8 juni 2003; Anthony Browne, 'Radical Islam starts to fill Iraq's power vacuum', *London Times*, 4 juni 2003. De twee artikelen van Nicholas D. Kristof in de *New York Times* van 24 juni 2003, 'Cover your hair', en Tina Susman, 'In Baghdad, a flood of fear', *Newsday*, 9 juni 2003, gaan over de groeiende antipathie tegen de 'verwesterlijking' in Irak.

De toespraak van Dominique de Villepin voor de Verenigde Naties werd gehouden op 19 maart 2003 en kan in zijn volledigheid worden nagelezen op: www.un.int/france/documents_anglais/030319_cs_villepin_ irak.htm.

Een lijst van leden van de 'Coalitie van Gewilligen' is vanaf 3 april 2003 te vinden op de website van het Witte Huis: www.whitehouse. gov.

De volgende artikelen bevatten verhalen over het uithalen van de regering-Bush naar de Fransen: William Douglas, 'Paris will face consequences', *Newsday*, 24 april 2003; 'Rumsfeld dismisses "old Europe" defiance on Iraq', CBC News, 23 januari 2003 en 'Commander-in-Chief', *Dateline* NBC, 25 april 2003.

De meer belachelijke en kleinzielige aanvallen op de Fransen zijn afkomstig uit veel verschillende bronnen en vormen slechts het topje van de ijsberg van de antipathie tegen de Fransen. Het bericht over John Kerry en zijn vermeende 'Franse look' is van Adam Nagourney en Richard W. Stevenson, 'Bush's aides plan late sprint in '04', *New York Times*, 22 april 2003. Meer informatie over Jim Saxtons wetsvoorstel om de Fransen economisch te straffen is te vinden in 'Congress slow to act on anti-France bill', Associated Press, 10 maart 2003. Ginny Brown-Waite's volstrekt onzinnige oproep om de botten van de Amerikaanse doden van de Tweede Wereldoorlog die in Frankrijk liggen begraven op te graven, verdient alleen de kleurrijkste aandacht, dus verwijs ik je naar het artikel 'Dig up our D-Day Dead' van Malcolm

Balfour in de *New York Post* van 14 maart 2003. Het artikel van Richard Ruelas, 'McCain isn't saying "oui" to Bush's tax cut plan', *Arizona Republic*, 25 april 2003, gaat over twee snerende advertenties over de twee Republikeinse onderkruipers die bedenkingen hadden over Bush' desastreuze belastingverlaging. De altijd zo evenwichtige Sean Hannity liet zich door zijn emoties overmeesteren toen hij het in zijn eenzijdige discussieprogramma *Hannity & Colmes* van 11 juni 2003 had over het verraad van Jacques Chirac.

Meer over onder andere het door de wc spoelen van Franse wijn, de geneugten van Freedom Fry en het tevreden gevoel dat je overhoudt aan het in een gepantserd voertuig over gefotokopieerde Franse vlaggen rijden, is te vinden in: Deborah Orin & Brian Blomquist, 'White House just says Non', *New York Post*, 14 maart 2003; John Lichfield, 'French tourism counts cost as Americans stay away', *The Independent*, 29 juli 2003; Sheryl Gay Stolberg, 'An Order of Fries, Please, But Do Hold the French', *New York Times*, 12 maart 2003; 'Fuddruckers jumps on "Freedom Fry" bandwagon', PR *Newswire*, 14 maart 2003; Brian Skoloff, 'Central Valley dry cleaners called French Cleaners vandalized', Associated Press, 20 maart 2003; Rob Kaiser, 'Sofitel surrenders, lowers French flag', *Chicago Tribune*, 1 maart 2003; 'Merchant stands his ground as Americans boycott fromage.com', *Toronto Star*, 16 februari 2003; J. M. Kalil, 'Everything French Fried', *Las Vegas Review-Journal*, 19 februari 2003; Floyd Norris, 'French's has an unmentioned British flavour', *New York Times*, 28 maart 2003; Alison Leigh Cowan, 'French exchange students get the cold shoulder', *New York Times*, 4 juli 2003 en als laatste, voor de Franse onderkruiper in het Witte Huis Elizabeth Bumiller, 'From the President's patisserie, building a coalition of the filling', *New York Times*, 5 mei 2003.

Als je meer zou willen weten over het leven en de stamboom van Paul Rivoire, surf dan naar het Paul Revere House op: www.paulreverehouse.org/father.html.

Lees voor meer informatie over de helpende hand die de Fransen tijdens de Amerikaanse Revolutie aan de kolonisten schonken het artikel van Stacy Schiff 'Making France our best friend', *Time*, 7 juli 2003.

De cijfers over Iraks olie-export naar verscheidene landen zijn afkomstig uit de *International Petroleum Monthly* van juli 2003 van de Energy Information Administration. Een compleet overzicht van de gegevens over onze handel met Irak in 2001 is verkrijgbaar bij de Foreign Trade Division van het Census Bureau.

Jennifer Brooks schreef over Saddams ontvangst van een sleutel voor Detroit in de *Detroit News*, 26 maart 2003. Er is uitvoerig bericht over Rumsfelds bezoek aan Irak en het National Security Archive, ondergebracht bij de George Washington University (hierboven geciteerd), heeft een leuk plaatje van de twee mannen die elkaar de hand schudden. Je kunt echter ook even kijken in het artikel van Michael Dobbs, 'US had key role in Iraq buildup', *Washington Post*, 30 december 2002.

De cijfers over hoeveel telefoons er per hoofd van de bevolking in Albanië zijn, zijn te vinden in het *World Fact Book*, *2003* van de CIA, online verkrijgbaar op: www.CIA.gov. Dit feitenboek is ook leuk om in te kijken als je wat meer over een bepaald land zou willen weten.

De uit opiniepeilingen afkomstige cijfers die geciteerd zijn inzake het internationale protest tegen de oorlog in Irak, zijn terug te vinden in: Peter Morton, 'US citizens at odds with world on war', *National Post*, 12 maart 2003; Derrick Z. Jackson, 'World is saying "no" to war', *Chicago Tribune*, 17 maart 2003; 'People power on world stage', Reuters, 6 maart 2003; 'Japanese premier says not always right to follow public opinion', BBC *Worldwide Monitoring*, 5 maart 2003; Susan Taylor Martin, 'Business of war rolls on in Turkey, opposition or no', St. *Petersburg Times*, 2 maart 2003 en George Jones, 'Poll shows most Britons still against the war', *Daily Telegraph*, 13 februari 2003. De niet-zo-getikte Britse mening over de grootste bedreiging van de wereldvrede kwam naar voren in een onderzoek dat werd uitgevoerd voor de Britse krant The Times, 'Bush "as big a threat as Saddam"', 23 februari 2003.

Lees meer over de rol van handelsbelangen in de vorming van de 'Coalitie van Gewilligen' in Tom Skotnicki's artikel 'Coalition of the Winning', *Business Review Weekly*, 26 juni 2003, Claire Harveys artikel 'NZ leader seeks peace in her time', The *Weekend Australian*, 26 april 2003, Linda McQuaigs 'Rebuffed president recklessly saddles up for war', Toronto *Star*, 9 maart 2003 en David Armstrongs 'US pays back nations that supported war', San Francisco *Chronicle*, 11 mei 2003.

Een algemeen beeld van een aantal leden van de 'coalitie' wordt gegeven in Dana Milbanks artikel 'Many willing, but only a few are able', *Washington Post*, 25 maart 2003. Het artikel meldt ook dat Marokko voor de invasie tweeduizend aapjes heeft aangeboden. Een interessante bijkomstigheid, want hoewel er geen aapjes de oorlog in zijn gestuurd, zijn er wel heel wat niet-aapachtigen gegaan. Siobhan McDonough schreef op 2 april 2003 in de Associated Press dat de soldaten vergezeld gingen van kippen, duiven, honden en dolfijnen. Polen leverde dan geen dierlijke bijdrage, maar het land slaagde er wel in wat soldaten op te trommelen, zoals blijkt uit 'Poland to commit up to 200 troops in war with Iraq', Associated Press, 17 maart 2003.

De schatting van het percentage van de wereldbevolking dat door de 'coalitie' wordt vertegenwoordigd, is afkomstig uit Ivo Daalders 'Bush's coalition doesn't add up where it counts', Newsday, 24 maart 2003 en een schatting van de wereldbevolking gemaakt door de 'Population Clock' van het US Census Bureau.

De informatie over het wapensysteem van Lockheed Martin is afkomstig uit de volgende bronnen: 'Liquidmetal Technologies and Lockheed Martin establish product development partnership', Business Wire, 27 januari 2003; Barbara Correa, 'War machine grows quickly', Daily News (Los Angeles), 23 maart 2003; Amerikaanse luchtmacht, 'USAF Fact Sheet: Milstar satellite Communications system', maart 2003; Craig Covault, 'Milstar pivotal to war', Aviation Week, 28 april 2003; 'Air Force launches a military communications satellite', Associated Press, 8 april 2003; Tom McGhee, 'Bibles to bomb fins', Denver Post, 6 april 2003; Heather Draper, 'Lockheed Martin set to launch 6th Milstar', Rocky Mountain News, 22 januari 2003; Dick Foster, 'Springs base controls "eyes and ears" of war', Rocky Mountain News, 22 maart 2003; Robert S. Dudney, 'US dominance in space helped win operation Iraqi Freedom', Chattanooga Times Free Press, 25 mei 2003; Richard Williamson, 'Wired for war', Rocky Mountain News, 3 januari 2003; Tim Friend, 'Search for bin Laden extends to Earth orbit', USA Today, 5 oktober 2001 en Heather Draper, 'Liftoff: Defense stocks soar', Rocky Mountain News, 9 oktober 2001.

De schattingen van het dodental in Irak en Afghanistan zijn afkomstig van aanverwante projecten. Lees over Afghanistan het rapport 'Daily Casualty Count of Afghan Civilians Killed by US Bombing' van Marc Herold. Herold is een professor aan de Universiteit van New Hampshire en zijn rapport, dat gebaseerd is op een uitgebreide en diepgravende studie van in de media berichte burgerdoden van het

begin van de campagne in Afghanistan tot nu, is te lezen op: http://
pubpages/unh.edu/~mwherold/. Ten behoeve van de oorlog in Irak
werd door de Iraq Body Count een soortgelijk systeem opgezet, wat te
vinden is op: www.iraqbodycount.net.

De berichten over Iraakse burgerslachtoffers zijn afkomstig van Paul
Reynolds, 'Analysis: Risk to civilians mounts', BBC News, 2 april 2003;
Lara Marlowe, '33 civilians die in Babylon bombing', Irish Times, 2 april
2003; Zeina Karam, 'Injured Iraqi boy making progress: "I feel
good"', Toronto Star, 10 juni 2003; Corky Siemaszko, 'Is he under the
rubble?', New York Daily News, 9 april 2003; William Branigin, 'A grue-
some scene on Highway 9', Washington Post, 1 april 2003; Christopher
Marquis, 'US military chiefs express regret over civilian deaths', New
York Times, 2 april 2003.

De informatie over clusterbommen is te vinden in Jack Epsteins
artikel 'US under fire for use of cluster bombs in Iraq', San Francisco
Chronicle, 15 mei 2003 en is ook verkrijgbaar bij Human Rights Watch.
Lees hierover in het bijzonder hun artikelen 'US use of clusters in
Baghdad condemned', 16 april 2003 en 'Cluster bomblets litter Afgha-
nistan', 16 november 2001.

Steve Johnson heeft in de Chicago Tribune een uitstekend artikel geschreven over 'meereizende journalisten': 'Media: with embedded re-
porters, 24-hour access and live satellite feeds', 20 april 2003. Lees
ook Jim Rutenbergs 'Cable's war coverage suggests a new "Fox Effect" on television journalism', New York Times, 16 april 2003. Kijk voor
een volledig rapport van mediatoezichthouder Fairness and Accuracy
in Reporting over de pro-oorlogtendentie van avondnieuwsprogram-
ma's op de website van deze organisatie: www.fair.org. Het rapport
is gepubliceerd in juni 2003. Neil Cavuto's opmerkingen over waarom
hij objectivisme door de journalistiek niet langer serieus neemt, zijn
te vinden in een artikel dat hij op 28 maart 2003 schreef, getiteld
'American first, journalist second', Fox News.com, 28 maart 2003, op
www.foxnews.com. Brian Williams bekeek de schokkende beelden uit
Irak en praatte in Nightly News, NBC, 2 april 2003, over de ontwikke-
lingen sinds het Amerikaanse bombardement van Dresden met brand-
bommen. Het bericht over de deal van 470 miljoen dollar tussen het
leger en Microsoft stond in de Seattle Post-Intelligencer, 'Microsoft wins
biggest order ever', 25 juni 2003. Het programma World News Tonight

van ABC berichtte op 26 april 2003 ten onjuiste dat er een wapenopslagplaats ontdekt was. Het in september verschenen artikel uit de *New York Times* dat de propaganda van het Witte Huis deed oplaaien, werd geschreven door Michael Gordon en Judith Miller. De titel van het artikel was 'US says Hussein intensifies quest for A-bomb parts', 8 september 2002.

De artikelen die gebruikt zijn voor het verhaal over Jessica Lynch zijn: Susan Schmidt en Vernon Loeb, 'She was fighting to the death', *Washington Post*, 3 april 2003; Thom Shanker, 'The Rescue of Private Lynch', *New York Times*, 3 april 2003; Mark Bowden, 'Sometimes heroism is a moving target', *New York Times*, 8 juni 2003; Mitch Potter, 'The Real "Saving of Private Lynch"', *Toronto Star*, 4 mei 2003; John Kampfner, 'Saving Private Lynch story "flawed"', BBC News Correspondent, 15 mei 2003 en Lisa de Moraes, 'CBS News chief defends approach to Lynch', *Washington Post*, 22 juli 2003.

Powells afschuw van de kwaliteit van de inlichtingen die hij aan de Verenigde Naties moest presenteren, werd voor het eerst bericht door Bruce B. Auster en anderen in 'Truth & Consequences', gepubliceerd in *US News & World Report*, 9 juni 2003. Er is veel bericht over het geplagieerd zijn van Groot-Brittanniës inlichtingen, maar lees hierover in het bijzonder Sarah Lyalls artikel 'Britain admits that much of its report on Iraq came from magazines', *New York Times*, 8 februari 2003.

Wat Ari Fleischer en George W. Bush over de uraniumconcentraatleugen te zeggen hadden, is te vinden op www.whitehouse.gov. George Tenet was de eerste die verantwoordelijkheid nam, zoals bericht werd door Barry Schweid, 'After discredited report, finger-pointing abounds inside Bush administration', Associated Press, 11 juli 2003. De oktobermemo's van de CIA zijn boven water gehaald en er is onder anderen over bericht door Dana Milbank en Walter Pincus, 'Bush aides disclose warnings from CIA', *Washington Post*, 23 juli 2003.

Rumsfelds charmante onsamenhangendheid was te zien en horen in *Meet the Press*, NBC, 13 juli 2003. Condoleezza Rice verscheen diezelfde drukke zondag in *Late Edition with Wolf Blitzer* op CNN en in *Face the Nation* van CBS.

Voormalig medewerker van president Nixon John Dean publiceerde zijn impressies van de leugens die Bush en zijn maten ons de afgelopen maanden verkocht hebben op www.findlaw.com. Zijn artikel 'Missing weapons of mass destruction: Is lying about the reason for war an impeachable offence?' verscheen op deze site op 6 juni 2003.

3. Eind goed, olie goed

Op de websites van de olie-industrie staat precies welke producten van ruwe olie gemaakt worden. Kijk bijvoorbeeld eens op de site van het American Petroleum Institute, de grootste handels- en lobbygroep van de olie-industrie (www.api.org) en Arctic Power, een mantelorganisatie die 'groen' klinkt maar feitelijk boren in een natuurreservaat in Alaska propageert (www.anwr.com). Surf voor je je afmeldt nog even naar Greenpeace op www.greenpeaceusa.org en naar de Sierra Club, www.sierraclub.org om te zien wat je kunt doen om bewuster energiegebruik en het gebruik van alternatieve energiebronnen te bevorderen.

'How Fuel Cells Work' is een technisch rapport van Karim Nice dat gaat over de beginselen van brandstofcellen. Zie www.howstuffworks.com. Meer informatie over de bruikbaarheid van waterstofcellen is te lezen in het artikel 'Hydrogen fuel could widen ozone hole' van Philip Ball, *Nature*, 13 juni 2003; 'Hydrogen: Fire and Ice' van David Adam, 24 maart 2000. Lees voor meer informatie over het gebruik van fossiele brandstoffen om waterstofenergie te genereren 'These Fuelish Things', *The Economist*, 16 augustus 2003.

In 'Oil as a finite resource: When is global production likely to peak?', een studie gedaan voor het World Resources Institute in 2000, voorspelt Dr. James McKenzie dat de olieproductie mogelijk al in 2007 en uiterlijk in 2019 zal gaan verminderen. Andere experts uit de olie-industrie hebben soortgelijke conclusies getrokken, zoals te lezen is in het artikel van David Robinson 'A new era for oil', *Buffalo News*, 8 oktober 2002 en van Jim Motavalli 'Running on EMPTY', E, 1 juli 2000.

Meer informatie over het plan van de regering-Bush om de productie van nucleaire energie uit te breiden staat in het artikel 'Hydrogen: clean, safer than in the past and popular with politicians' van Dan Roberts, *Financial Times*, 13 mei 2003 en 'Energy Policy', *Talk of the Nation*, NPR, 13 juni 2003. Vice-president Dick Cheney sprak het in zijn eigen woorden uit tijdens een toespraak voor het Nuclear Energy

Institute op 22 mei 2001: www.whitehouse.gov/vicepresident/news-speeches.

Surf naar de volgende sites om NU IN ACTIE TE KOMEN voor hernieuwbare energiebronnen:

Climate Action Network: www.climatenetword.org
Friends of the Earth: www.foe.org/act/takeaction/index.html
Greenpeace: www.greenpeaceusa.org/takeaction/
Natural Resources Defence Council: www.nrdc.org/action/default.asp
Physicians for Social Responsibility: www.capwiz.com/physicians/home/
Project Underground: www.moles.org
Sierra Club: www.sierraclub.org/energy
Sustainable Energy and Economy Network: www.seen.org
Union of Concerted Scientists: www.ucsaction.org
US Public Interest Research Group: www.newenergyfuture.com
World Wildlife Fund: www.takeaction.worldwildlife.org

4. De Verenigde Staten van Boe!

George W. Bush vertelde ons op 20 september 2001 zonder een spier te vertrekken dat de terroristen onze democratisch gekozen leiders haten. Tijdens deze toespraak kondigde Bush officieel aan dat de twee zelfstandige naamwoorden 'vrijheid' en 'angst' met elkaar in oorlog zijn. De complete speech is te vinden via www.whitehouse.gov.

Er is uitgebreid bericht over Cheneys ideeën over onze 'nieuwe normaliteit', een toestand die 'permanent zal worden in de Amerikaanse samenleving', maar lees voor wat meer informatie over deze normaliteit eens 'Barricades cover their muscle with warmth' van Renee Tawa, Los Angeles Times, 8 november 2001, een artikel over de pogingen om betonnen barricades 'smaakvoller' te maken.

De cijfers die gebruikt zijn om vast te stellen welke kans je loopt om door een terroristische aanval om het leven te komen, zijn afkomstig van het Population Estimates Program en het Populations Projections Program uit het Census Bureau-rapport 'Annual Projections of the

Total Resident Population as of July 1. Middle, Lowest, Highest and Zero International Migration Series, 1999-2100', gepubliceerd op www.census.gov. De cijfers over de kans op sterven als gevolg van griep, longontsteking, zelfmoord, moord of een auto-ongeluk zijn afkomstig uit het rapport 'Deaths: Preliminary Data for 2001' van The Centers For Disease Control National Vital Statistics Reports, 14 maart 2003.

Lees voor terrorismewaarschuwingen van de F B I en informatie over schoenbommen het artikel van Jack Hagel 'F B I identifies explosive used for shoe bomb', *Philadelphia Inquirer*, 29 december 2001.

Artikelen over terrorisme en vervalste goederen zijn te vinden in *The International Herald Tribune*: 'Terrorist groups sell Sham Consumer Goods to Raise Money, Interpol Head Says', David Johnston, 18 juli 2003; Congressional Testimony, Senate Governmental Affairs, Terrorism Financing, 31 juli 2003; 'Hearing of the House International Relations Committee', *Federal News Service*, 16 juli 2003; Judd Slivka, 'Terrorists planned to set wildfires, F B I memo warned', *Arizona Republic*, 13 juli 2003; Amber Mobley, 'U S citizen admits planning al Qaeda attack', *Boston Globe*, 20 juni 2003; Randy Kennedy, 'A conspicious terror target is called hard to topple', *New York Times*, 20 juni 2003; Rhonda Bell, 'Suspicious package on porch a false alarm', *Times-Picayune* (New Orleans), 13 oktober 2001.

Kijk voor meer informatie over het Project for the New American Century op www.newamericancentury.org. Zie voor meer informatie over Bush' doctrine over permanente oorlog en het ogenblikkelijk aanwenden van de aanvallen van 11 september als voorwendsel om nog meer landen aan te vallen, het artikel van John Diamond 'Bush puts focus on protracted war with global goals', *Chicago Tribune*, 14 september 2001; 'Deputy Defence Secretary Paul Wolfowitz discusses the course of action the U S may take after Tuesday's attacks', *All Things Considered*, N P R, 14 september 2001; Christopher Dickey et al., 'Next up: Saddam', *Newsweek*, 31 december 2001; 'Votes in Congress', *New York Times*, 25 mei 2003; Maureen Dowd, 'Neocon coup at the Department d'Etat', *New York Times*, 6 augustus 2003.

Rumsfeld maakte zijn belofte van permanente oorlog op 4 oktober 2001. Het is na te lezen op www.defenselink.mil.

Lees voor meer informatie over Russell Feingold (Democraten-Wis-

consin) en zijn enkele stem tegen de Patriot Act Nick Andersons artikel 'His "No" vote on the Terror Bill earns respect', *Los Angeles Times*,
31 oktober 2001; Emily Pierce, 'Feingold defiant over vote against anti-
terrorism bill', *Congressional Quarterly*, 2 november 2001; Judy Mann,
'Speeches and symbolism do little to solve our problems', *Washington
Post*, 31 oktober 2001; Matthew Rothschild, 'Russ Feingold', *The Progressive*, mei 2002.

De verklaring waarin Russ Feingold zich uitspreekt tegen de Patriot
Act is te vinden op zijn website: www.russfeingold.org. Kijk voor meer
over de Patriot Act en de tekst van de wet op de site van het Electronic
Privacy Information Center: www.epic.org/privacy/terrorism/usa-
patriot. Surf ook naar de site van de burgerrechtenorganisatie American Civil Liberties Union (ACLU) op www.ACLU.org en van de American Library Association op www.ala.org. Lees voor meer informatie
over hoe het Witte Huis het wetsvoorstel door het Congres joeg en
over hoe het Congres de uiteindelijke versie niet las voor het erover
stemde *After: Rebuilding and Defending America in the September 12 Era* van
Steven Brill, Simon & Schuster, 2003 en 'Surveillance under the
"USA/Patriot Act"', ACLU, 2002.

Over de details van de wet kun je lezen: de gerechtelijke verhoren
van de Senaat van 9 oktober 2002; 'How the anti-terrorism bill puts
financial privacy at risk', ACLU, 23 oktober 2001; *Imbalance of Power*,
Lawyers Committee for Human Rights, september 2002-maart 2003;
Nat Hentoff, 'No "sneak and peak"', *Washington Times*, 4 augustus
2003.

Dan Eggen en Robert O'Harrow Jr. berichtten over Ashcrofts 'nood-
aanhoudingsbevelen' en 'niet-noodaanhoudingsbevelen' in 'US steps
up secret surveillance', *Washington Post*, 24 maart 2003. Lees ook Anne
Gearan, 'Supreme Court rejects attempt to appeal cases testing scope
of secret spy court', Associated Press, 24 maart 2003; Curt Anderson,
'Ashcroft accelerates use of emergency spy warrants in anti-terror
fight', Associated Press, 24 maart 2003; Evelyn Nieves, 'Local officials
rise up to defy the Patriot Act', *Washington Post*, 21 april 2003; Jerry
Seper, 'Congressmen seek clarifications of Patriot Act powers', *Washington Times*, 3 april 2003.

Als je het rapport van het ministerie van Justitie over gevangenen
wilt lezen, getiteld 'US Department of Justice Office of the Inspec-

tor General: Report to Congress on Implementation of Section 1001 of the USA Patriot Act' van 17 juli 2003, kijk dan op www.findlaw. com.

Je vindt de website van de Defense Advanced Research Projects Agency (DARPA) op www.DARPA.mil. Meer informatie over Poindexter, DARPA en de Policy Analysis Market lees je in 'Betting on Terror: What Markets Can Reveal' van Floyd Norris, New York Times, 3 augustus 2003; Stephen J. Hedges, 'Poindexter to quit over terror futures plan', Chicago Tribune, 1 augustus 2003; Peter Behr, 'US files new Enron complaints', Washington Post, 13 maart 2003 en Allison Stevens, 'Senators want "Terrorism" futures market closed', Congressional Quarterly Daily Monitor, 28 juli 2003.

Als je meer over de situatie in Guantanamo Bay zou willen weten, lees dan 'Imbalance of Power: How changes to US law and policy since 9/11 erode human rights and civil liberties' van de Lawyers Committee for Human Rights en het artikel 'At Camp Iquana, the enemies are children' van Matthew Hay Brown, Hartford Courant, 20 juli 2003 en 'Detainees giving information for incentives, general says' van Paisley Dodds, Chicago Tribune, 25 juli 2003.

Berichten over overtredingen van de regering onder de Patriot Act zijn te vinden in Philip Shenons artikel 'Report on US antiterrorism law alleges violations of civil rights', New York Times, 21 juli 2003; 'Code-red cartoonists', USA Today, 24 juli 2003 en Tom Brune, 'Rights abuses probed', Newsday, 22 juli 2003.

John Clarke deed zijn verhaal over hoe hij ondervraagd werd toen hij vanuit Canada de VS weer in wilde in 'Interrogation at the US border', Counterpunch, 25 februari 2002. Veel andere verhalen over de doldraaiende regering zijn afkomstig van Neil Mackay, 'Rage. Mistrust. Hatred. Fear. Uncle Sam's enemies within', Sunday Herald, 29 juni 2003; 'Judge steps down after admitting ethnic slur', Associated Press, 18 juni 2003; 'Six French journalists stopped in L.A., refused admission to US', Associated Press, 21 mei 2003; 'Cop photographs class projects during 1:30 AM visit', Associated Press, 5 mei 2003; Matthew Rothschild, 'Enforced conformity', The Progressive, 1 juli 2003; Dave Lindorff, 'The Government's air passenger blacklist', New Haven Advocate; Matthew Norman, 'Comment & Analysis', The Guardian, 19 maart 2002; 'Show doesn't make evil man sympathetic', USA Today, 18 mei

2003; 'Principal bans Oscar-winning documentary', *Hartford Courant*, 6 april 2003.

Over Ari Fleischers Big Brother-waarschuwing voor de Amerikanen is uitgebreid bericht. Zijn betoog is te lezen op www.whitehouse.gov.

Lees voor meer informatie over het visa-voor-terroristen-debacle van de Immigration and Naturalization Service (INS) het artikel van Bill Saporito et al., 'Deporting the INS: Granting visas for terrorists after 9/11 could be the last gaffe for the Immigration Service', *Time Magazine*, 25 maart 2002.

5. Het terrorisme stoppen? Een betere wereld begint bij onszelf!

Het boek *Killing Hope: US Military and CIA Interventions Since World War II* van William Blum geeft informatie over de door de VS beraamde staatsgrepen in Chili, Guatemala en Indonesië. *Permanente oorlog voor permanente vrede* is een belangrijke verzameling essays van Gore Vidal. (Als extraatje krijg je er een handig, twintig pagina's tellend overzicht bij van alle Amerikaanse militaire interventies sinds 1948.) Kijk voor een kritische blik op de huidige buitenlandse politiek van Amerika op de website van Foreign Policy In Focus: www.foreignpolicy-infocus.org.

Israël is een van de grootste afnemers van wapens uit Amerika. De Verenigde Staten hebben Israël het afgelopen decennium voor 7,2 miljard dollar aan wapens en militair materieel verkocht, 762 miljoen als directe verkopen en meer dan 6,5 miljard via het Foreign Military Financing-programma. (Zie William D. Hartung en Frida Berrigan, 'An Arms Trade Resource Center Fact Sheet', mei 2002.) Het Middle East Research and Information Project biedt een inleiding over de huidige opstand in Palestina en een inleiding over Palestina, Israël en het Arabisch-Israëlische conflict op: www.merip.org. Peace Now, een bundeling van Israëlische vredesorganisaties, zegt dat 'alleen vrede veiligheid in Israël zal brengen en de toekomst van ons volk zal garanderen'. Peace Now oefent druk uit op de Israëlische regering om via onderhandelingen en wederzijdse compromissen vrede te sluiten met de Arabische buurlanden en de Palestijnen (www.peacenow.org). De

Arab Association for Human Rights (www.arabhra.org) zet zich in voor de promotie en bescherming van de politieke, burger-, economische en culturele rechten van de Palestijns-Arabische minderheid in Israël.

De cijfers inzake het Amerikaanse energieverbruik zijn afkomstig van de Energy Information Administration van het Amerikaanse ministerie van Energie en het Human Development Report van het United Nations Development Program. Lees voor een kritische kijk op de Amerikaanse energieconsumptie het boek *Affluenza: The All-Consuming Epidemic* van John de Graaf, David Wann, Thomas H. Naylor en David Horsey. Er zijn bovendien talloze gidsen die uitleggen hoe je je goede bedoelingen in dagelijkse daden kunt omzetten: *Culture Jam: How to Reverse America's Suicidal Consumer Binge* – and *Why We Must* door Kalle Lasn; *The Complete Idiot's Guide to Simple Living* van Georgene Lockwood; *50 Simple Things You Can Do to Save the Earth* van The Earth Works Group en *The Better World Handbook* van Ellis Jones, Ross Haenfler en Brett Johnson.

De cijfers over schoon water zijn afkomstig van het United Nations Environmental Program en de Wereldgezondheidsorganisatie. Doe mee aan de campagne van Public Citizen ter bescherming van het recht op schoon en betaalbaar drinkwater door de waterbedrijven openbaar te houden (www.citizen.org/cmep/Water/).

De verhalen over de sweatshoparbeiders komen van de toezichthoudende organisatie National Labor Committee en UNITE!, de vakbond voor kledingmakers in de Verenigde Staten en Canada. Sluit je bij hen aan (www.nlcnet.org en www.behindthelabel.org) of doe mee met een van de vele antisweatshopcampagnes op internet: Sweatshopwatch: www.Sweatshop.watch.org; Maquila Solidarity Network: www.maquilasolidarity.org en United Students Against Sweatshops: www.usasnet.org.

De International Labor Organization (ILO) schat dat er in de ontwikkelingslanden zo'n 250 miljoen kinderen tussen de vijf en veertien jaar werken, waarvan ten minste 120 miljoen fulltime. De Children's Rights Division van Human Rights Watch verzamelt informatie over de benarde situatie van kinderen in schuldslavernij: www.hrw.org/children/labor.htm. Global March Against Child Labor probeert kinderarbeid uit te roeien: www.globalmarch.org. Op www.aft.org/international/child kun je een gratis antikinderarbeidposter bestellen voor op school, in het buurthuis of op kantoor. Je kunt tevens een antikinderarbeidpetitie ondertekenen.

Op de website www.iraqbodycount.org wordt een database voor het aantal burgerdoden als gevolg van de oorlog in Irak bijgehouden. Er staat: 'De slachtoffercijfers zijn het resultaat van een breed onderzoek naar op internet gepubliceerde rapporten. Ingeval deze rapporten verschillende cijfers geven, geven wij een minimum en maximum. Alle resultaten worden voor ze gepubliceerd worden door ten minste drie leden van het Iraq Body Count-team apart op fouten nagekeken.'

De informatie over de doelzoekende bommen gebruikt in de oorlog met Irak is afkomstig uit een rapport van Jim Krane: 'us Precision Weapons Not Fool-proof', Associated Press, 4 april 2003.

Volgens Peace Action hebben de Verenigde Staten meer dan 10.500 kernkoppen. Surf voor meer informatie naar hun website en doe mee aan de campagne voor een veiligere wereld: www.peace-action.org. De Plowshares-beweging maakt al lange tijd van geweldloos burgerprotest gebruik om het land te ontwapenen: www.plowsharesactions.org. De Chemical Weapons Working Group organiseert het veilig opruimen van munitie en ander giftig chemisch oorlogsmateriaal in de vs: www.cwwg.org.

Als je meer zou willen weten over Amerika's illustere geschiedenis van het omverwerpen van democratieën en beschermen van wrede dictators, is er wat betreft vrijgegeven regeringsdocumenten wellicht geen betere plaats om te beginnen dan het National Security Archive van de George Washington Universiteit. Hun webadres is: www.gwu.edu/~nsarchiv/.

6. Jezus W. Christus

God heeft geen bronnen nodig en is beledigd dat dit zelfs maar gesuggereerd wordt.

7. Weg met Horatio Alger

De gegevens over de salarissen van topbazen zijn afkomstig uit: 'Executive Pay', John A. Byrne et al., Business Week, 6 mei 2002; 'Executive Pay: A Special Report', Alan Cowell, The New York Times, 1 april 2001. Het BusinessWeek-artikel wijst er ook op dat 'CEO-salarissen het afgelopen decennium met 340 procent gestegen zijn tot 11 miljoen dollar, terwijl de lonen van de gewone arbeiders met 36 procent stegen'.

Het rapport uit Fortune over wangedrag in de zakenwereld, 'You Bought, They Sold', verscheen op 2 september 2002. Je kunt het online lezen op: www.fortune.com.

Het grootste deel van de informatie in het stuk over de dooie-boerenverzekering is afkomstig uit het fantastische werk van Ellen E. Schultz en Theo Francis, 'Valued Employees: Worker Dies, Firm Profits – Why?', The Wall Street Journal, 19 april 2002. Latere artikelen hierover zijn bijvoorbeeld: 'Companies Gain a Death Benefit', Albert B. Crenshaw, The Washington Post, 30 mei 2002 en 'Bill to Limit Dead Peasants Policies Ignored to Death', L. M. Sixel, Houston Chronicle, 4 oktober 2002.

Lees meer over het wetsontwerp van het Congres waardoor bedrijven minder geld in de pensioenfondsen van hun arbeiders hoeven te stoppen, in het artikel 'Bill Reduces Blue-Collar Obligations for Pension', Mary Williams Walsh, The New York Times, 6 mei 2003. Meer over de 'korting op de dood van ouderen'-controverse lees je in 'Life: The Cost-Benefit Analysis', John Tierney, The New York Times, 18 mei 2003.

Als je meer zou willen weten over Ken Lays bijdragen aan de Bush-campagne of campagnebijdragen in het algemeen, kijk dan op de site van het uitstekende Center for Responsive Politics: www.opensecrets.org. Voor informatie over Bush' gebruik van het Enron-vliegtuig zie: 'Enron: Other Money in Politics Stats', Center for Responsive Politics, 9 november 2001 en 'Flying High on Corporations', Capital Eye, winter 2000. Het bericht over Bush' omweg om bij de openingsgooi van Ken Lay op het Enron Field in Houston te zijn, is afkomstig uit 'Bush Visits Top Contributor for Houston Baseball Bash', Megan Stack, Associated Press, 7 april 2000.

Lees voor meer over de rol van 'Kenny Boy' in het 'helpen' verzamelen van mensen voor de nieuwe regering en zijn bijdrage aan Dick

Cheneys 'Energy Task Force', 'Mr. Dolan Goes to Washington', James Bernstein, Newsday, 4 januari 2001; 'Bush Advisers on Energy Report Ties to Industry', Joseph Kahn, The New York Times, 3 juni 2001; 'Power Trader Tied to Bush Finds Washington All Ears', Lowell Bergman en Jeff Gerth, The New York Times, 25 mei 2001; 'Bush Energy Paper Followed Industry Path', Don van Natta en Neela Banerjee, The New York Times, 27 maart 2002; 'Judge Questions us Move in Cheney Suit', Henri E. Cauvin, The Washington Post, 18 april 2003.

Andere informatie over Enron is te vinden in: 'Enron Corp. Files Largest us Claim for Bankruptcy', Richard A. Oppel Jr., The New York Times, 3 december 2001; 'At Enron, the fall came quickly; complexity, partnerships kept problems from public view', Peter Behr, The Washington Post, 2 december 2001; 'Enron, preaching deregulation, worked the statehouse circuit', Leslie Wayne, The New York Times, 9 februari 2002; 'The cast of characters in the Enron drama is lengthy, and their relationships complex', John Schwartz, The New York Times, 13 januari 2003; 'Enron made a sound investment in Washington', Jim Drinkard en Greg Farrell, USA Today, 24 januari 2002; 'Balancing deregulation and Enron', Stephen Labaton, The New York Times, 17 januari 2002; 'Safeguards failed to detect warnings in Enron debacle', Jerry Hirsch et al., The Los Angeles Times, 14 december 2001; 'The Fall of Enron', Mary Flood, Houston Chronicle, 5 februari 2003; 'Energy execs gain millions in stock sales', Jerry Hirsch, The Los Angeles Times, 13 juni 2001; 'Wealth of options', Stephanie Schorow, Boston Herald, 30 september 2002; 'Secret hires warned Enron', Jake Tapper, Salon, 20 januari 2002; 'Enron paid creditors $3.6 billion before fall; filing also details payments to executives', Ben White en Peter Behr, The Washington Post, 18 juni 2002; 'Big burden for ex-workers of Enron', Jim Yardley, New York Times, 3 maart 2002; 'Enron facing pension lawsuit', Eric Berger, Houston Chronicle, 26 juni 2003; 'Public funds say losses top $1.5 billion', Steven Greenhouse, The New York Times, 29 januari 2002; 'Far from finished', Mary Flood et al., Houston Chronicle, 22 juni 2003.

Enrons en Andersens politieke donaties en de belangenconflicten die zij uiteindelijk in het regerings 'onderzoek' veroorzaakten, worden besproken in 'Enron or Andersen made donations to almost all their congressional investigators', Don van Natta Jr., The New York Times, 25 januari 2002. Informatie over Enrons pogingen om te verdoezelen dat het de wet heeft overtreden en de beslissing van de regering-Bush om niets aan het destijds ophanden zijnde bankroet te doen, is te vinden in 'Shredded papers key in Enron case', Kurt Eichenwald, *The New York Times*, 28 januari 2002; 'Ken who?', Bennet Roth et al., *Houston Chronicle*, 11 januari 2002; 'Bush aide was told of Enron's plea', Dana Milbank, *The Washington Post*, 14 januari 2002; 'Number of contacts grows', H. Josef Herbert, Associated Press, 12 januari 2002.

'President' Bush' pogingen om zijn goede vriendschap met Ken Lay te verloochenen zijn in de eerste plaats vastgelegd in het afschrift van een vraag-en-antwoordsessie met journalisten op 10 januari 2002. Zie verder het artikel 'Ken who?' van Bennet Roth et al., *Houston Chronicle*, 11 januari 2002, 'Enron spread contributions on both sides of the aisle', Don van Natta Jr., *The New York Times*, 21 januari 2002 en 'Despite President's Denials, Enron & Lay Were Early Backers of Bush', Texans for Public Justice (www.tpj.org), 11 januari 2002.

8. Joepie, m'n belasting is verlaagd!

Meer informatie over het werkelijke effect van de door Bush in 2003 geïntroduceerde 'Mike Moore-belastingverlaging' is te vinden in het rapport 'New tax cut law uses gimmicks to mask cost; ultimate price tag likely to be $800 billion to $1 trillion' van het Center on Budget and Policy Priorities. De website van het centrum is te vinden op www.cbpp.org.

Het bericht over Bush' en Cheneys geraamde belastingverlagings-meevaller verscheen in 'Tiebreaker's Tax Break', James Toedtman, *Newsday*, 20 mei 2003.

Op het moment dat ik dit schrijf, staan de Texas Rangers onderaan in de American League West-competitie en hebben ze 19,5 wedstrijden meer verloren dan de club op de eerste plaats. (Oké, oké, ze zijn tenminste niet zo slecht als de Detroit Tigers.)

Als je meer wilt weten over de zevenenveertig mensen die president Clinton 'gedood' heeft, start dan ons favoriete zoekprogramma en type 'Clinton Body Count' of luister naar de dagelijkse praatprogramma's op radio AM. Deze legende is favoriet bij rechts.

In de zomer van 2003 raamde de Congressional Budget Office

(www.cbo.gov) het overheidstekort voor 2003 op 401 miljard dollar. Meer over dit bericht is te lezen in 'CBO Expects Deficit to Shatter Record', Alan Fram, Associated Press, 10 juni 2003. Meer over Bush' pogingen om de door het ministerie van Financiën geraamde tekorten te verbergen totdat het Congres zijn belastingverlaging had goedgekeurd, is te vinden in 'Bush Shelved Report on $44,200 Billion Deficit Fears', Peronet Despeignes, *Financial Times*, 29 mei 2003.

Bush beweerde in een radiotoespraak van 26 april 2003 dat iedere belastingbetaler van zijn belastingverlaging zou profiteren. Het afschrift hiervan is te vinden op www.whitehouse.gov. Het Center on Budget and Policy Priorities onthulde de waarheid in het rapport 'Tax cut law leaves out 8 million filers who pay income taxes', 1 juni 2003. Op 5 juni 2003 publiceerde het centrum bovendien een rapport over de gevolgen van de federale belastingverlaging voor de individuele staten, 'Federal tax changes likely to cost states billions of dollars in coming years'. Meer informatie hierover is te vinden bij Citizens for Tax Justice (www.ctj.org) en in het bijzonder in het rapport 'Most taxpayers get little help from the latest Bush tax plan', Citizens for Tax Justice, 30 mei 2003.

Uitstekende artikelen over de ingenieuze manieren waarop de staten geld besparen, waaronder het losdraaien van gloeilampen en het sluiten van scholen, zijn 'Drip, Drip, Drip' van Matt Bai, *The New York Times*, 8 juni 2003 en 'States Facing Budget Shortfalls, Cut the Major and the Mundane', Timothy Egan, The New York Times, 21 april 2003.

Als je een teruggave van een miljoen dollar of meer van de belastingdienst verwacht (en wie doet dat niet?), kun je het stortingsformulier hiervoor downloaden van de website van de belastingdienst (IRS): www.irs.gov/pub/irs-pdf/f8302.pdf.

Bush' opmerkingen over hoe de belastingverlaging gezinnen met kinderen zou helpen, werden gemaakt tijdens de handtekeningenceremonie voor de belastingverlaging op 28 mei 2003. Het afschrift is te vinden op: www.whitehouse.gov. Als je meer wilt weten over waarom de belastingverlaging waar Bush die dag zijn handtekening onder zette gezinnen met kinderen, waaronder een miljoen legergezinnen, niet baatte, lees dan 'Tax Law Omits $40 Child Credit for Millions', David Firestone, *The New York Times*, 29 mei 2003 en 'One million military children left behind by massive new tax package', Children's Defense Fund (www.childrensdefense.org), 6 juni 2003.

9. Een liberaal paradijs

Volgens het ministerie van Defensie dienen er vandaag de dag ongeveer 1,4 miljoen mannen en vrouwen in het leger: 'DoD Active Duty Military Personnel Strength Levels, fiscal years 1950-2002'. Zelfs tijdens de oorlog met Vietnam van 1965 tot 1972 dienden er maar 2.594.000 Amerikanen in het leger, zoals bericht door David M. Halbfinger en Steven A. Holmes in 'Military Mirrors a Working-Class America', The New York Times, 30 maart 2003.

Zelfs aan het begin van de 'oorlog tegen het terrorisme' wees een opiniepeiling van Americans for Victory over Terrorism onder studenten uit dat 21 procent de dienstplicht zou willen ontlopen en 37 procent wilde alleen in dienst als die dienst in de Verenigde Staten zou zijn. (De peiling werd gepubliceerd in mei 2002.) Zegsmensen voor het leger en de marine hebben gezegd dat 11 september geen toename aan rekruten heeft veroorzaakt en citeerden een intern onderzoek van het korps mariniers waaruit blijkt dat de oorlog een 'neutraal tot ietwat negatief' effect op de rekrutering heeft gehad. Dit staat in het artikel 'Marines, Army view war as recruitment aid' van Joyce Howard Price, The Washington Times, 31 maart 2003. David M. Halbfinger stelt in bovengenoemd artikel vast dat het aantal personeelsleden in het leger het afgelopen decennium met 23 procent is gedaald.

De cijfers van de opiniepeilingen over hoe de Amerikanen over hun gezondheidszorg denken zijn afkomstig van: de Henry J. Kaiser Family Foundation en The News Hour with Jim Lehrer Uninsured Survey, 16 mei 2000; de Henry J. Kaiser Family Foundation/Harvard School of Public Health, 12 februari 2003. De vergelijkingen met andere landen wat betreft de kosten van de gezondheidszorg zijn afkomstig van Robert H. LeBow, Health Care Meltdown, gepubliceerd in 2003. Lees voor een uitgebreid rapport over het aantal Amerikanen dat geen ziektekostenverzekering heeft 'Going Without Health Insurance' van de Robert Wood Johnson Foundation en Families USA, maart 2003.

Wat onze gedachten over raciale verscheidenheid en rassenkwesties in het algemeen zijn, is te lezen in 'Poll finds black-white agreement on diversity, disagreement on how to get there', Will Lester, Associated Press, 7 maart 2003; 'Americans Have Positive Image of the Environmental Movement', Riley E. Dunlap, Gallup News Service, 18 april 2000; de Pew Global Attitudes Project Poll, 3 juni 2003; de Dave Thomas Foundation for Adoption-opiniepeiling, uitgevoerd door Harris Interactive, 19 juni 2002; 'Race and Ethnicity in 2001: Attitudes, Perceptions, and Experiences', *Washington Post*/Kaiser Family Foundation/Harvard University, augustus 2001. Het bericht over de toename van interraciale huwelijken in de afgelopen twee decennia is afkomstig uit 'Biracial marriages on rise as couples overcome differences', Cloe Cabrera, *Tampa Tribune*, 1 januari 2000.

Lees meer over onze meningen inzake de vrouwenbeweging en het recht op abortus in 'Americans Have Positive Image of the Environmental Movement', Riley E. Dunlap, Gallup News Service, 18 april 2000; de ABC News/*Washington Post* Poll, 21 januari 2003; de NBC News/*Wall Street Journal*-opiniepeiling, 28 januari 2003; Pew Research Center, 16 januari 2003 en de Gallup/CNN/*USA Today* Poll, 15 januari 2003. Kijk voor cijfers inzake abortus op de website van het Alan Guttmacher Institute op: www.agi-usa.org. De toename van het aantal stellen dat samenwoont zonder te trouwen en in veel gevallen zonder kinderen te krijgen, werd bericht door Laurent Belsie, 'More couples live together, roiling debate on family', *Christian Science Monitor*, 13 maart 2003.

De berichten over de publieke opinie inzake de criminalisering van drugs, het veroordelen van geweldloze wetsovertreders, hoe er met misdaad in het algemeen moet worden omgegaan en onze gedachten over de doodstraf zijn te lezen in: 'Optimism, Pessimism and Jailhouse Redemption: American attitudes on Crime, Punishment, and Overincarceration', een rapport gebaseerd op een nationaal onderzoek uitgevoerd voor de American Civil Liberties Union door Belden Russonello & Stewart, 22 januari 2001; Quinnipiac University Polling Institute, 5 maart 2003; de ABC News/*Washington Post* Poll van 24 januari 2003 en de CNN/*Time Magazine* Poll uitgevoerd door Harris Interactive op 17 januari 2003.

Schattingen van het aantal Amerikanen dat illegaal drugs gebruikt zijn verkrijgbaar bij het US Department of Health and Human Services (ministerie van Gezondheid en Sociale Diensten).

De informatie over Amerika's groene, milieuvriendelijke kant werd onthuld in: 'Americans Have Positive Image of the Environmental Movement', Riley E. Dunlap, Gallup News Service, 18 april 2000; Henry J. Kaiser Family Foundation/*Washington Post*/Harvard University, 23 juni 2002; de Gallup Poll, 18 maart 2002; de Gallup Poll, 21 april 2003, de Gallup Poll, 13 maart 2003; de Pew Global Attitudes Project Poll, 3 juni 2003 en 'A poll of likely Republican primary or caucus voters in California, Iowa, New Hampshire, New York and South Carolina', Zogby International voor de National Environmental Trust, augustus 1999.

Zie voor de cijfers over wat Amerikanen werkelijk over vuurwapens denken '2001 National Gun Policy Survey of the National Opinion Research Center: Research Findings', National Opinion Research Center, december 2001; 'New Survey Reveals More Americans Favor Handgun Ban Than Own Handguns', Violence Policy Center, 15 maart 2000; 'Public Opinion: Opening the Door to Public Policy Change', Michigan Partnership to Prevent Gun Violence, uitgevoerd door het bedrijf voor marktonderzoek en analyse EPIC-MRA, oktober 2000.

Naast de televisieprogramma's *Will & Grace* en *Queer Eye for the Straight Guy* en de plotseling hernieuwde populariteit van het muziektheater, zijn er meer bewijzen van Amerika's relatie tot homoseksualiteit te vinden in: 'HRC Hails New Gallup Poll Showing Continuing Positive Trend in US Public Opinion On Some Gay Issues', een persbericht van de Human Rights Campaign, 4 juni 2001; de *Los Angeles Times*-opiniepeiling van 18 juni 2000; de Henry J. Kaiser Family Foundation, november 2001; de Gallup Poll van 15 mei 2003 en *Newsweek*, 27 april 2002.

Dat veel Amerikanen voorstanders van vakbonden zijn en grote bedrijven wantrouwen blijkt uit: de ABC News/*Washington Post* Poll, 15 juli 2002; de Gallup Poll, 30 augustus 2002; AFL-CIO Labor Day Survey, 29 augustus 2002; de Fox News-opiniepeiling, 25 oktober 2002; 'Labor unions aim to capitalize on public anti-corporate attitude', Kent Hoover, *Houston Business Journal*, 9 september 2002; 'Americans on globalization survey', Program on International Policy Attitudes, 16 november 1999; de Harris Poll, 27 juli 2002 en 'America's changing political geography survey', the Democratic Leadership Council, oktober 2002 (uitgevoerd door Penn, Schoen & Berland Associates). Meer informatie over het vakbondlidmaatschap op landelijk niveau en het feit dat vakbondsleden beter betaald worden dan niet-leden, is verkrijgbaar van het Bureau of Labor Statistics, www.bls.gov.

Michael Savage gaf zijn verlichte mening over homoseksuelen en vertelde over zijn voorliefde voor worst tijdens zijn inmiddels (als gevolg van dit commentaar) afgelaste programma *Savage Nation* van MSNBC op 5 juli 2003. Savage (wiens echte naam Weiner is) stelde dat links geestelijk niet in orde is (en een ongezonde liefde heeft voor – o nee! – de islam), tijdens zijn MSNBC-programma van 19 april 2003. Onze beste vriendin Ann Coulter gaf ons Gods bericht dat wij de aarde moeten 'plunderen' tijdens het programma *Hannity and Colmes* van Fox News op 22 juni 2001. Coulter, die door Fox News in het verleden een 'grondwetgeleerde' is genoemd, stelde voor dat de liberalen gedood moeten worden tijdens de Conservative Political Action Conference van 2002. Haar grondige begrip van de politieke, sociale, economische en religieuze situatie in Afghanistan en haar advies over wat Amerika daar moet doen, werd kort na 11 september gepubliceerd op de website van het conservatieve tijdschrift *National Review*. Omdat ik er tijdens de Oscar-ceremonie op wees dat George W. Bush een onwettige president is, deed Bill O'Reilly me tijdens zijn Fox News-programma van 14 april 2003 als anarchist af. Het citaat van hem waarin hij zegt dat de armen zonder eerlijk proces de gevangenis in gaan, is afkomstig uit zijn programma van 4 september 2001. Rush Limbaughs gegronde theorie over de oorsprong van het feminisme werd uitgesproken tijdens zijn programma *Rush Limbaugh* van 28 juli 1995. Over Sean Hannity's woedeaanval en scheldpartij werd bericht in *Crain's New York Business*, 17 februari 2003 en over zijn goed gefundeerde, gedetailleerde ontleding van de Canadese cultuur in de *Ottawa Citizen*, 23 maart 2003.

10. Hoe je met je conservatieve zwager praat

Informatie over de zaak van Mumia Abu-Jamal vind je in het Amnesty International-rapport 'Life in the Balance' op www.amnestyusa.org/abolish/reports/mumia en in de informatie over andere antidoodstrafcampagnes van Amnesty. Kijk ook op de website van The National Coalition to Abolish the Death Penalty, www.ncadp.org en het Death Penalty Information Center, www.deathpenaltyinfo.org.

De informatie over vakbonden en pensioenen is afkomstig van David Cay Johnston en Kenneth N. Gilpin, 'A Case Sounds a Warning About Pension Safety', The New York Times, 1 oktober 2000; Peter G. Gosselin, 'Labor's Love of 401(k)s Thwarts Bid for Reform', Los Angeles Times, 22 april 2002.

Als je meer over de 'koop Amerikaans'-campagne zou willen weten, lees dan Dana Franks boek Buy American: The Untold Story of Economic Nationalism, Beacon Press, 1999; Peter Gilmore, 'The Untold Story (and Failure) of "Buy American" Campaigns', UE News, United Electrical, Radio and Machine Workers of America; Lisa Hong, 'Is It "Buy American," or "Japan Bashing"?', Asian Week, 7 februari 1992.

Om ertoe bij te dragen dat de mensen in jouw bedrijf lid van een vakbond worden, kun je naar de website van de SEIU (Service Employees International Union) surfen op www.seiu.org of de site van de UE (United Electrical, Radio and Machine Workers of America) op http://www.ranknfile-ue.org.

Bedenk, voor het geval je te hard voor Bill O'Reilly gaat juichen, dat hij tegen de doodstraf is omdat 'het geen streng genoege straf is' en dat hij tegen het Noord-Amerikaanse Vrijhandelsverdrag is omdat hij niet wil dat Mexicanen de VS binnenkomen. Laten we niet vergeten dat hij zich ten minste tweemaal tegen de illegale Mexicaanse gastarbeiders heeft uitgesproken, tijdens The O'Reilly Factor, 6 februari 2003 en in Morning Call van Allentown, Pennsylvania, 5 januari 2003.

De informatie over Nixon is afkomstig uit een aantal artikelen van Deb Riechmann van de Associated Press: 'Nixon Sought Release of Americans in China Before Historic Trip', 5 april 2001 en 'US – Tale of a Treaty', 16 juni 2001; USA Today, 'Title IX at 30: Still Under Fire', 19 juni 2002; Huw Watkin, 'Burying the Hatchet', Time, 20 november 2000; The American Experience, PBX, 2002, te lezen op www.pbs.org/wgbh/ amex/presidents.

De informatie over de salarissen van vakbondsleden en niet-vakbondsleden is te vinden in 'Table 2. Median Weekly Earnings of Full-Time Wage and Salary Workers by Union Affiliation', het Bureau of Labor Statistics, 25 februari 2003.

De cijfers inzake het aantal mensen dat jaarlijks in de VS overlijdt als gevolg van luchtvervuiling zijn afkomstig uit het persbericht 'Air pollution deadlier than previously thought', Harvard School of Public Health, 2 maart 2000. De cijfers voor de kosten van de medische behandeling van patiënten die problemen hebben als gevolg van de luchtvervuiling zijn afkomstig van de Centers for Disease Control, het National Center for Environmental Health, Air Pollution and Respiratory Health Branch, www.cdc.gov/nceh/airpollution.

De discussie over het Superfund is gebaseerd op een serie artikelen van Katherine Q. Seelye in The New York Times, 'Bush Proposing Policy Changes on Toxic Sites', 24 februari 2002 en 'Bush Slashing Aid for EPA Cleanup at 33 Toxic Sites', 1 juli 2002; Margaret Ramirez, 'Report Links Superfund Sites, Illness', Newsday, 15 juni 2003. Om te eisen dat de regering en industrie hun verantwoordelijkheid nemen, kun je contact opnemen met het Center for Health, Environment and Justice op www.chej.org.

De informatie over de hoeveelheid geld die in de VS aan energie wordt uitgegeven is afkomstig van het Amerikaanse ministerie van Energie, 'Table 1.5 Energy Consumption and Expenditures Indicators, 1949-2001', en The American Council for an Energy-Efficient Economy Federal Fact Sheets, 'Energy Efficiency Research, Development and Deployment: Why Is Federal Support Necessary?', wat te lezen is als een fact sheet op www.aceee.org. Lees meer over het vooruitzicht van zuinigere auto's en SUV's in 'Increasing America's Fuel Economy' van de Alliance to Save Energy. Ze zijn te vinden op www.ase.org.

Lees meer over de kosten van de oorlog tegen drugs in de informatie van het Center for Substance Abuse Treatment, april 2000; Drug Policy Alliance, '"Fuzzy Math" in New ONDCP Report', 12 februari 2003. Als je actief zou willen zijn, neem dan contact op met het Prison Moratorium Project op www.nomoreprisons.or, een groep die zich inzet tegen het bouwen van meer gevangenissen en voor het gebruik van gelden in de gemeenschappen die het meest getroffen worden door de criminaliteitswetgeving. Kijk ook op de site van de New York Mothers of the Disappeared, een organisatie van familieleden die zich ervoor inzet om een einde te maken aan de Rockefeller-drugswetten, die gericht zijn tegen armen en kleurlingen (www.kunstler.org).

Het cijfer betreffende het geld dat jaarlijks aan illegale drugs wordt uitgegeven is afkomstig uit 'Prepared Remarks of Attorney General John Ashcroft, DEA/Drug Enforcement Rollout', John Ashcroft, Amerikaans ministerie van Justitie, 19 maart 2002.

De informatie over het analfabetisme in gevangenissen en onder mensen met een uitkering is gebaseerd op de recentste gegevens van het National Center for Education, te lezen in 'Education as Crime Prevention' van The Center on Crime Communities and Culture (Open Society Institute), september 1997; het Verizon Reads Program op www.verizonreads.net en Lezlie McCoy, 'Literacy in America', The Philadelphia Tribune, 3 december 2002. Surf om mee te doen aan programma's die analfabetisme trachten te bestrijden naar www.literacyvolunteers.org van Literacy Volunteers of America en www.womeninliteracy.org van Women in Literacy.

De gegevens over de uitgaven aan onderwijs en gevangenissen zijn afkomstig van het Bureau of Justice Statistics, het National Center for Education Statistics, de National Association of State Budget Officers en het US Census Bureau (zie de speciale reportage 'Debt to Society' in Mother Jones, 2001).

Lees voor meer informatie over inkomensongelijkheid in de vs het rapport 'A Brief Look at Postwar US Income Inequality' van het Census Bureau, juni 1996 (over de jaren 1947 tot 1992) en 'The Changing Shape of the Nation's Income Distribution, 1947-1998', juni 2000. Lees ook het artikel 'For Richer' van Paul Krugman, The New York Times, 20 oktober 2002.

11. Bushverwijdering en andere schoonmaakklusjes

Volgens de officiële resultaten van de Federal Election Commission (www.fec.gov) kreeg Gore in 2000 48,38 procent van de stemmen en Ralph Nader 2,74 procent. Samen is dit 51,12 procent.

Zoals The New York Times berichtte ('Defying Labels Left or Right, Dean's '04 Run Is Making Gains' van David Rosenbaum, 30 juli 2003), blijft [Howard Dean] 'een conservatief op fiscaal gebied, vindt hij dat wapenbeperking aan de staten overgelaten moet worden en is hij voor sommige misdaden voorstander van de doodstraf'.

Volgens het rapport 'Voting and Registration in the Election of November 2000' van het United States Census Bureau van februari 2002 stemden 42.359.000 niet-Hispanic-mannen in de verkiezingen van 2000. In totaal werden er 110.826.000 stemmen geteld, waardoor het percentage stemmen van blanke mannen 38,22 procent was. In totaal stemden er 59.284.000 vrouwen, ofwel 53,49 procent. Er waren 5.327.000 stemmen van zwarte mannen in 2000, 4,81 procent van het totaal aantal stemmen, en 2.671.000 stemmen van Hispanic-mannen, ofwel 2,41 procent. Samen is dit 7,22 procent. Zwarte mannen en Hispanic-mannen en -vrouwen vormden samen 60,71 procent van de kiezers.

De twee vrouwelijke senatoren vanaf 1991 waren Nancy Kassebaum (Republikein, Kansas), die van 1978 tot 1997 diende, en Barbara Mikulski (Democraat, Maryland), die vanaf 1987 dient. De andere huidige vrouwelijke senatoren zijn: Lisa Murkowski (Republikein, Alaska); Blanche Lincoln (Democraat, Arkansas); Dianne Feinstein (Democraat, Californië); Barbara Boxer (Democraat, Californië); Mary Landrieu (Democraat, Louisiana); Olympia Snowe (Republikein, Maine); Susan Collins (Republikein, Maine); Debbie Stabenow (Democraat, Michigan); Hillary Rodham Clinton (Democraat, New York); Elizabeth Dole (Republikein, North Carolina); Kay Bailey Hutchison (Republikein, Texas); Patty Murray (Democraat, Washington) en Maria Cantwell (Democraat, Washington). De eerste vrouw die als gekozen lid tot de Senaat toetrad was Hattie Wyatt Caraway (Democraat, Arkansas). Zij was echter niet de eerste vrouw die voor de Senaat werkte; dat was Rebecca Latimer Felton (Democraat, Georgia), die in 1922 werd aangesteld om een vacature te vullen. Sinds 1922 hebben de goede Amerikanen, van wie 51 procent vrouw is, maar 33 vrouwen in de Senaat gehad. Kijk voor een volledige lijst van vrouwelijke senatoren op de website van de Senaat: www.senate.gov. Kijk voor een volledige lijst van vrouwelijke presidenten op... eh... waarom lees je dit eigenlijk nog? Het boek is uit! Ik zei toch dat je Oprah moet vragen!

Het Census Bureau schat dat er 146 miljoen vrouwen in dit land zijn, maar ze kunnen niet allemaal president worden. Daarvoor moet je geboren zijn in de VS en je moet vijfendertig jaar of ouder zijn. Volgens de schattingen van het Census Bureau zijn er 66.190.000 vrouwen die onze volgende president zouden kunnen worden.

Oprah's bewering dat ze zich 'nooit' kandidaat voor het presidentschap zou stellen is onder andere te lezen in Peggy Andersens artikel 'Oprah for President? "Never"', Associated Press, 31 mei 2003.

Lees meer over generaal Wesley K. Clark en wat hij zoal doet op www.leadershipforamerica.org, de organisatie die hij oprichtte om 'een nationale dialoog over de toekomst van Amerika aan te moedigen'. Zijn beweringen dat hij een voorstander is van vrije keus inzake abortus en van wapenbeperking, waren te horen tijdens het programma *Crossfire* van CNN, 25 juni 2003. Hij sprak over Bush' belastingverlaging, de Patriot Act en positieve discriminatie in het programma *Meet the Press* van NBC, 15 juni 2003. Zijn commentaar op het aanvallen van Iran gaf hij in het programma *Big Story* van FOX News, 23 juni 2003 en zijn ideeën over het samenwerken met onze bondgenoten sprak hij uit in *Meet the Press* van NBC, 16 februari 2003. Zijn mening over het milieu gaf Clark tijdens een toespraak voor de Council of Foreign Relations, 20 februari 2003.

Als je je als kandidaat-afgevaardigde van jouw kiesdistrict wilt opgeven, een andere politieke functie zou willen bekleden of gewoon de Democratische Partij weer terug zou willen hebben, surf dan naar www.dnc.org. De partij heeft een handige kaart waarop je de contactgegevens van de Democratische Partij van jouw staat kunt vinden. De partij van jouw staat kan je alle gegevens geven die je nodig hebt om de bal aan het rollen te brengen. Vertel ze alleen niet wat je van plan bent.

Of je nu de politiek ambieert, gewoon wat meer informatie wilt hebben of meer wilt weten over de kandidaten en waar ze voor staan, kijk dan eens op de website van Project Vote Smart (www.votesmart.org). Op deze site vind je de gekozen politici in jouw staat, links naar de websites van kandidaten en veel andere kiezersinformatie en links.

Als je je als kiezer wilt laten registreren, of een van de vrienden die je van plan bent op sleeptouw te nemen als je gaat stemmen wilt opgeven, kijk dan op www.rockthevote.com. Je kunt je via de website laten registreren en je kunt het ook je vrienden laten doen.

Het belangrijkst is echter dat je goed op de hoogte blijft. Luister naar National Public Radio en Pacifica Radio, lees de kranten of kijk voor dagelijks nieuwe berichten die je anders zou missen regelmatig op de websites: www.buzzflash.com, www.commondreams.org of www.cursor.org.

Dankwoord

Ik wil graag mijn vrouw Kathleen bedanken, die als ik geen zin had om te schrijven de radio harder zette en ging dansen, waardoor ik plotseling weer de inspiratie had om te schrijven en te blijven leven.

Ook dank ik mijn dochter Natalie. Ze is dit jaar afgestudeerd, iets wat noch mijn vrouw, noch mijzelf gelukt is. We zijn heel erg trots op haar.

Ik wil graag mijn zus Anne bedanken. Ze heeft de afgelopen twee jaar zoveel aan mijn werk bijgedragen dat ze vergeten is dat ze ook nog advocaat is. Toen de vorige uitgever geen boektournee wilde organiseren, deed zij het en reed ons per minibus van de ene stad naar de andere. Toen mijn film in première ging in Cannes, werd zij mijn feitelijke manager. Toen ik bepaalde stukken van dit boek moest rechttrekken, stonden zij en haar fantastische echtgenoot John Hardesty altijd voor me klaar. Dit alles *en* ze is het middelste kind!

Ik wil voorts de man bedanken die de pot augurken heeft uitgevonden, mijn laatste ondeugd.

Ik dank ook mijn oude vriend Jeff Gibbs, die me de afgelopen jaren meer dan eens uit de penarie heeft geholpen. Hij heeft terwijl ik zat te schrijven het ene feit na het andere opgezocht en als ik soms alleen maar zin had om haiku's te schrijven, moedigde hij me aan om bij het boek te blijven. Deze man is een genie. Hoewel hij nog nooit aan een film gewerkt had, heeft hij een paar van de meest gedenkwaardige scènes in *Bowling for Columbine* gemaakt en hoewel hij nog nooit filmmuziek geschreven had, heeft hij toen de oorspronkelijk muziek niet doorging, in vijf dagen tijd de muziek gecomponeerd. Wat zou hij nog meer kunnen? Het is gewoon eng.

Ik wil graag Ann Cohen en David Schankula, de denktank achter dit boek, bedanken. Maandenlang hebben ze zich met mij over ieder woord gebogen en hebben ze me geholpen bij het schrijven, herschrijven en overdoen van dit hele geval. Ze hebben het onderzoek verricht, het boek persklaar gemaakt en de feiten nagetrokken. Daarna hebben ze mijn wielen laten draaien, mijn oprijlaan geasfalteerd en een kudde geiten voor me grootgebracht. Hoe kan ik ze ooit bedanken?

Ook bedankt Tia Lessin, Carl Deal en Nicky Lazar voor het checken van de feiten en het doen van onderzoek terwijl ze me eigenlijk mee naar Afghanistan hadden moeten nemen.

Verder dank aan de stagiairs Brendon Fitzgibbons, Jason Kitchen, Sue Nelson, Stephanie Palumbo, Michael Pollock, Brad Thomson en Doug Williams, aan het kantoorpersoneel, te weten Rebecca Cohen en Emma Trask en aan degenen die het manuscript hebben gelezen en met goede suggesties zijn gekomen: Al Hirvela, Joanne Doroshow, Rod Birleson, Terry George, Veronica Moore, Kelsey Binder, Leah Binder, Rocky Martineau en Jason Pollock. Veel dank ben ik ook verschuldigd aan de bureauredacteuren Lori Hall Steele, Mary Jo Zazueta en Terry Allen.

Ik wil graag de Canadezen bedanken. Als jullie er niet waren, zouden we niet weten wat er mis is met ons.

Ik wil voorts graag mijn nieuwe uitgever Warner Books bedanken, ik zou me geen betere mensen kunnen wensen. Allereerst dank aan Larry Kirschbaum, die tegen me zei dat het belangrijkste was dat het boek goed werd en dat ik me er goed bij voelde en dat ik me geen zorgen hoefde te maken over de deadline. Ik heb nog nooit een gezaghebbende horen zeggen 'Maak je geen zorgen om de deadline'. Zeg dat niet! Je bent te cool!

Ik wil ook mijn redacteur bij Warner Books, Jamie Raab, bedanken. Haar enthousiasme en originele, menselijke reactie op wat ik geschreven heb was net het duwtje dat ik dit jaar nodig had. Ik wil haar bedanken voor haar geduld en het meegaan met de vreemde manier waarop ik werk. Ze is super.

Ik wil tevens de andere goede mensen van Warner Books bedanken die aan dit boek gewerkt hebben. Dank ook aan Paul Brown voor het omslagontwerp. Na zijn geweldige werk voor *Stupid white men* was er niemand anders die deze omslag (naar aanleiding van een idee van Schankula) tot leven had kunnen brengen.

Mijn dank gaat ook uit naar Mort Janklow van het agentschap Jedi Master. Er kan me niets gebeuren zolang jij achter me staat!

Ik wil ook de musici bedanken naar wier muziek ik tijdens het schrijven heb geluisterd: Bruce, de Dixie Chicks, Patty Griffin, U2, Madonna, Alanis, Kasey Chambers, Steve Earle, Iris Dement, Nancy Griffith, Warren Zevon, R.E.M., Pearl Jam, Audioslave en de Pretenders. Een goede beat helpt bij het schrijven.

Ik wil verder graag de mensen bedanken in de Ierse graafschappen Donegal, Antrim, Derry en Galway die ons zo gastvrij ontvangen hebben en me mijn laptop hebben laten gebruiken, zodat ik het boek kon afmaken terwijl mijn uitgever dacht dat ik gewoon in New York was.

Als laatste wil ik graag mijn vader bedanken, die voor mij zorgde toen ik tijdens dit heel trieste jaar voor hem had moeten zorgen.

Over de auteur

Michael Moore, die beloofd heeft dat 'tenzij [zijn vorige boek] een succes' werd, het zijn laatste zou zijn, had helaas het succes dat hij meed en moest daarom dit boek schrijven. Hij is de schrijver van de bestsellers *Downsize This: Random Threats from an Unarmed American* en – samen met Kathleen Glynn – van *Adventures in a TV Nation*. Zijn boek *Stupid White Men* stond 58 weken op de bestsellerlijsten van *The New York Times* en werd in de Verenigde Staten het best verkochte non-fictieboek van het jaar 2002-2003. Er zijn wereldwijd meer dan vier miljoen exemplaren van gedrukt. Het boek won de 'Book of the Year'-prijs in Groot-Brittannië en helemaal niks in de Verenigde Staten. Wel is er een idiote online-petitie voor mensen die willen dat hij president wordt. Michael Moore is de met een Oscar bekroonde maker van de film *Bowling for Columbine* en van de grensverleggende klassieker *Roger & Me*. Hij is tevens de met een Emmy bekroonde schrijver/regisseur/presentator van TV *Nation* en *The Awful Truth*. Hij heeft nog geen Grammy of Tony gewonnen, maar hoopt daar verandering in te brengen zodra hij kan zingen en acteren. Hij is onlangs 23,6 kilo afgevallen door te weigeren producten te eten waar 'nonfat' op staat en werkt aan zijn volgende film, getiteld *Fahrenheit 9/11*. Hij woont met zijn vrouw en dochter in Michigan en New York.

Als je contact wilt opnemen met de auteur of meer wilt lezen, kijk dan op www.MichaelMoore.com en/of www.MichaelMoore.nl

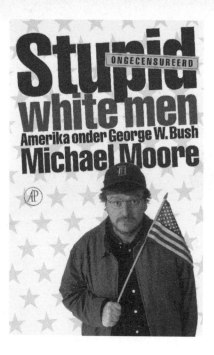

Ongecensureerd portret van een wereldmacht in crisis

€ 12,50

* Absoluut ontstellende satirische humor, uitmuntende research, hartstocht in de geest van Jonathan Swift: een echt meesterwerk. –BBC *Newsnight*
* Een sensationeel boek. –*San Francisco Chronicle*
* Niks is heilig bij Moore, en dat is een verademing. –Liesbeth Koenen in *De Groene Amsterdammer*

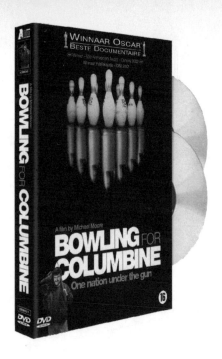

Bowling for Columbine, Michael Moores Oscarwinnende film over de wapenindustrie en de angstcultuur in de Verenigde Staten van Amerika, is verkrijgbaar als dvd en vhs:

DUBBEL-DVD
distributeur: A-Film Home Entertainment
consumentenadviesprijs: € 29,99
artikelnr. DS90221

VHS
distributeur: A-Film Home Entertainment
consumentenadviesprijs: € 14,99
artikelnr. VS90221